Une économie solidaire
peut-elle être féministe ?

Genre et développement. Rencontres

Direction scientifique :
Christine Verschuur, Isabelle Guérin, Isabelle Hillenkamp

La collection « Genre et développement. Rencontres » constitue un espace où les idées se croisent, sont débattues, s'enrichissent mutuellement sans déserter les lieux où se développent les initiatives, les luttes et les actions. Ces ouvrages font suite à des rencontres organisées autour d'une thématique par le Pôle genre et développement de l'Institut de hautes études internationales et de développement. Les textes, écrits par des chercheur-e-s ou personnes actives dans ces initiatives, de diverses provenances, sont publiés dans leur langue originale, en français, anglais ou espagnol.

La collection « Genre et développement. Rencontres » renforce la constitution d'un champ de connaissances en genre et développement débuté avec la collection « Les Cahiers genre et développement », qui paraissent depuis 2000 chez L'Harmattan, dirigée par Christine Verschuur, avec l'assistance d'Emmanuelle Chauvet.

5-7, rue de l'Ecole-Polytechnique, 75005 Paris

http://www.harmattan.fr
diffusion.harmattan@wanadoo.fr
harmattan1@wanadoo.fr

ISBN : 978-2-343-07602-7
EAN : 9782343076027

Sous la direction de
Christine VERSCHUUR,
Isabelle GUÉRIN
et Isabelle HILLENKAMP

Une économie solidaire peut-elle être féministe ?

Homo œconomicus, mulier solidaria

Genre et développement
RENCONTRES

N°1 2015

L'Harmattan

Responsables de la publication

Christine Verschuur, Institut de hautes études internationales et du développement (IHEID), Programme genre, globalisation et changements (PGGC)

Isabelle Guérin, Institut de recherche pour le développement/Centre d'études en sciences sociales sur les mondes africains, américains et asiatiques (IRD-CESSMA)

Isabelle Hillenkamp, Institut de recherche pour le développement/Centre d'études en sciences sociales sur les mondes africains, américains et asiatiques (IRD-CESSMA)

Coordination éditoriale

Emmanuelle Chauvet, Institut de hautes études internationales et du développement

Relecture

Emmanuelle Chauvet, Ruth Harding, Lina Muñoz Figueredo

Mise en pages

Atelier Françoise Ujhazi, Genève

Couverture

Lithographie de Ngwenya Malangatana, peintre mozambicain.

Collaboration

Espace Femmes International (EFI) : 2 rue de la Tannerie, 1227 Carouge (Suisse)

Financement

Direction du développement et de la coopération suisse (DDC)
Institut de hautes études internationales et du développement
Institut de recherche pour le développement

Contact

Institut de hautes études internationales et du développement / Pôle genre et développement
Chemin Eugène-Rigot, 2 ; Case postale 136
1211 Genève 21 (Suisse)
http://graduateinstitute.ch/genre

Cet ouvrage est disponible en ligne sur notre site.

Cet ouvrage prolonge le colloque international « "Homo Œconomicus, Mulher Solidaria". Une économie solidaire peut-elle être féministe ? » qui s'est tenu les 16 et 17 octobre 2014 à l'Institut de hautes études internationales et du développement (IHEID) à Genève grâce au soutien logistique et financier de la Direction pour le développement et la coopération suisse (DDC), de l'Institut de hautes études internationales et du développement (IHEID) et de l'Institut de recherche pour le développement (IRD). Qu'ils soient ici remerciés ainsi que toutes les personnes qui ont participé à la réussite de ce colloque.

Comité scientifique du colloque :

- Isabelle Guérin, Institut de recherche pour le développement (IRD) / Centre d'études en sciences sociales sur les mondes africains, américains et asiatiques (CESSMA), France
- Isabelle Hillenkamp, Institut de recherche pour le développement (IRD) / Centre d'études en sciences sociales sur les mondes africains, américains et asiatiques (CESSMA), France
- Ursula Keller, Direction pour le développement et la coopération suisse
- Jean-Louis Laville, Conservatoire national des arts et métiers, France
- Suzanne Lerch, Espace Femmes International, Suisse
- Elisabeth Prügl, Institut de hautes études internationales et du développement (IHEID) / Programme genre, globalisation et changements (PGGC), Suisse
- Fenneke Reysoo, Institut de hautes études internationales et du développement (IHEID) / Programme genre, globalisation et changements (PGGC), Suisse
- Peter Utting, United Nations Research Institute for Social Development, Suisse
- Christine Verschuur, Institut de hautes études internationales et du développement (IHEID) / Programme genre, globalisation et changements (PGGC), Suisse.

Autres ouvrages de la collection (publiés sous le titre *Actes des colloques genre*) :

Femmes, villes et environnement. Textes réunis par Yvonne Preiswerk et Isabelle Milbert. Genève : IUED / DDC / UNESCO. 1995.

Créativité, femmes et développement. Textes réunis par Yvonne Preiswerk, avec la collaboration de Marie Thorndahl. Genève : IUED/DDC/UNESCO. 1997.

Les silences pudiques de l'économie. Economie et rapports sociaux entre hommes et femmes. Textes réunis par Yvonne Preiswerk, avec la collaboration de Anne Zwahlen. Genève : IUED / DDC / UNESCO. 1998

Tant qu'on a la santé. Les déterminants socio-économiques et culturels de la santé dans les relations sociales entre les femmes et les hommes. Textes réunis par Yvonne Preiswerk, avec la collaboration de Mary-Josée Burnier. Genève : IUED / DDC / UNESCO. 1999.

Quel genre d'homme ? Construction sociale de la masculinité, relations de genre et développement. Textes réunis par Christine Verschuur, coll. Yvonne Preiswerk, Genève : IUED / DDC / UNESCO, 2000.

Hommes armés, femmes aguerries. Rapports de genre en situations de conflit armé. Textes réunis par Fenneke Reysoo. Coll. Yvonne Preiswerk. Genève : IUED / DDC / UNESCO. 2001.

Économie mondialisée et identités de genre. Textes réunis par Fenneke Reysoo. Coll. Yvonne Preiswerk. Genève : IUED / DDC / UNESCO. 2002.

On m'appelle à régner. Mondialisation, pouvoirs et rapports de genre. Textes réunis par Fenneke Reysoo et Christine Verschuur. Coll. Yvonne Preiswerk. Genève : IUED / DDC / UNESCO. 2003.

Femmes en mouvement. Genre, migrations et nouvelle division internationale du travail. Textes réunis par Fenneke Reysoo et Christine Verschuur. Coll. Yvonne Preiswerk. Genève : IUED / DDC / UNESCO. 2004.

Des brèches dans la ville. Organisations urbaines, environnement et transformation des rapports de genre. Textes réunis par Christine Verschuur et François Hainard. Coll. Yvonne Preiswerk. Genève : IUED / DDC / UNESCO. 2006.

Vents d'Est, vents d'Ouest. Mouvements de femmes et féminismes anticoloniaux. Textes réunis par Christine Verschuur. Coll. Yvonne Preiswerk. Genève : IHEID / DDC / UNESCO. 2009.

Du grain à moudre. Genre, développement rural et alimentation. Dirigé par Christine Verschuur. Coll. Yvonne Preiswerk. Genève : IHEID / DDC / UNESCO. 2011.

Chic, chèque, choc. Transactions autour des corps et stratégies amoureuses contemporaines. Dirigé par Françoise Grange Omokaro et Fenneke Reysoo. Coll. Yvonne Preiswerk. Genève : IHEID / DDC / UNESCO. 2013.

Ces ouvrages sont disponibles gratuitement auprès du Pôle genre et développement ou en ligne sur le site Internet du Pôle genre et développement de l'IHEID : http://graduateinstitute.ch/genre

Sommaire

Présentation des auteur·e·s /
List of contributors 9

Pourquoi croiser l'économie féministe et l'économie sociale et solidaire ? 21
Christine Verschuur, Isabelle Guérin et Isabelle Hillenkamp

Économie féministe et économie solidaire : quels croisements ?

La economía feminista desde América Latina :
¿Una vía para enriquecer los debates de la economía social y solidaria ? 31
Valeria Esquivel

Féminisme et économie solidaire 51
Jean-Louis Laville

Solidarités, reproduction et production

Solidaridad sistémica, solidaridad de proximidad y equidad de género :
una lectura desde América Latina 73
Fernanda Wanderley

Exploring conceptions of the social and solidarity economy :
informal financial groups in Kenya 95
Susan Johnson

Organising, gender, and solidarity :
some reflections on Indian experience 123
Ratna M. Sudarshan

Un douteux retour du partage et de la gratuité 139
Jean-Michel Servet

Sécuriser l'existence des femmes et résister.
Raisons d'agir des initiateurs et initiatrices d'organisations
de l'économie sociale et solidaire 155
Magalie Saussey et Florence Degavre

Solidarités, travail et rapports sociaux

L'entreprise qui nettoie l'IHEID peut-elle être sociale et solidaire ? 179
Christophe Dunand

Weaving at the crossroads of gender and ethnicity.
Or can the collective entrepreneurship of women working
in the tourism industry of Peru be interpreted as feminist solidarity ? 191
Annelou Ypeij

The edges of vision in mapping solidarity economies :
gender and race in US cities 205
Maliha Safri

Solidarités, féminismes et rapport au politique

Missed opportunities, mixed messages and lessons learned :
collective kitchens in marginal urban communities of Peru 221
Jeanine Anderson

Organising social protection through solidarity of women workers :
experiences of the Self-Employed Women's Association, SEWA,
in India 243
Mirai Chatterjee

Les initiatives solidaires de femmes et les pouvoirs publics :
une dure confrontation 257
Madeleine Hersent

Économie solidaire et études féministes. Quelles perspectives ?

Economía solidaria, agroecología y feminismo :
prácticas para la autonomía en la organización del trabajo y de la vida 273
Miriam Nobre

Présentation des auteur·e·s / *List of contributors*

Jeanine Anderson

Jeanine Anderson est titulaire d'un doctorat en anthropologie de l'Université de Cornell, New York, États-Unis. Depuis 1970 elle réside au Pérou dont elle a acquis la nationalité en 1976. Elle a travaillé au Ministère de l'éducation au Pérou, pour le bureau régional de la Fondation Ford, pour diverses organisations de femmes et comme chercheure et consultante indépendante. De 1992 à 2012, elle a enseigné l'anthropologie et les études de genre à la Pontificia Universidad Catolica del Peru (PUCP) où elle a donné des cours sur la méthodologie de recherche, l'anthropologie urbaine, les sociétés complexes, l'anthropologie de la santé et de l'environnement ainsi que genre, culture et politiques publiques. Ses recherches récentes ont porté sur les Péruviennes dans les migrations internationales et les chaînes globales du *care*, les enfants domestiques, les questions interculturelles dans les systèmes et services de santé, et sur l'enfance dans les régions andines et amazoniennes du Pérou. Son étude la plus longue, et la plus passionnante au plan personnel, est une étude longitudinale sur la pauvreté urbaine à Lima, pour laquelle elle a suivi un groupe de familles vivant dans ce qui était alors un bidonville des années 1970 jusqu'à nos jours.

Jeanine Anderson was born in the U.S.A. and has been a resident of Peru since 1970 and a Peruvian citizen since 1976. Holding a Ph.D. in anthropology from Cornell University, New York, she has worked for the Ministry of Education of Peru, the Ford Foundation regional office, various womens' organisations, and as an independent researcher and consultant. From 1992 to 2012 she taught anthropology and gender studies at the Pontificia Universidad Catolica del Peru (PUCP). Her regular courses involved research methodology, urban anthropology, complex societies, the anthropology of health and environment, and gender, culture and public policy. Her recent research experiences have focused on Peruvian women in international migration and global care chains, child domestic service, intercultural issues involving health systems and services, and childhood in the Andes and Amazonian regions of Peru. Her longest-term research effort, and one that has been personally most compelling, is a longitudinal study of urban poverty in Lima, where she has followed a group of families in what began as a shanty town from the 1970's to the present.

Mirai Chatterjee

Mirai Chatterjee dirige le groupe pour la sécurité sociale de la Self-Employed Women's Association (SEWA) en Inde. Elle est responsable des programmes pour la santé, l'enfance et les assurances de SEWA. Elle préside actuellement la coopérative National Insurance Vimo SEWA et participe activement à la coopérative de santé Lok Swasthya dont elle est l'une des fondatrices. Ces deux coopératives sont soutenues par SEWA. Mirai Chatterjee a rejoint SEWA en 1984 et en a été la secrétaire générale, à la suite de la fondatrice Ela Bhatt.

Mirai Chatterjee est membre des comités directeurs de plusieurs organisations dont Friends of Women's World Banking (FWWB), la Public Health Foundation of India (PHFI), Save the Children et Health Action Partnership International (HAPI). Elle a été conseillère auprès de la Commission nationale pour les entreprises du secteur non organisé et participe au groupe de conseil pour l'action communautaire de la Mission nationale pour la santé en zone rurale. Elle a également été membre de la Commission sur les déterminants sociaux de la santé de l'Organisation mondiale de la santé et a participé au Conseil national consultatif, nommée par le Premier Ministre indien. Elle a récemment reçu le Global Achievement Award de l'École de santé publique de l'Université Johns Hopkins.

Mirai Chatterjee est titulaire d'une licence en histoire et sciences de l'Université de Harvard et d'un master de l'École de santé publique de l'Université Johns Hopkins aux États-Unis.

Mirai Chatterjee is the Director of the Social Security Team at Self-Employed Women's Association, (SEWA). She is responsible for SEWA's Health Care, Child Care and Insurance programmes. She is currently Chairperson of the National Insurance VimoSEWA Cooperative Ltd and actively involved with the Lok Swasthya Health Cooperative, of which she is a founder. Both cooperatives are promoted by SEWA. She joined SEWA in 1984 and was its General Secretary after its Founder, Ela Bhatt.

Mirai Chatterjee serves on the Boards of several organisations, including the Friends of Women's World Banking (FWWB), the Public Health Foundation of India (PHFI), Save the Children and the Health Action Partnership International (HAPI). She was advisor to the National

Commission for Enterprises in the Unorganized Sector and is in the Advisory Group on Community Action of the National Rural Health Mission. She was also a Commissioner in the World Health Organization's Commission on the Social Determinants of Health. She was a member of the National Advisory Council (NAC), appointed by the Prime Minister of India. She was recently conferred the Global Achievement award by the School of Public Health, Johns Hopkins University.

Ms. Chatterjee has a B.A. from Harvard University in History and Science and a Masters from Johns Hopkins University's School of Public Health, USA.

Florence Degavre

Florence Degavre est socio-économiste. Elle est chargée de cours à la Faculté Ouverte de Politique Économique est Sociale (FOPES) et coordinatrice de recherche au Centre de Recherches Interdisciplinaires Travail, État et Société (CIRTES) de l'Université catholique de Louvain (UCL). Ses intérêts de recherche portent sur le *care* qu'elle analyse dans une perspective féministe et polanyienne, et plus globalement, sur les régimes de *care* européens et leurs évolutions. Dans ce cadre, elle a mené des recherches sur l'introduction de dispositifs de quasi-marchés dans le domaine du maintien à domicile en Europe et sur l'innovation sociale dans le secteur. Elle s'intéresse également aux dynamiques de genre dans l'économie sociale et dirige actuellement une recherche sur la présence des femmes dans les entreprises sociales.

Florence Degavre is a socio-economist. She is lecturer at the Faculté Ouverte de Politique Économique et Sociale (FOPES) and research coordinator at the Centre de Recherches Interdisciplinaires Travail, État et Société (CIRTES) of Université catholique de Louvain (UCL). Her main research interests are on social economy, social policies and care regimes in relation with marketisation and defamilialisation. Her fieldwork is mainly on elderly care services that she analyses through a Polanyian and feminist perspective. She is currently conducting research on the gender dynamics in the social economy and on women's presence in social enterprises.

Christophe Dunand

Christophe Dunand, ingénieur et titulaire d'un master et d'un DEA en études du développement (IUED, Genève, devenu l'IHEID en 2008). Il est chargé de cours en entrepreneuriat social à la Haute école de gestion de Genève et directeur général de Réalise, une des grandes entreprises sociales d'insertion de Suisse. En parallèle il est membre de la commission romande «Insertion par l'économique» de la fédération nationale «Insertion Suisse» et il siège au conseil de la Chambre de l'économie sociale et solidaire Apres-Genève, qu'il a co-fondée en 2004.

Christophe Dunand is an engineer and holds a DEA in development studies (IUED, Geneva, IHEID since 2008). He is a lecturer in social entrepreneurship at the Haute École de Gestion de Genève and the Director General of Réalise, a big Swiss social enterprise promoting social integration. In parallel, he is a member of the commission on "Insertion par l'économique" (Intergration through the Economy) of the National Federation "Insertion Suisse". Dunand is also on the committee of the House of the economic and social solidarity Apres-Genève, which he co-founded in 2004.

Valeria Esquivel

Valeria Esquivel a rejoint l'UNRISD en 2014 comme Coordinatrice de recherche en genre et développement. Auparavant, elle a mené une longue carrière académique en Argentine, à l'Université Nationale General Sarmiento et au Conseil national de recherche scientifique et technique – CONICET. Elle possède une licence en économie de l'Université de Buenos Aires et un master et un doctorat en économie de l'Université de Londres. Comme économiste féministe reconnue au niveau international, elle a travaillé, entre autres thèmes, sur la conceptualisation de l'«économie du *care*», sur l'insertion des femmes dans le marché du travail, sur la conception, la réalisation et l'analyse d'enquêtes d'usage du temps, publiant des chapitres de livres et des articles à diffusion nationale et internationale. Elle est membre du réseau GEM LAC, le groupe d'économie et genre d'Amérique latine, de l'Association Internationale pour l'économie féministe (IAFFE) et de l'Association internationale pour la recherche sur les emplois du temps (IATUR), entre autres.

Valeria Esquivel joined UNRISD in August 2014 as Research Coordinator on Gender and Development. In her role, Valeria is responsible for conceptualising, developing and managing research on gender-related issues of concern for the UN system and other stakeholders within the framework of the UNRISD Research Agenda.

Prior to joining UNRISD, Valeria was Associate Professor of Economics at the Universidad Nacional de General Sarmiento, Argentina, and Researcher for CONICET, the Argentina National Research Council. In the past, she collaborated with UNRISD for the project The Political and Social Economy of Care (2006-2009) as part of the Argentinian research team.

An internationally recognised feminist economist, Valeria's academic work cuts across the fields of labour markets and social policy, notably on issues of unpaid work, time-use and care. She has also done work on gender-aware macro-economics, particularly in Latin America. Her approach has always been multidisciplinary, and she is equally familiar with quantitative and qualitative research tools. Much of her work emphasizes the importance of framing and of knowledge production from the South.

After completing her Bachelor's degree in Economics at the University of Buenos Aires, Valeria continued her postgraduate studies in the United Kingdom, obtaining her Master's degree and PhD in Economics from the University of London.

Isabelle Guérin

Isabelle Guérin est directrice de recherche à l'Institut de recherche pour le développement (IRD)/CESSMA (Centre d'études en sciences sociales sur les mondes américains africains et asiatiques). Elle s'intéresse à la fois à l'économie politique et morale de la monnaie, de la dette et du travail et à la microfinance, l'économie solidaire, au rôle des ONG et leurs articulations avec les politiques publiques. Elle a récemment co-édité plusieurs ouvrages et numéros spéciaux de revues : *Microfinance, Debt and Over-Indebtedness : Juggling With Money* (London : Routledge, 2013, coordonné avec Solene Morvant-Roux and Magdalena Villarreal) ; *Labour Standards in India* (*Global Labour Journal Special Issue,* 2012, coordonné avec Jens Lerche and Ravi Srivastava) ; *Femmes, économie et développement* (Toulouse : Eres, coordonné avec Madeleine Hersent et Laurent Fraisse) ; *India's Unfree Workforce. Old and New Practices of Labour Bondage* (Oxford University Press : New-Delhi, 2009, coordonné avec Jan Breman and Aseem Prakash). Elle publie aussi régulièrement dans des revues d'études du développement comme *World Development*, *Journal of Development Studies*, *Development and Change*, etc.

Isabelle Guérin is currently Senior Research Fellow at the Institute of Research for Development (IRD)/CESSMA (Centre d'études en sciences sociales sur les mondes américains africains et asiatiques) in Paris. Her academic interests span from the political and moral economy of money, debt and labour to microfinance, solidarity economy, NGO interventions, empowerment programmes and linkages with public policies. She recently co-edited several books and special issues for journals : Microfinance, Debt and Over-Indebtedness : Juggling With Money *(London : Routledge, 2013, co-edited with Solene Morvant-Roux and Magdalena Villarreal) ;* Labour Standards in India *(Global Labour Journal Special Issue, 2012, co-edited with Jens Lerche and Ravi Srivastava);* Femmes, économie et développement *(Toulouse: Eres, co-edited with Madeleine Hersent and Laurent Fraisse);* India's Unfree Workforce. Old and New Practices of Labour Bondage *(Oxford University Press: New-Delhi, 2009, co-edited with Jan Breman and Aseem Prakash). Her essays are often published on development studies journals such as* World Development, Journal of Development Studies, Development and Change, *etc.*

Madeleine Hersent

Madeleine Hersent est consultante chercheure. Elle est fondatrice de l'ADEL (Agence pour le développement de l'économie locale) qu'elle a dirige depuis 1983 et dont elle est maintenant présidente. Elle accompagne des projets de création d'activités initiés par des femmes éloignées du marché de l'emploi. Elle est cofondatrice et a été co-présidente jusqu'en 2009 du Mouvement pour l'économie solidaire en France. Elle travaille sur l'articulation genre et ESS.

Madeleine Hersent is a research consultant. She is the founder and President of Adel (Agency for the Development of Local Economy) established in 1983. The agency supports projects related to activities of women who are isolated from the labour market. She co-founded and co-chaired the Movement for Solidarity Economy in France until 2009. She works on the articulation of gender with economic and social solidarity (ESS).

Isabelle Hillenkamp

Isabelle Hillenkamp est titulaire d'un doctorat en études du développement de l'Institut de hautes études internationales et du développement à Genève. A partir d'enquêtes en Bolivie et au Brésil, ses recherches portent sur l'économie populaire et solidaire, qu'elle aborde dans une perspective socioéconomique, attentive aux liens entre pratiques économiques et rapports sociaux de production et de genre. Elle est chargée de recherche à l'IRD-CESSMA (UMR 245, Paris, France).

Isabelle Hillenkamp holds a PhD in development studies from the Graduate Institute of International and Development Studies in Geneva. Based on field studies in Bolivia and Brazil, her research focuses on popular and solidarity economy addressed from a socio-economic perspective. She pays close attention to the connection between economic practice and the social relations of production and gender. She is researcher at IRD/CESSMA (UMR 245, Paris, France).

Susan Johnson

Susan Johnson est Senior Lecturer en développement international à l'Université de Bath et directrice du Centre d'études du développement. Elle a une formation en économie et en économie de l'agriculture et a travaillé pour des organisations de développement pendant huit ans avant de rejoindre le monde académique. Elle a mené de nombreuses recherches et publications sur la microfinance en élargissant l'analyse de ce domaine à une analyse institutionnelle des marchés financiers locaux et plus particulièrement de leur ancrage social. Beaucoup de ses recherches ont porté sur la microfinance et l'accès au secteur financier, et particulièrement sur la dimension de genre de ces questions, sur le rôle des services financiers informels et sur l'impact des interventions sur la pauvreté. Elle a participé à de nombreuses études d'impact pour le DFID et la Fondation Ford, et entamé des recherches sur l'accès à la finance et le développement de systèmes financiers décentralisés avec le Financial Sector Deepening Trust au Kenya.

Susan Johnson is a Senior Lecturer in International Development at the University of Bath and Director of the Centre for Development Studies. She has a background in economics and agricultural economics and worked in development organisations for eight years before joining academia. She has researched and written extensively in the field of microfinance expanding the analysis in this field to the institutional analysis of local financial markets, in particular examining their social embeddedness. She has undertaken extensive research into microfinance and financial access, particularly focussed on its gender dimensions, the role of informal financial services and the impact of interventions on poverty. She has worked on a number of major impact assessment studies for DFID and the Ford Foundation, and undertaken research on financial access and the development of decentralised financial systems with the Financial Sector Deepening Trust in Kenya.

Jean-Louis Laville

De formation initiale économique, Jean-Louis Laville est docteur en sociologie de l'Institut d'études politiques de Paris. Il est professeur au Conservatoire national des arts et métiers (CNAM, Paris), titulaire de la Chaire Relations de service, chercheur à l'IFRIS et coordinateur européen du Karl Polanyi Institute Political Economy. Il participe à plusieurs revues universitaires en tant que membre du comité scientifique ou membre du comité de rédaction.

Jean-Louis Laville initially graduated in economics, before obtaining his PhD in sociology from the Institut d'études politiques in Paris. He is a professor at the Conservatoire national des arts et métiers (CNAM, Paris), head of the Chair of Service Relations. He also is the European coordinator of Karl Polnayi Institute of Political Economy and participates in several academic reviews and journals as member of the scientific committee or editorial committee.

Miriam Nobre

Miriam Nobre est économiste et titulaire l'un master du programme d'études sur l'intégration latino-américaine de l'Université de São Paulo au Brésil. Au sein de l'organisation Sempreviva Organização Feminista (SOF), elle travaille depuis 1993 sur les questions d'éducation populaire et comme analyste sur les questions d'économie féministe, agro-écologie et solidarité économique. De 2006 à 2013 elle a été la coordinatrice du secrétariat international de la Marche mondiale des femmes, un mouvement féministe international qui regroupe des femmes de la base et des individus œuvrant pour éliminer les causes de la pauvreté et de la violence contre les femmes.

Miriam Nobre is agronomist and holds a masters degree from the Programme of studies in Latin America integration at the University of São Paulo (Brazil). Within the Sempreviva Organização Feminista (SOF) she has been working since 1993 on popular education and as analyst on themes of feminist economics, agro-ecology and economic solidarity. Between 2006 and 2013 she was the coordinator of the World March of Women International Secretariat, an international feminist movement that connects grassroots women and individuals to eliminate the root causes of poverty and violence against women.

Maliha Safri

Maliha Safri est professeure associée dans le département d'économie de l'Université Drew aux États-Unis. Ses enseignements et ses publications portent sur l'économie politique. Elle a publié dans *Signs*, *Organization*, le *Middle East Journal*, *Rethinking Marxism*, *The Economist's Voice*, et dirigé des collections. Elle travaille actuellement pour un projet collaboratif financé par le Fonds national pour la recherche scientifique, mené avec des chercheur·e·s du nord-ouest, qui vise à évaluer l'impact économique de l'économie sociale et solidaire. Elle participe également à de nombreuses coopératives de travailleur·euse·s immigrés dans les régions du New Jersey et de

New York, et à des ateliers de formation de base en économie organisés avec des militant·e·s et des travailleur·euse·s.

Maliha Safri is an associate professor in the economics department at Drew University, and has taught and published on political economy. She has published articles in Signs, Organization, The Middle East Journal, Rethinking Marxism, The Economist's Voice, *and edited book collections. Most recently, she is working on a collaborative project funded by the National Science Foundation with researchers in the Northeast to map and estimate the economic impact of the social and solidarity economy. She has also been involved with a number of immigrant worker cooperatives in the New Jersey and New York areas, as well as economic literacy workshops with area activists and workers.*

Magalie Saussey

Magalie Saussey est socio-économiste, docteure de l'École des hautes études en sciences sociales (Paris, France). Elle est actuellement titulaire d'une bourse de recherche postdoctorale dans le cadre du programme de recherche PAI intitulé « If not for Profit, for What and How ? » qu'elle réalise au Centre interdisciplinaire de recherche Travail, État et Société (CIRTES) de l'Université catholique de Louvain (UCL) en Belgique. Ses recherches portent sur les organisations d'économie sociale orientées vers la production de biens et/ou de services (produits agroalimentaires, eau potable, action sociale, environnement...) en Afrique de l'Ouest et en France. Plus particulièrement elle s'intéresse aux savoirs, aux formes de reconnaissance et d'émancipation des femmes. Elle mène actuellement une recherche avec Florence Degavre sur les dynamiques de genre dans les entreprises sociales.

Magalie Saussey is a socio-economist. She holds a PhD from the École des hautes études en sciences sociales (Paris). She is engaged in a post-doctoral fellowship within an Interuniversitary Attraction Pole called "If not for Profit, for What, and How?" at Centre interdisciplinaire de recherche Travail, État et Société (CIRTES) of the Université catholique de Louvain (UCL) in Belgium. Her research interests are on social economy organisations producing goods or services (in the food processing industry, drinkable water, social action, environmental sector...) in West Africa and France. In particular, she is interested in knowledge production and forms of recognition and emancipation for women. She is currently conducting research with Florence Degavre on gender dynamics in social entreprises.

Jean-Michel Servet

Professeur d'études du développement à l'Institut de hautes études internationales et du développement (IHEID) depuis 2003, il a été professeur à l'Université de Lyon 2 et directeur de recherche au Centre national de la recherche scientifique (CNRS, France), à l'Institut de recherche pour le développement (IRD, France) et à l'Institut français de Pondichéry (Inde). Ses domaines de recherche sont la crise et ses alternatives solidaires, l'inclusion financière et l'histoire de la pensée économique et financière. Il a publié notamment *Les Monnaies du lien* (2012), *Le Grand renversement* (2010), *Banquiers aux pieds nus* (2006), *Une économie sans argent* (1999) et *L'euro au quotidien* (1998) et a dirigé les rapports *Exclusion et liens financiers* (huit volumes parus). Il a été coéditeur d'une nouvelle traduction de *La Richesse des nations* d'Adam Smith (3 vol.) et des œuvres économiques complètes d'Auguste et Léon Walras.

A faculty member of the department of development studies of The Graduate Institute since 2003, Jean-Michel Servet was a professor at the University of Lyon II and director of research at the National Centre for Scientific Research (CNRS, France), the Research Institute for Development (IRD, France) and the French Institute of Pondicherry (India). His research interests are the crisis and its solidarity alternatives, financial inclusion policy, the social economy and the history of the financial and economic thought. He edited the reports on Exclusion and Financial Links *published by Centre Walras (8 volumes) and co-edited a new translation of Adam Smith's* The Wealth of Nations *(3 volumes) as well as the complete economic work of Auguste and Léon Walras.*

Ratna M. Sudarshan

Ratna M. Sudarshan est actuellement National Fellow à la National University of Educational Planning and Administration (NUEPA) de New Delhi en Inde. De 2003 à 2011, elle a dirigé l'Institute of Social Studies Trust (ISST) à New Delhi. Elle a auparavant été économiste principale au National Council of Applied Economic Research (NCAER) à New Delhi. Ses recherches portent sur les femmes dans l'économie informelle, le genre et l'éducation ; sur les liens entre recherche et politiques publiques ; sur genre et évaluation.

Ratna M. Sudarshan is currently Fellow at the National University of Educational Planning and Administration (NUEPA), New Delhi ; she was Director, Institute of Social Studies Trust (ISST), New Delhi, from 2003-2011 ; and Principal Economist at National Council of Applied Economic

Research (NCAER), New Delhi, prior to this. Her research interests include women in the informal economy, gender and education ; research and policy linkage ; gender and evaluation.

Christine Verschuur

Christine Verschuur est chargée d'enseignement et de recherche à Institut de hautes internationales et du développement (IHEID), Genève, où elle est associée au corps de recherche et d'enseignement depuis 1996. Elle est directrice du Pôle Genre et développement de l'IHEID. Elle est directrice de la collection *Les Cahiers genre et développement*, publiés chez L'Harmattan (Paris, France) depuis 2000. Anthropologue de formation, elle a obtenu son doctorat en socio-économie du développement à Université de Paris I – Panthéon-Sorbonne. Elle a coordonné durant dix ans une recherche sur les organisations populaires urbaines et le genre dans sept pays en Amérique latine, Afrique de l'Ouest et Europe de l'Est, dans le cadre du programme MOST de l'UNESCO. Ses recherches actuelles portent sur les expert·e·s en genre et l'expertise en genre ainsi que sur l'économie solidaire et féministe. Ses intérêts de recherche sont: les migrations et l'organisation de la reproduction sociale, les organisations populaires urbaines, le développement rural, développement et théories féministes décoloniales.

Christine Verschuur is a Senior Lecturer at the Graduate Institute of International and Development Studies (IHEID), where she has taught and conducted research since 1996. She is the Director of Pôle Genre et développement (Gender and Development Divison) of the Graduate Institute. She is also the director of the Cahiers genre et développement *series published by L'Harmattan, Paris, since 2000. Verschuur is an anthropologist by training and earned her Doctorate in Socio-economics of Development at University of Paris I – Panthéon-Sorbonne. She coordinated a ten-year research on popular urban organising and gender in seven countries in Latin America, West Africa and Eastern Europe, as a part of MOST programme of UNESCO. Her current research focuses on gender experts and gender expertise. Her general research interest lies on : migration and organisation of social reproduction, urban popular organisations, rural development, development and decolonial feminist theories.*

Fernanda Wanderley

Fernanda Wanderley est chercheure et professeure de recherche en sciences du développement à l'Universidad Mayor de San Andrés (CIDES-UMSA) à

La Paz en Bolivie. Elle est titulaire d'un doctorat de sociologie de l'Université de Columbia à New York. Elle est également consultante pour des organisations internationales telles que l'OIT, l'INSTRAW et le PNUD. Son travail se spécialise sur les questions d'emploi et rapports de genre, sur les politiques sociales et économiques, les réseaux sociaux, les associations et la coopération au sein des petites unités économiques. Elle a publié des articles et des ouvrages sur ces questions, qui sont disponibles sur le site www.fernandawanderley.blogspot.com

Fernanda Wanderley is currently Researcher and Professor of Graduate Research in Development Sciences at the Universidad Mayor de San Andrés (CIDES-UMSA) in La Paz, Bolivia. She holds a PhD in sociology from Columbia University in the city of New York. She is also a consultant for international organisations like the ILO, INSTRAW and UNDP. She specialises in employment and gender relations, economic and social policies, social networks, association and cooperation among small economic units. She has published books and articles about these topics. Her books and articles are available at www.fernandawanderley.blogspot.com

Annelou Ypeij

Annelou Ypeij est une anthropologue féministe et spécialiste de l'Amérique latine. Ses intérêts de recherche se portent sur le genre, l'ethnicité, la pauvreté et la mobilité sociale. Depuis une décennie, elle étudie le tourisme dans la région péruvienne du Machu Picchu en s'intéressant particulièrement aux initiatives locales et au contrôle local sur le projet touristique.

Annelou Ypeij is a feminist anthropologist and Latin Americanist. Broadly formulated, her research interest encompasses gender, ethnicity, poverty and social mobility. For a decade, she has studied tourism in the Machu Picchu region of Peru with a special interest for local initiatives and local control over the tourism project.

Pourquoi croiser l'économie féministe et l'économie sociale et solidaire ?

Christine Verschuur, Isabelle Guérin, Isabelle Hillenkamp

L'économie féministe, champ d'études qui se développe notamment depuis la fin des années 1980, est relativement ignorée dans les études de développement, en particulier dans le monde francophone. Ses apports à notre avis fondamentaux, comme nous le verrons dans certaines des présentations publiées dans le présent ouvrage, restent assez peu reconnus ou pris en compte. Ils nous semblent pourtant de plus en plus pertinents et indispensables dans le contexte de la crise économique et financière mondiale. L'économie féministe apporte en effet un regard nouveau sur *l'ensemble* des questions du développement ou de la mondialisation néo-libérale.

L'économie féministe englobe des approches hétérogènes et de nombreux courants qui peuvent aller des néo-libéraux aux néo-marxistes. Nous nous intéressons ici en particulier au champ ouvert par l'économie féministe par des auteures comme Benería et Sen (1981), Elson (1991), Folbre (1993 ; 1995), Benería (1995), England et Folbre (2003), Ferber et Nelson (1993), ou de multiples autres dont la revue *Feminist Economics*, fondée en 1995, a notamment diffusé les travaux. L'économie féministe porte un regard critique sur les théories économiques et les méthodologies de recherche, pour dépasser le biais androcentrique qui traverse cette discipline. Elle porte tant sur l'économie domestique, les marchés de travail ou

Verschuur, C., I. Guérin et I. Hillenkamp. 2015. Pourquoi croiser l'économie féministe et l'économie sociale et solidaire ? In *« Homo œconomicus, mulier solidaria ». Une économie solidaire peut-elle être féministe ?* (Dir.) C. Verschuur, I. Guérin et I. Hillenkamp. 21-28. Paris : L'Harmattan, collection Genre et développement. Rencontres.

les questions macroéconomiques que sur le commerce ou les finances internationales, et l'articulation entre ces dimensions. L'économie féministe considère que les rapports sociaux de genre, classe et race s'inscrivent dans les rapports économiques ; elle repense des catégories d'analyse, en particulier le travail, et notamment le travail reproductif ; elle remet en question le modèle universel de *l'homo œconomicus* ; certains courants de l'économie féministe s'intéressent à faire reconnaître d'autres rationalités, motivations, valeurs – comme la justice, la solidarité, le lien social et d'autres visions, celle du bien-être humain pour toutes et tous, et non celle défendue notamment par la discipline économique orthodoxe, la maximisation des profits ou de la croissance. Les travaux des économistes féministes qui nous intéressent ici cherchent – c'est ce qui fait leur posture *féministe* – à comprendre les causes des inégalités de genre et de la subordination des femmes, exclues de par leurs appartenances de classe ou de race ; à reconnaître et s'intéresser à leurs capacités d'action, individuelles et collectives, aux possibilités de changement du système économique, social, culturel, et de transformation des rapports de pouvoir vers plus de justice sociale et de genre.

L'économie sociale et solidaire, de son côté, occupe un espace croissant, ou du moins plus visible, dans les contextes de crise, dans les pratiques sociales, dans les politiques et études. Aux Nords et aux Suds, des femmes et des hommes se mobilisent pour faire de l'économie autrement, questionnant la recherche et la viabilité du profit individuel, cherchant à articuler les intérêts aux niveaux individuel, domestique et collectif. Que ce soit dans des activités liées à la reproduction sociale, à la production, la consommation, la finance, le commerce international, dans les programmes d'insertion sociale, le développement local, l'environnement, le tourisme ou encore la culture, on trouve des formes novatrices d'organisation. En comparaison avec l'économie dominante, les pratiques d'économie solidaire privilégient la recherche de la solidarité, entre générations et avec les générations futures, au sein de ou entre groupes, entre territoires, etc. Elles ne cherchent pas à supplanter le marché ou l'État mais plutôt à réarticuler ces deux institutions avec les principes de réciprocité et de solidarité, comme nous le verrons dans les textes présentés ici. Certaines de ces initiatives ouvrent des espaces pour réinventer des rapports sociaux non capitalistes, de nouvelles formes d'organisation du travail et de relations de travail, de nouveaux rapports de propriété des moyens de production, de nouveaux rapports de pouvoir. Ces expériences ou organisations questionnent aussi le rapport au politique, en articulant leurs pratiques économiques et sociales, et constituent des espaces de délibération, de négociation, d'*empowerment*, avec la volonté de peser sur la définition et la mise en œuvre des politiques publiques, sur les normes dominantes de l'économie de marché et des institutions et sur les politiques sociales.

Alors que diverses questions sembleraient devoir rapprocher l'économie solidaire et l'économie féministe, comme cela est suggéré par des travaux antérieurs (Nobre 2005 ; Guérin 2003 ; Guérin, Hersent et Fraisse 2011), la littérature sur l'économie sociale et solidaire ne s'est jusqu'ici que peu intéressée au genre et aux théories féministes. Les acteurs et actrices et les chercheur·e·s dans ce champ se contentent au mieux d'affirmer que les différences entre hommes et femmes doivent être prises en compte et que l'égalité de genre est un objectif de l'économie solidaire. Certaines interventions renforcent la vision simpliste de l'économie solidaire agissant nécessairement en faveur des femmes. L'économie solidaire s'inscrit alors dans les propositions, visant les femmes, de *smart economics*, comme celles formulées par la Banque mondiale, largement critiquées par les études féministes.

Qu'il s'agisse de groupes de production artisanale ou agricole, d'échange local, de finances solidaires, d'associations communautaires ou d'emploi salarié dans les coopératives, mutuelles ou associations, les femmes sont effectivement généralement surreprésentées dans l'économie solidaire. Mais des hommes aussi y sont actifs, et des femmes sont parfois majoritaires dans des entreprises qui ne sont pas solidaires. La surreprésentation des femmes n'est donc pas la seule raison pour laquelle il est intéressant de croiser les deux champs. Il s'agit d'analyser en quoi ces pratiques sont effectivement genrées, comme on peut le lire en observant la reproduction de la division sexuelle du travail, la valorisation différentielle du travail féminin, l'importance des activités dans le domaine de la reproduction sociale ou les valeurs implicites de don de soi ou de sacrifice pour le bien-être de la famille, face à la crise et aux déficiences des systèmes de protection sociale.

Loin de nous donc l'idée d'essentialiser certaines valeurs comme la solidarité, le partage, la réciprocité, bien au contraire : l'idée de *mulier solidaria* est tout aussi parodique que celle d'*homo œconomicus,* et toutes les deux figent la femme ou l'homme dans des catégories binaires, homogénéisantes, victimisantes/victimaires. L'histoire du développement est jalonnée d'euphémismes faisant appel à la solidarité féminine (« participation communautaire », « communautés solidaires », « groupes solidaires ») et permettant de dissimuler le travail non valorisé, non payé ou sous-payé des femmes – celles qui sont marginalisées du fait de leur appartenance de classe ou de race – au sein de politiques dites sociales ou de genre. C'est aussi ce que suggèrent aujourd'hui les tenants des *smart economics*. L'interdépendance mérite d'être pensée dans sa dimension à la fois solidaire et dramatique, celle d'un rapport bien souvent asymétrique entre dominant·e·s et dominé·e·s.

Dans quelle mesure et à quelles conditions l'économie solidaire peut-elle promouvoir l'égalité de genre, *peut-elle être féministe ?* Peut-elle être une source d'émancipation pour les femmes, ou la solidarité entre femmes, souvent dans des situations d'exclusion, ne fait-elle que reproduire les mécanismes de leur propre exploitation ? L'économie solidaire concerne-t-elle un secteur de seconde zone, tout juste bon à panser les plaies de l'économie néolibérale ou pallier les manques d'un service public déliquescent ou inexistant ? S'agit-il d'atténuer la colère, de la canaliser pour étouffer les contestations d'ordre politique ?

La crise économique et financière du système néo-libéral s'accompagne-t-elle aussi d'une crise des mouvements et études féministes, qui seraient absorbées par le néo-libéralisme (Fraser 2011) ? Ne faut-il pas, comme Nancy Fraser le dit, également recentrer, ré-ancrer et renouveler les études et luttes féministes dans une critique du système capitaliste globalisé ?

En quoi le croisement des études de l'économie solidaire et des études féministes permet-il de remettre ces diverses questions récurrentes au cœur de la réflexion : l'organisation de la reproduction sociale ; l'articulation entre les rapports sociaux de type domestique et capitalistes, et entre le productif et le reproductif ; la constitution de nouveaux rapports sociaux, l'émancipation et la protection sociale, les alternatives *ici et maintenant ?* À quelles conditions y trouve-t-on une chance de réinventer l'économie, de la ré-encastrer dans le social et le politique et au service de la justice sociale, de l'égalité et de la démocratie, et de réinventer culturellement le politique ? En quoi nous permet-il de créer des ponts entre théories et pratiques, analyses et changements, à partir des points de vue situés, dans le contexte de crise économique et financière actuelle ?

Nous pensons que le croisement entre économie solidaire et études féministes gagne également à s'inspirer des théories décoloniales (Quijano 2007 ; Castro-Gomez et Grosfoguel 2007 ; Escobar 2004). Celles-ci proposent le concept de colonialité du pouvoir, et suggèrent de dépasser la critique « culturelle » du capitalisme mondialisé (propre aux études postcoloniales anglo-saxonnes) et la critique du « système-monde » (qui porte sur les structures économiques et géopolitiques), et rappellent la nécessité primordiale de se rapprocher des luttes concrètes sociales et économiques, politiques, culturelles.

Un double point de vue est ici nécessaire (que les chapitres qui suivent reprennent de manière variable et chacun à leur manière). En s'inspirant de l'approche « possibiliste » suggérée par des auteurs comme Hirschman (1971) et plus récemment Gibson-Graham (2005) ou encore de Sousa Santos (2011), qui plaide pour une sociologie des « émergences », il convient tout d'abord d'être attentif à la manière dont ces initiatives bousculent de manière novatrice les frontières habituelles. Elles questionnent les concepts de valeur et de richesse. Elles repensent la notion même d'économie, qui ne se limite plus à la production ou l'allocation de ressources, mais recouvre l'ensemble des activités nécessaires à la reproduction et l'entretien de la vie. Prenant le contre-pied de politiques universalistes et standardisées, elles s'ancrent dans les territoires et les espaces vécus des populations. Aux actions concrètes, elles articulent des pratiques de délibération, de discussion mais aussi de révolte, contribuant ainsi à repenser le politique. Elles répondent en cela à des préoccupations anciennes de certaines mouvances féministes convaincues que la lutte contre le patriarcat suppose de repenser la nature même de l'économique (Nelson 1993) et du politique (Basu 1995) ainsi que l'hétérogénéité fondamentale des aspirations et des contraintes des femmes (Mohanty 1988).

Ce premier regard, soucieux de déconstruire les schèmes dominants et de rendre justice à la multiplicité des manières d'être, de faire et de penser, n'exclut pas une analyse critique. En même temps que le regard cherche à déceler les possibilités de changement contenues dans les initiatives, un recul critique sur leurs faiblesses, sur leur insertion dans les rapports sociaux et sur leur position dans la société capitaliste et patriarcale est nécessaire. Différents courants contribuent aujourd'hui à cette critique et peuvent être ici articulés : des courants féministes, notamment lorsqu'ils envisagent les rapports dialectiques entre marchandisation, protection et émancipation (Fraser 2010) ; d'autres qui renouvellent la théorie du système-monde et de la dépendance centre/périphérie en montrant les mécanismes de la colonialité du pouvoir. Dans l'ensemble il s'agit de rendre compte des rapports de domination sans pour autant ignorer « la capacité d'action culturelle des sujets » ni « déserter le terrain des luttes sociales réelles » (Verschuur et Destremau 2012, 9).

Concrètement, nous pourrons nous inspirer de certaines des myriades d'initiatives populaires – les *bubbles* (Verschuur 2014) – qui seront présentées, analysées dans cet ouvrage, pour chercher comment concilier émancipation et protection sociale, avancer dans la critique culturelle, économique et sociale du capitalisme néolibéral et de l'État patriarcal. Il s'agit de repenser l'organisation de la reproduction sociale et la lutte contre la pauvreté, la façon dont les femmes et les hommes se constituent en sujets politiques, comment s'organiser politiquement pour repenser le système et le mettre en œuvre sans attendre.

Présentation de l'ouvrage

La collection *Genre et développement. Rencontres*, dans laquelle cet ouvrage est publié, se veut un espace où les idées se croisent et sont débattues, où elles s'enrichissent mutuellement sans déserter les lieux où se développent les initiatives, les luttes et les actions. Elle se veut un espace de rencontre d'idées et d'expériences, de croisement de la recherche et de l'action, des théories et des pratiques.

Cet ouvrage fait suite à un colloque qui a réuni des participant·e·s de multiples pays à Genève en octobre 2014, organisé par le Pôle genre et développement de l'Institut de hautes études internationales et du développement (IHEID, Genève), sous la direction de Christine Verschuur, avec Isabelle Guérin et Isabelle Hillenkamp. Elle a été réalisée avec le soutien financier de la Direction pour le développement et la coopération suisse (DDC) et une contribution de l'Institut de recherche pour le développement (IRD). Un comité scientifique, composé d'Elisabeth Prügl, Fenneke Reysoo, Emmanuelle Chauvet (Programme genre, globalisation et changements, PGGC, à l'IHEID), Ursula Keller (DDC), Jean-Louis Laville (Conservatoire national des arts et métiers, CNAM, Paris), Peter Ütting (United Nations Research Institute for Social Development, UNRISD, Genève), Suzanne Lerch (Espace Femmes International, Genève), ainsi que des responsables du colloque, Christine Verschuur (PGGC, IHEID), Isabelle Guérin (IRD, Centre d'études en sciences sociales et les mondes américains, africains et asiatiques, CESSMA) et Isabelle Hillenkamp (IRD, CESSMA), a contribué à sa préparation. Un article écrit pour la *Revue d'économie solidaire* a nourri la problématique du colloque (Hillenkamp, Guérin et Verschuur 2014) et inspire en partie cette introduction.

L'ouvrage réunit des contributions de chercheur·e·s de divers horizons disciplinaires et géographiques, mais aussi de responsables d'organisations de coopération, féministes, politiques, syndicales, voire des entreprises d'économie solidaire. Ces contributions permettront, non seulement de mieux faire connaître les apports des économistes féministes aux analyses critiques du développement, mais aussi de croiser les réflexions développées par l'économie solidaire d'une part, par l'économie et l'anthropologie ou la sociologie féministes de l'autre. Plusieurs champs d'analyse pourraient bénéficier de ces contributions, notamment : comment s'articulent les rapports sociaux de type reproductifs et productifs ; quelles sont les alternatives face à la crise de la reproduction sociale ; qu'en est-il des principes de l'économie plurielle ; peut-on repenser le politique et la démocratisation de l'économie ?

La préparation de ce colloque nous a permis de relever les insuffisances dans les recherches et l'état de nos connaissances sur l'économie solidaire dans une perspective féministe. Cet ouvrage apporte des éléments de réponse depuis des perspectives différentes, dans des contextes variés, avec des approches disciplinaires multiples. Il incitera, nous l'espérons, à creuser et élargir des analyses féministes de l'économie solidaire, et à ouvrir les champs du possible dans le contexte actuel de crise du modèle néo-libéral dominant et d'accroissement des inégalités de genre, de classe et de race.

Bibliographie

Basu, A. (Ed.) 1995. *The Challenge of Local Feminisms. Women's Movements in Global Perspective*. New Delhi : Kali for Women.

Benería, L. 1995. Toward a greater integration of gender in economics. *World development*, *23*(11) : 1839-1850.

Benería L. et G. Sen. 1981. Accumulation, reproduction, and « women's role in economic development » : Boserup revisited. *Signs : Journal of Women in Culture and Society*. 7(2) : 279-298. Traduit en français dans Bisilliat, J. et C. Verschuur. (Dir.). 2001. *Genre et économie, un premier éclairage. Cahiers genre et développement*. N° 2 : 97-111.

Castro-Gómez, S. et R. Grosfoguel. 2007. *El giro decolonial. Reflexiones para una diversidad epistémica más allá del capitalismo global*. Bogotá : Iesco-Pensar-Siglo del Hombre Editores.

Elson, D. 1991. *Male Bias in the Development Process*. Manchester : Manchester University Press.

England, P. and N. Folbre. 2003. Contracting for care. In *Feminist economics today. Beyond economic man*. M. A. Ferber et J. A. Nelson (Eds.). 61-80. Chicago : University of Chicago Press.

Escobar, A. 2004. Beyond the Third World : imperial globality, global coloniality and anti-globalisation social movements. *Third World Quarterly*. 25 (1) : 207-230.

Ferber, M. A. et J. A. Nelson (Eds.). 1993. *Beyond Economic Man : Feminist Theory and Economics*. Chicago : University of Chicago Press.

Folbre, N. 1995. « Holding hands at midnight » : The paradox of caring labor. *Feminist Economics*. 1(1) : 73-92.

Folbre, N. 1993. How does she know ? Feminist theories of gender bias in economics. *History of Political Economy*. 25(1) : 167-184.

Fraser, N. 2010. Marchandisation, protection sociale et émancipation. Les ambivalences du féminisme dans la crise du capitalisme. *Revue de l'OFCE*. N° 114 : 11-28.

—. 2011. Féminisme, capitalisme et ruses de l'histoire. *Cahiers du Genre*. N° 50 : 165-192.

Gibson-Graham, J. K. 2005. Surplus Possibilities : Postdevelopment and Community Economies. *Singapore Journal of Tropical Geography*. 26 : 4-26.

Guérin, I. 2003. *Femmes et économie solidaire*, Paris : La Découverte.

Guérin, I., M. Hersent et L. Fraisse. 2011. *Femmes, économie et développement. Entre résistance et justice sociale*. Paris : Éditions Érès et Éditions de l'IRD.

Hillenkamp I., I. Guérin et C. Verschuur. 2014. Économie solidaire et théories féministes : pistes pour une convergence nécessaire. *Revue d'économie solidaire / Review of solidarity economy*. N°7 : 6-43.

Hirschman, A. 1971. *A Bias for Hope : Essays on Development and Latin America*. New York : Yale University Press.

Mohanty, C. T. 1988. Under Western Eyes : Feminist Scholarship and Colonial Discourses. *Feminist Review*. 30 : 61-88.

Quijano, A. 2007. Colonialidad del poder y clasificación social. In *El giro decolonial. Reflexiones para una diversidad epistémica más allá del capitalismo global*. S. Castro-Gómez and R. Grosfoguel. 93-127. Bogotá : Iesco-Pensar-Siglo del Hombre Editores.

Sousa Santos, B. de. 2011. Épistémologies du Sud. *Études rurales*. 1(197): 21-49.

Verschuur, C. 2014. A history of development through a gender prism. In *Under Development : Gender*. C. Verschuur, I. Guérin, H. Guétat-Bernard (Dir.). 17-42. Londres : Palgrave Macmillan.

Verschuur, C. et B. Destremau. 2012. Féminismes décoloniaux, genre et développement. Histoire et récits des mouvements de femme et des féminismes aux Suds. *Revue Tiers Monde*. N° 209 : 7-18.

Économie féministe et économie solidaire : quels croisements ?

La economía feminista desde América Latina : ¿Una vía para enriquecer los debates de la economía social y solidaria ?[1]

Valeria Esquivel

La economía feminista (EF) es hoy un campo de conocimiento consolidado, rico en debates, publicaciones – numerosísimos artículos, libros y la revista *Feminist Economics* – y en "practicantes", tanto en países desarrollados como, de manera creciente, en regiones menos desarrolladas. La economía feminista se encuentra en el cruce entre feminismo y economía, bastante más radical que simplemente "diferenciar" la situación de mujeres y varones o proponer para ellas políticas que atemperen los impactos del (mal)funcionamiento económico.

Debe señalarse, sin embargo, que la economía feminista es también un campo de conocimiento que "dialoga" en inglés y en el que las agendas de investigación y políticas suelen estar muy determinadas por la procedencia de quienes participan en él (tanto de países centrales como de países menos

---

1 Las ideas sobre la economía feminista que se desarrollan en este artículo se basan en el libro *La Economía Feminista desde América Latina. Una hoja de ruta sobre los debates actuales en la región* (Esquivel 2012c). Este artículo se benefició enormemente de los comentarios de Marisa Fournier (Universidad Nacional de General Sarmiento) y Marie-Adélaïde Matheï (UNRISD).

Esquivel, V. 2015. La economía feminista desde América Latina : ¿Una vía para enriquecer los debates de la economía social y solidaria ? In *« Homo œconomicus, mulier solidaria ». Une économie solidaire peut-elle être féministe ?* (Dir.) C. Verschuur, I. Guérin et I. Hillenkamp. 31-49. Paris : L'Harmattan, collection Genre et développement. Rencontres.

desarrollados angloparlantes, lo que implica una menor presencia de africanas francoparlantes y de latinoamericanas hispano y lusoparlantes). Las economistas feministas del sur somos tributarias de los conceptos desarrollados en países centrales (tanto en economía como en economía feminista), pero los cuestionamos y ampliamos para producir conocimiento *situado,* relevante para nuestras realidades y *transformador,* es decir, que contribuya al cambio de los factores estructurales que sostienen las desigualdades de género, mucho más que a la mera "corrección" de sus consecuencias (Fraser 1995).

A diferencia de la economía feminista, que es un campo de estudio, la economía social y solidaria (ESS) es, a la vez, un conjunto de organizaciones y *prácticas* asociativas y solidarias, y una reflexión sobre las mismas. La diferencia semántica es evidente porque, lamentablemente, ¡no podríamos hablar de una economía feminista concreta en los mismos términos ! Como en el caso de la economía feminista, la producción de conocimiento sobre la ESS es situada, tanto en el norte como en el sur[2], y en ella se destaca de manera singular el dinamismo, carácter estructural y potencial transformador de estas prácticas en países periféricos. Pero, si es cierto que las mujeres están presentes de manera importantísima en las organizaciones e iniciativas de la ESS (Fournier y St-Germain 2011) ¿cuál es el cruce entre feminismo y la ESS ? ¿Por qué las mujeres permanecen fundamentalmente ausentes de la teorización, o cuando se las incluye, se lo hace enfatizando los beneficios que participar de la ESS tendría *para* las mujeres ; por ejemplo, en generar para ellas oportunidades laborales "compatibles" con sus responsabilidades de cuidado[3] o en proveer servicios de proximidad que les permitirían aliviar sus tareas ?

Los conceptos, análisis y "puntos de partida" de la economía feminista, reelaborados y ampliados *desde* el sur, contribuyen a identificar algunas de las vías por las cuales la ESS podría incorporar una reflexión sobre las prácticas, contribuciones y potencial transformador *de* las mujeres que participan en sus organizaciones ; y con ello, a ampliar su proyecto emancipador para incluir, de manera explícita, la equidad entre mujeres y varones y el pleno ejercicio de los derechos de las mujeres. Por su parte, la economía feminista, en particular en América Latina, puede nutrirse más explícitamente de las experiencias de la economía social y solidaria en sus abordajes teóricos y en sus análisis de política, en pos de desarrollar una mirada situada que incorpore la multiplicidad de formas de organización económica existentes en la región y diferentes vías de emancipación.

---

2 Ver, por ejemplo, el balance regional y el relativo énfasis teórico de las presentaciones realizadas en ocasión de la Conferencia "Potential and Limits of Social and Solidarity Economy", organizada por UNRISD y OIT en mayo de 2013 (www.unrisd.org/see-draft-papers) y Utting, van Dijk y Matheï (2014).

3 Dicho así, no muy diferente del viejo abordaje de "Género y Desarrollo", presente también en el *World Development Report 2013: Jobs* (Banco Mundial 2012).

La economía feminista[4]

La economía feminista se encuentra en el cruce fértil y a la vez complejo entre feminismo y economía. El feminismo como movimiento de mujeres y como una de las políticas de la "identidad" pretende desarmar las construcciones sociales de *género* que asocian a las mujeres únicamente con la sensibilidad, la intuición, la conexión con la naturaleza y con los demás, el hogar, la maternidad y el cuidado, y la sumisión. Construcciones que, al mismo tiempo, asocian a los varones con el rigor lógico, la objetividad, la esfera pública, el mercado y el rol de proveedor de ingresos, y el poder. Estas asociaciones no son inocentes: la construcción social de género es profundamente desigual e inequitativa, y tiene, por tanto, consecuencias en la vida de las mujeres (y de los varones). Enfocado en eliminar las desigualdades de género, el feminismo comparte con otros movimientos políticos un ideal *emancipador :* enfatiza la *libertad* y la agencia individual y colectiva (que las mujeres podamos ser y hacer en todos los órdenes por fuera de relaciones de dominación). El feminismo académico como posición teórica (y ética) es una extensión de esta agenda política en la filosofía, en el análisis del discurso, en las ciencias sociales y también en la economía.

De la economía, la economía feminista hereda el prestigio y el objeto de estudio, así como sus metodologías y su pretensión de objetividad (Barker y Kuiper 2003). Como el feminismo – que no es uno sólo y ha cambiado a lo largo del tiempo – la economía tampoco es una sola. La "corriente principal" u ortodoxa (el *mainstream*), definida como el paradigma neoclásico en términos conceptuales y el paradigma liberal en términos de política económica, domina la academia, la producción de conocimiento, las publicaciones y el acceso a puestos y promociones en las universidades (a pesar de sus flagrantes errores y de las consecuencias funestas de su aplicación). La heterodoxia – el amplio conjunto de abordajes críticos, que abarca desde el estructuralismo latinoamericano al post-keynesianismo y desde allí al marxismo – sigue siendo marginal en la academia, aún cuando pareciera que estamos ante la presencia de un "resurgimiento" heterodoxo tanto a nivel internacional como en América Latina.[5]

Las economistas feministas que se consideran a sí mismas ortodoxas entienden al análisis feminista como una "corrección" y expansión del análisis ortodoxo, que modifican ciertos supuestos restrictivos por otros más "realistas". Hacen foco en los hogares, por ejemplo, criticando los análisis

---

4 Esta sección se basa en Esquivel (2012b).

5 De este "resurgimiento" dan cuenta las últimas publicaciones de CEPAL (2010a), que recuperan su mejor tradición y que se encuentran en sintonía con los abordajes económicos de un número importante de gobiernos de América Latina.

que incorporan la división sexual del trabajo[6] como un "dato" y con ello la justifican (como es el caso de la "nueva economía del hogar", cuyo exponente principal es Gary Becker). Como resultado de esta crítica, proponen modelos que superan el modelo beckeriano del "patriarca" benevolente, suponiendo, por ejemplo, que los cónyuges negocian e intercambian entre sí en base a intereses dispares. En general, estos análisis se ubican a nivel microeconómico con aplicaciones importantes en economía agraria (temas de propiedad de la tierra), en economía laboral (los temas de segregación ocupacional y discriminación por género en el mercado de trabajo) y en teoría impositiva (diseño de incentivos impositivos).

Para algunas economistas feministas como Bina Agarwal (2004), este tipo de aportes son los que mayor impacto pueden tener sobre el *mainstream* (justamente, porque son parte del mainstream) y por tanto, es allí donde la economía feminista puede hacer su contribución más importante. Sin embargo, la perspectiva ortodoxa nunca desafía a la ortodoxia : estos aportes no cuestionan el funcionamiento del sistema económico ni la *injusticia* en la distribución de los recursos, los trabajos y los tiempos entre mujeres y varones, y entre otras dimensiones de la desigualdad, como clase, etnia y generación. Si el feminismo es, como se señaló arriba, un proyecto emancipador, es claro que sólo en la heterodoxia pueden alojarse proyectos emancipadores, entre ellos la economía feminista (Lawson 2003). En el *mainstream* dominante no hay lugar para nada que no sea la justificación del *statu quo*.

La economía feminista contribuye a una crítica de la economía ortodoxa en varios aspectos : epistemológicos, cuestionando la existencia de un observador "objetivo" y carente de identidad (recordemos la definición de feminismo como una de las políticas de la identidad) (Pérez Orozco 2005) ; metodológicos, cuestionando la primacía de las matemáticas y de la lógica hipotético-deductiva en la práctica económica por sobre su contenido de realidad (Nelson 1995 ; Lawson 2003) ; e incluso, del objeto de estudio, es decir, de la definición misma de lo que entendemos por economía (en su versión tradicional, exclusivamente aquello que se intercambia en el mercado). De manera interesante, a las primeras definiciones de economía feminista "por oposición" a la economía ortodoxa y a sus sesgos de género[7] (presentes, por

---

6 Por "división sexual del trabajo" se entiende la especialización de mujeres y varones en distintos tipos de trabajos, en particular aquellos relacionados con la esfera del hogar y lo privado (el *trabajo reproductivo*) en el caso de las mujeres ; y con el mercado y la esfera pública (el *trabajo productivo*) en el caso de los varones. Culturalmente construida, la división sexual del trabajo se justifica como "natural". En las teorías beckerianas, la división sexual del trabajo surge como resultado de la "especialización" de mujeres y varones en las esferas para las que estarían mejor dotados. En el caso de las mujeres, esta especialización sería fruto de la habilidad de éstas para procrear.

7 En particular, la metáfora del *homo economicus* (el ser humano económico), que lejos de ser un "universal" es, en realidad, un varón blanco, joven y sano (no es mujer, no es

ejemplo, en los ensayos compilados en *Beyond Economic Man* [Ferber y Nelson 1993]), le siguieron reflexiones epistemológicas y filosóficas sobre la práctica en economía feminista que intentaron demarcar este campo de conocimiento por lo que "es" (Lawson 2003 ; Barker y Kuiper 2003 ; Ferber y Nelson 2003).

Esto que la economía feminista "es" se abordó primeramente a partir de la identificación de sus *temáticas* propias, que contienen, aunque exceden, los "temas de mujeres" : la ya mencionada crítica a la economía del hogar beckeriana y el debate sobre los significados del trabajo no remunerado, los análisis sobre discriminación en el mercado de trabajo y la recuperación de una lectura de género sobre la historia del pensamiento económico y sobre las instituciones económicas son algunos de los temas más frecuentemente abordados[8] (Meagher y Nelson 2004).

Más adelante, y a la par del florecimiento de las temáticas sobre las que la economía feminista avanzaba realizando aportes sustanciales (macroeconomía, comercio internacional, desarrollo y subdesarrollo, "economía del cuidado" [Elson 2004]), se profundiza la reflexión metodológica y epistemológica sobre la *práctica en economía feminista* (la de quienes "hacen" economía feminista) que trasciende la mera dimensión temática. De esta reflexión surge el establecimiento de los contornos de la subdisciplina a partir del reconocimiento de ciertos *puntos de partida* comunes :

- la incorporación del trabajo doméstico y de cuidados no remunerados al análisis económico como pieza fundamental del mismo ;
- la identificación del bienestar como la vara a través de la cual medir el éxito del funcionamiento económico[9] (por oposición a los indicadores de desempeño estándar, como el crecimiento del PIB o la estabilidad macroeconómica) ;
- la incorporación del análisis de las relaciones de poder como parte ineludible del análisis económico, entendiendo que las instituciones, regulaciones y políticas nunca son "neutrales" en términos de género ;
- la constatación de que los juicios éticos son válidos, inevitables e incluso deseables en el análisis económico ; y

negro/a, latino/a o migrante, ni niño/a, ni anciano/a, ni sufre de ninguna enfermedad). Un individuo así es "racional", maximiza "su" utilidad (está solo), participa en el mercado, trabaja y genera ingresos monetarios, se endeuda, etcétera. La aplicación de esta "estilización" al análisis de la realidad económica no es neutral en términos de género (ni de clase, ni de etnia, ni de generación) (Strassmann 1993).

8 Para un listado de las temáticas más comunes tratadas por la economía feminista, ver por ejemplo Peterson y Lewis (1999).

9 En la literatura española, estos dos primeros puntos de partida se nombran como la centralidad del "sostenimiento de la vida" (Carrasco 2001).

- la identificación de las múltiples dimensiones de desigualdad social – clase, etnia, generación – que interactúan con el género, reconociendo con ello que mujeres y varones no son grupos homogéneos y que las distintas dimensiones de la desigualdad se sobreimprimen y refuerzan entre sí.

Marilyn Power (2004) llamó a este abordaje de "provisión social" *(social provisioning)*, lo menciono, aún cuando me interesa menos enfatizar en una nueva etiqueta y más en las dimensiones definitorias de la metodología (en sentido amplio) de la economía feminista.

No todos estos puntos de partida se enfatizan de igual manera en las producciones en economía feminista, pero aparecen de manera explícita o implícita en la mayoría de ellas. Lo interesante de estos puntos de partida es que, a excepción del primero – la incorporación del trabajo doméstico y de cuidados como pieza fundamental del funcionamiento del sistema económico –, están presentes también en la mayoría de los abordajes heterodoxos, lo que permite tender puentes con ellos. Por esto mismo, algunos autores sostienen que lo que diferencia a la economía feminista de otros programas de investigación heterodoxos es el énfasis en las cuestiones de género – la preocupación por "las persistentes y ubicuas desigualdades entre varones y mujeres que surgen de sus roles sociales diferenciales, y de relaciones de poder desiguales" (Barker y Kuiper 2003, 2) – más que diferencias epistemológicas (concepciones sobre la práctica científica) u ontológicas (concepciones sobre la "realidad") (Lawson 2003).

Por supuesto, estos puntos de partida constituyen una suerte de "piso" común de la producción en economía feminista. Más allá del mismo, sin embargo, existen diferentes marcos analíticos de acuerdo a las escuelas de pensamiento económico en las que las autoras abrevan (keynesianas, institucionalistas, marxistas, etc.) y diferentes agendas políticas, que las ubican más o menos cerca de posiciones radicales con respecto al capitalismo y a las vías de cambio social.[10]

La economía feminista desde América Latina[11]

América Latina se ha caracterizado (y lo sigue haciendo) por sus inequidades y sus contrastes entre ricos y pobres, entre las zonas elegantes de las ciudades y las barriadas, entre los polos de desarrollo y la agricultura de subsistencia, entre las y los trabajadores formales y protegidos por la legislación labo-

[10] Ver por ejemplo Pérez Orozco (2014) para una revisión de las distintas posturas políticas en la economía feminista.

[11] Esta sección se basa en Esquivel (2012b).

ral y las y los informales, entre indicadores de desarrollo humano de "primer mundo" y otros de "cuarto mundo", entre la falta de infraestructura básica y los bares "wifi". La región en sí misma – con su historia y lenguajes comunes – presenta diferencias marcadas en el perfil de las economías de sus subregiones (México en América del Norte, los países del istmo centroamericano, los países caribeños hispanoparlantes, la región andina, Brasil y el cono sur). La *heterogeneidad* entre países – en términos de estructura social, dinámica sectorial, especialización externa y funcionamiento macroeconómico – ha sido, en efecto, una característica central del desarrollo económico de la región (Benería y Gammage 2014).

América Latina se caracteriza, también, por los contrastes en la situación de las mujeres frente a la de los varones y de las mujeres entre sí. Profundos cambios demográficos – el aumento de la esperanza de vida, el descenso del número de hijos por mujer y los cambios en las dinámicas familiares – han acompañado los progresos evidentes de las mujeres de la región en términos de acceso a la educación, de participación en el mercado de trabajo y de participación política (CEPAL 2010b ; Cerrutti y Binstock 2009). Estos progresos, sin embargo, no son completos, ya que la inserción de las mujeres en el mercado de trabajo sigue siendo menos intensa (en términos de tasa de participación) y más precaria que la de los varones (con mayor incidencia de la informalidad y menor presencia en los sectores dinámicos). Las jornadas laborales totales de las mujeres son más extensas (debido a que al trabajo remunerado se suma el trabajo no remunerado) y sus ingresos son menores en comparación a igualdad de años de educación en los hombres (CEPAL 2010b ; Atal, Ñopo y Winder 2009). También, en los últimos años se ha detectado una profundización en los patrones de más largo plazo de feminización de la pobreza en la región (más mujeres pobres entre las mujeres que varones pobres entre los varones). Siguen existiendo formas persistentes de violencia contra las mujeres que coartan su autonomía física y el ejercicio de sus derechos, a pesar de que los mismos están consagrados por las legislaciones nacionales y los acuerdos supranacionales (CEPAL 2010b ; OIG 2011).

Detrás de estas "situaciones promedio", sin embargo, se esconden diferencias profundas *entre* las mujeres de la región. Las mujeres que tienen acceso a la educación y al empleo de calidad, a la adquisición de bienes y servicios "modernos", y al ejercicio pleno de su ciudadanía son aquellas de estratos medios y altos, y en algunos casos las provenientes de sectores populares urbanos, en general, de raza blanca. Mientras tanto, entre las mujeres de sectores rurales y urbanos de menor educación formal, afrodescendientes o indígenas sigue siendo elevada la incidencia de la falta de oportunidades de empleo (la "inactividad" o el desempleo) y de condiciones precarias de ocupación, de pobreza y de menor acceso a la protección social, aún en contextos de mejora generalizada de estos indicadores en la región (CEPAL 2010b ; OIG 2011).

En este marco, el *punto de partida* para *hacer economía feminista* en América Latina no puede ser otro que el reconocimiento de que las diferencias de género no existen "en el vacío" y que mujeres y varones atraviesan (sufren, aprovechan, reproducen, morigeran) las desigualdades estructurales (clase, etnia) de manera desigual (Benería 2005 ; Rodríguez Enríquez 2010 ; Vásconez 2012a). Se hace así evidente que no se puede hablar de "la mujer" en la región, no solo porque nos apartamos de ciertos esencialismos teóricos, sino porque mujeres y varones se encuentran, a veces, muy igualmente ubicados en posiciones desventajosas, y otras veces, ciertas mujeres se empoderan a costa de la situación de otras mujeres. Este punto de partida pone en duda agendas y discursos que atribuyen a "las mujeres" intereses únicos y compartidos debido a que en las sociedades de la región existen muchas categorías de mujeres, cuyos intereses pueden ser contradictorios.[12] Tal vez el énfasis en este punto de partida sea la particularidad de la mirada de la economía feminista *desde* América Latina, en contraste con la producción en economía feminista en países centrales.[13]

Tomar como punto de partida las varias dimensiones de la desigualdad implica una lectura "estructuralista" del funcionamiento de nuestras economías y de la ubicación diferencial de mujeres y varones en ellas. Los análisis más frecuentes han descripto los impactos de los distintos regímenes de acumulación – y sus crisis – sobre las mujeres y sobre la desigualdad de género (Todaro 2008 ; Espino y Azar 2008 ; Esquivel y Rodríguez Enríquez 2013). Sin embargo, los análisis en economía feminista tratan de ir más allá del análisis de las consecuencias del funcionamiento económico para ubicar las inequidades de género (y otras inequidades) como determinantes del modo de funcionamiento de nuestras economías, que *producen y reproducen* inequidades de género, generación, etnia y clase (Vásconez 2012a ; Salvador 2012 ; Espino 2012).

En esta mirada está implícito el entendimiento de que las causas de las inequidades que padecemos en la región son más colectivas que individuales : mientras que la mirada ortodoxa pone la lupa en las "fallas" personales y enfatiza la "igualdad de oportunidades" por sobre la "igualdad de resultados" – en lecturas en las que "igualdad de oportunidades" suele entenderse de manera limitada como "igualdad de oportunidades para participar en el mercado" (Berik, van der Meulen Rodgers y Seguino 2009) –, la mirada de la economía feminista en la región ubica el origen de las inequidades en un

12 Esto implica una insistencia en los particularismos por sobre las características comunes, lo que posiblemente genere dificultades para la construcción de agendas feministas consensuadas y "de abajo hacia arriba".

13 No es que en los países centrales no exista producción de este tipo (los aportes en la literatura postcolonial son un ejemplo de ello [Barker 2005]), sino que no es el enfoque predominante.

funcionamiento del sistema económico profundamente *injusto*, en el que el mercado, librado a sus propias fuerzas, *refuerza y amplifica* las desigualdades.

En base a este diagnóstico, la mirada se politiza – sin haber tenido nunca pretensión de neutralidad – para reclamar políticas públicas *activas* (macroeconómicas, sectoriales, del mercado de trabajo, sociales) y enfatizar el rol de los Estados para moldear el comportamiento económico y contrarrestar las distintas dimensiones de la desigualdad tanto en el espacio de la *producción mercantil* (el que llamamos ampliamente como del mercado), como en el de la *redistribución* (el de las políticas fiscales y sociales). Así, los análisis basados en la economía feminista brindan un soporte adecuado para que las decisiones que se tomen en la política erradiquen las profundas inequidades de género en los aspectos materiales de la vida más básicos que persisten en la región (Vásconez 2012b).

Un punto en el que los aportes de la economía feminista han tenido mayor impacto en la región es la incorporación del trabajo doméstico y de cuidados no remunerado, o la "economía del cuidado", en el relevamiento de información sobre el uso del tiempo, en los análisis y el diseño de políticas sociales, y en las agendas supranacionales (por ejemplo, en los consensos de Quito [2007] y Brasilia [2010] surgidos de las Conferencias Regionales de la Mujer de esos años) (Esquivel 2011). Estas agendas buscan ir más allá de la visibilización y el reconocimiento de los aportes de las mujeres – el vocabulario de la Plataforma para la Acción de Beijing – para proponer políticas concretas de redistribución del cuidado, no sólo entre hombres y mujeres, sino entre los hogares y la sociedad (la "esfera pública" en la que se desarrollan los servicios públicos de cuidado gratuitos, los de mercado pagos, y los provistos por organizaciones comunitarias) (Esquivel 2012a ; 2013).

Dos rasgos distinguen a la producción académica latinoamericana de la de los países del norte (en particular la literatura sajona) en este punto. El primero de ellos es la necesidad conceptual de seguir nombrando al "trabajo doméstico y de cuidados no remunerado" como tal y no sólo "trabajo de cuidados" ; en tanto en esta última definición se pierde el trabajo doméstico propiamente dicho, crucial en términos de tiempo insumido, altamente feminizado y de cuyas condiciones de provisión se deriva la posición de las trabajadoras domésticas remuneradas (Esquivel 2011). Y el segundo es la conceptualización de la "organización del cuidado", un concepto que evidencia el comportamiento menos monolítico o "regimentado" y más fragmentario de la política social que el concepto de "régimen de cuidado", acuñado en la literatura feminista como respuesta conceptual a los análisis de los regímenes de bienestar ciegos al género (Faur 2011 ; Esquivel, Faur y Jelin 2012).

Dos puentes entre la economía feminista latinoamericana y la economía social y solidaria

De la EF a la ESS : incorporar el trabajo doméstico y de cuidados no remunerado en la reflexión y la práctica de la ESS

La consideración del trabajo doméstico y de cuidados no remunerado como "económico" por la economía feminista abreva en las tradiciones clásicas de valor-trabajo y se centra en la producción de personas a través de personas como crítica a la producción de mercancías a través de mercancías (Picchio 2001). En el pasado se lo llamó (y a veces se lo llama todavía) trabajo "reproductivo", por oposición al trabajo "productivo" y para enfatizar las relaciones sociales diferenciales que se asocian a uno y otro (Esquivel 2013). Estas relaciones sociales de género adscriben unos y otros trabajos a las mujeres y a los varones, naturalizándolos como lo propio de ellas y ellos.

Aunque se ha avanzado en quebrar este pensamiento dicotómico, enfatizando lo común de ambos trabajos – su costo en términos de esfuerzo, la producción de servicios de cuidado que contribuyen al bienestar de quienes los reciben – es tal vez en la conceptualización de sus diferencias que pueda tejerse el puente con la ESS. En efecto, para la economía feminista lo distintivo del trabajo doméstico y de cuidados no remunerado es ser *trabajo de cuidados* – ni la domesticidad ni la falta de remuneración, ya que el trabajo de cuidados también puede ocurrir en la esfera mercantil.[14]

Los cuidados son actividades realizadas "cara a cara", que fortalecen la salud física de quienes lo reciben, así como sus habilidades físicas, cognitivas o emocionales (Budig, England y Folbre 2002). El cuidado de las personas ocurre siempre dentro de una relación de cuidado entre quien lo proporciona y quien lo recibe (Jochimsen, Barker y Kuiper 2003). No obstante, los límites del cuidado son motivo de disputa, ya que algunos analistas toman una definición amplia y otros, una restringida. Joan Tronto (2012), por ejemplo, ha expandido la definición del cuidado a "las actividades que realizamos para mantener, continuar y preparar nuestro 'mundo', de manera que podamos vivir en él lo mejor posible", no solamente incluyendo el cuidado de las personas (nosotros mismos, dependientes y no dependientes), sino también el cuidado de los objetos y nuestro entorno. En el extremo opuesto, la interpretación más frecuente de las actividades relacionadas con el cuidado en los debates en los países desarrollados se restringe al cuidado de personas dependientes, excluyendo a las no dependientes. Por ejemplo, Daly y Lewis (2000, 285) definen el cuidado como "las actividades y relaciones dedicadas

[14] Para una explicación de las diferencias y similitudes entre los diversos conceptos (trabajo doméstico, trabajo reproductivo, trabajo no remunerado, trabajo de cuidados) ver el detalle en Esquivel (2013).

a satisfacer las necesidades físicas y emocionales de los adultos y niños dependientes."

La materialidad del cuidado, es decir, el trabajo que como esfuerzo físico y mental, y gasto de energía requiere la provisión de cuidado, es sólo una de las dimensiones de la relación de cuidados, que conlleva, además, elementos emocionales : en la relación de cuidados siempre hay alguien que *necesita* de los cuidados, y un·a cuidador·a dispuesto·a a proveerlos porque siente empatía (o afecto o amor) por ese otro·a (Folbre 2004 ; Jochimsen, Barker y Kuiper 2003).

En la conceptualización del cuidado, la economía feminista permite *estallar* las fronteras del hogar y su asociación con el ámbito privado porque la provisión de cuidados en los hogares es "social" – mediada por una serie de relaciones sociales y de género –, "política" – moldeada por las políticas públicas – y "económica" – necesaria para la producción y complementaria de los ingresos en garantizar el bienestar –. Por otra parte, el cuidado no es privativo de los hogares, ya que puede también proveerse por fuera de los hogares, incluso en el marco de relaciones mercantiles.

Los "mundos del trabajo" de la economía social y solidaria ubican al cuidado como trabajo reproductivo al interior de la unidad doméstica (Coraggio 2009). Sin embargo, el trabajo de cuidado es pensado como producción para el autoconsumo. Herencia de la conceptualización polanyiana y similar a la mirada de la economía clásica, la unidad doméstica es sobre todo un sitio de consumo y es pensada como una unidad de análisis "cerrada" y "autosuficiente" (Polanyi 2001, 55 ; Hillenkamp, Lapeyre y Lemaître 2013). Las relaciones intrahogar y, en particular, la división sexual del trabajo al interior de los hogares están ausentes de la teorización.

Lo interesante y común en ambos marcos conceptuales, la economía social y solidaria y la economía feminista, es que lo que define a los distintos trabajos es la dimensión motivacional y relacional del trabajo – que luego, además, se torna política. Al motivo de lucro del trabajo mercantil se opone la solidaridad y reciprocidad del trabajo comunitario, en un caso ; y en el otro, se le opone (o en algunos casos se le suma) la generación de bienestar de quien es cuidada o cuidado. Ambos marcos analíticos se ubican en las antípodas de la economía neoclásica, que en su entendimiento de que todo intercambio es "egoísta" y motivado por la maximización individual del lucro o de la utilidad, se extiende sobre el hogar para pensarlo como una "pequeña economía internacional"[15] o para leerlo en clave de "altruismo"[16].

---

[15] Me estoy refiriendo aquí a los modelos del hogar neoclásicos (*exchange models of the household)*, que aplican el marco analítico de la teoría del comercio internacional tradicional... al hogar (ver por ejemplo Apps 2002).

[16] Paradojalmente, el altruismo neoclásico es "egoísta" : el·la altruista deriva satisfacción personal (utilidad) del bienestar de otros·as. Para una crítica, ver Folbre (2008, 32).

Pero mientras que la economía feminista se ubica allí no sólo por su postura heterodoxa, sino también por su crítica a la desigual distribución de las cargas de cuidado entre mujeres y varones que la "economía del hogar" neoclásica justifica, la economía social y solidaria no se plantea centralmente la inequidad de los roles de género en la distribución de (todos) los trabajos (Fournier, Ramognini y Papucchio de Vidal 2013).

Como la ESS, la economía feminista pone en el centro de la discusión la reproducción social (la "sostenibilidad de la vida" en palabras de Carrasco [2001] o la "reproducción ampliada de las capacidades de todas las personas y de la calidad de sus vidas en sociedad" en Coraggio [2009]), pero lo hace poniendo en cuestión la dicotomía producción-reproducción (Picchio 2001 ; Pérez Orozco 2014). A diferencia de la ESS, sin embargo, al pensar el cuidado como económico, la economía feminista lo ubica como una dimensión de la justicia distributiva y lo politiza al proponer y demandar su redistribución (Esquivel 2011). En este sentido, la incorporación del cuidado al análisis económico desarma la igualación entre redistribución y redistribución del excedente económico (o de los ingresos), para pensar también en la redistribución de los trabajos y los tiempos.

De manera interesante, la agenda de la redistribución de cuidados puede ser repensada en términos de la ESS. En general, la redistribución del cuidado de los hogares a la esfera "pública" se propone en términos de mercantilización/desmercantilización de acuerdo a si el cuidado es provisto por agentes privados (incluyendo dentro de los hogares a las trabajadoras domésticas) o por instituciones públicas. Nada nos impide, sin embargo, hablar de "cuidado solidario" o de "colectivización de los cuidados" si los servicios de cuidado se proveen de manera solidaria y en base a lazos de reciprocidad y cooperación (Fournier 2013 ; Sudarshan 2015). En la práctica, las experiencias comunitarias de provisión de cuidados o en servicios de cuidado provistos por organizaciones solidarias para sus trabajadores/as demuestran que el cuidado solidario es posible. Pero parece menos tangible y más "de mujeres" que la producción de bienes (o incluso que la prestación de otros servicios de proximidad) y la potencialidad de generación de ocupación de estas iniciativas, y su potencial dinamismo, no suela tomarse en cuenta.

En efecto, es necesario incorporar al cuidado en los "principios económicos que orientan las prácticas de economía social y solidaria", porque no es posible postular "trabajo digno para todos" y "garantía de la reproducción y desarrollo de la vida de todos" (Coraggio 2011, 385, 387) sin dimensionar quién asume los costos de provisión de ese "otro" trabajo, el trabajo de cuidados. De los análisis de la economía feminista y de la práctica feminista hemos aprendido que la invisibilización del cuidado perpetúa su desigual distribución por género, clase y raza, y que aunque el reconocimiento del cuidado no es suficiente, es un necesario primer paso. El reconocimiento del cuidado como trabajo y de la agenda de redistribución del cuidado como una agenda de justicia económica, cambiaría sustancialmente las prácticas económicas de la ESS. El cuidado ya no sería cosa de las mujeres – una obligación natural y una restricción para la participación económica – y la solidaridad en su provisión sería emancipadora en más de un sentido.

De la ESS a la EF : otros modos de relación en la producción, financiamiento y distribución

Tal vez los debates académicos, con su énfasis en cuestionar la economía ortodoxa y sus supuestos y cierta inclinación tecnocrática que enfatiza el rol del Estado en la aplicación de políticas públicas por encima de los procesos políticos que las sostienen, expliquen por qué la economía social y solidaria está poco presente en la teorización de la economía feminista. No sólo existen pocas contribuciones que miren a la ESS "desde" la EF – podemos mencionar como ejemplo los aportes de Allard, Davidson y Matthaei (2008) o de Quiroga (2009) –, sino que en estas se ha tratado más de demostrar los solapamientos y las sinergias entre una y otra que de identificar las posibilidades de iluminar mutua y críticamente sus muchos puntos ciegos.

Precisamente, entre los puntos ciegos que la economía social y solidaria permite identificar en la economía feminista, se encuentra la ausencia de elaboración del "sujeto económico comunitario" que no sigue las lógicas del hogar, ni del mercado, ni del Estado. Las decisiones económicas de los sujetos comunitarios tienen carácter solidario porque se basan en la reciprocidad (el intercambio de recursos equivalentes), en el marco de relaciones de poder basadas en el acuerdo y no en la competencia. Si la mirada de la economía feminista se aleja de la idealización ortodoxa del "individuo racional" para postular sujetos sexuados, diversos e interdependientes que se comportan con motivaciones más complejas que la acotada maximización de la utilidad individual (o del propio grupo), la aparición del "sujeto comunitario" resulta un ejemplo paradigmático y situado de dicha crítica (Vásconez 2012b).

De todas maneras, según advierte Alison Vásconez (2012b, 112) "la reciprocidad grupal no asegura (y muchas veces no apoya) la equidad de género (ni de ninguna otra clase)". En efecto, lo que en ciertas contribuciones se da por sentado – la compatibilidad de los posicionamientos políticos entre la economía social y solidaria y la economía feminista – puede no ocurrir en la práctica, pero la potencialidad de que así ocurra es valiosa. Se ha caminado en la construcción de propuestas para asegurar los derechos de las mujeres y evitar "replicar toda forma de opresión basada en género, raza, orientación sexual, clase o nacionalidad" dentro de la economía social y solidaria (RIPESS 2013). En términos de la economía feminista, es pertinente preguntarse qué relaciones de poder, asimetrías e inequidades de género se desarticulan, destronan o resignifican en las organizaciones de la economía social y solidaria (Quiroga Díaz y Gómez Corral 2013), y de qué modos estos procesos se tornan emancipadores para las mujeres en tanto ellas mismas transforman relaciones de poder desiguales (Muñoz Cabrera 2012).

Otro punto en que la ESS brinda una perspectiva crítica a la economía feminista es sobre los niveles analíticos "micro", "meso" y "macro" (Elson 1994). Mientras que estos últimos están definidos por los mercados a los que prestan atención (sean los mercados particulares de bienes y servicios, el mercado de trabajo o el mercado de dinero, por poner un ejemplo en cada nivel), la ESS se centra en lo local como el espacio en que los niveles analíticos previos se concretizan y en el que lo político, lo económico y lo social aparecen como inescindibles en la práctica. Lo local no es "micro" en el sentido económico más tradicional, sino una perspectiva en la que anclar los mercados, las instituciones, las relaciones sociales y la macroeconomía.

Por último, la economía social y solidaria permite articular una crítica profunda sobre ciertos conceptos asociados al campo de "las mujeres y el desarrollo" no siempre abordados con suficientemente escepticismo por la economía feminista, como el "empoderamiento económico" de las mujeres o el desarrollo de su potencial empresarial (*women entrepreneurs)*. Más allá de su verticalismo, el contraste con la economía social y solidaria pone en evidencia la inclinación pro-mercado y el carácter individualista, por tanto, despolitizado y despolitizante de estas iniciativas (Hillenkamp, Guérin y Verschuur 2014).

Algunas reflexiones finales

Mal que nos pese, la economía feminista y la economía social y solidaria no son *necesariamente* compatibles. Por muy diversas razones, no todas las teorizaciones en economía feminista ven necesariamente la economía social y solidaria como la vía de superación del capitalismo... o incluso, que la superación del capitalismo sea posible o deseable. Y la economía social y solidaria no es necesariamente feminista en sus prácticas y en sus teorizaciones, combinando prácticas políticas progresistas con miradas tradicionales sobre las mujeres y sus roles. La solidaridad y la reciprocidad en la esfera pública (entre los hombres ciudadanos) han sido históricamente compatibles con relaciones de dominación en la esfera privada. Y cuán posible o no es la emancipación de las mujeres en el marco del capitalismo es un tema de constante debate entre las feministas (Fraser 2013 ; Pérez Orozco 2014).

Por eso, en este artículo sólo me atreví a proponer algunos puentes conceptuales, con el objetivo de contribuir a *hacer* compatibles las reflexiones y agendas de la economía feminista y de la economía social y solidaria – un proyecto político que ya está en construcción.

Bibliografía

Agarwal, B. 2004. Challenging Mainstream Economics: Effectiveness, Relevance and Responsibility. *IAFFE Newsletter.* 14(3): 2-5.

Allard, J., C. Davidson y J. Matthaei (Eds.). 2008. Economía Solidaria: Construyendo alternativas para la gente y el planeta. Papeles y reportes del Foro Social 2007 de los Estados Unidos de Norteamérica. ChangeMaker Publications: Chicago, EEUU

Atal, J. P., H. Ñopo, y N. Winder. 2009. *New Century, Old Disparities. Gender and Ethnic Wage Gaps in Latin America.* Research Department Working Paper 109. Washington: Inter-American Development Bank. http://www.iadb.org/research/pub_hits.cfm?pub_id=IDB-WP-109&pub_file_name=pubIDB-WP-109.pdf.

Banco Mundial. 2012. *World Development Report 2013: Jobs.* Washington: Banco Mundial.

Barker, D. y E. Kuiper. 2003. *Toward a Feminist Philosophy of Economics.* London: Routledge.

Benería, L. 2005. *Género, Desarrollo y Globalización : por una ciencia económica para todas las personas.* Barcelona: Hacer.

Benería, L. y S. Gammage. 2014. Introducción al semimonográfico sobre América Latina. *Revista de economía crítica.* 10 (18).

Berik, G., Y. van der Meulen Rodgers y S. Seguino. 2009. Feminist Economics of Inequality, Development, and Growth. *Feminist Economics.* 15 (3).

Budig, M., P. England y N. Folbre. 2002. Wages of Virtue: The Relative Pay of Care Work. *Social Problems.* 49 (4): 455-73.

Carrasco, C. 2001. La sostenibilidad de la vida humana: ¿un asunto de mujeres?. *Mientras Tanto.* N° 82.

Cerrutti, M. y G. Binstock. 2009. *Familias latinoamericanas en transformación: desafíos y demandas para la acción pública.* Serie Políticas Sociales 147. Santiago de Chile: Naciones Unidas, CEPAL.

CEPAL (Comisión Económica para América Latina y el Caribe). 2010a. *La hora de la igualdad: brechas por cerrar, caminos por abrir. Trigésimo tercer periodo de sisiones de la CEPAL. Brasilia 30 de mayo a 1 de Junio.* Santiago de Chile: Naciones Unidas, CEPAL.

—. 2010b. *¿Qué Estado para qué Igualdad?. XI Conferencia regional sobre la mujer de América Latina y el Caribe.* Santiago de Chile: Naciones Unidas, CEPAL.

Coraggio, J. L. 2009. Economia do Trabalho. En *Diccionario Internacional de Outra Economia.* A. D. Cattani, J.-L. Laville, L. I. Gaiger y P. Hespanha. Coimbra: Edições Almedina S.A.

—. 2011. *Economía social y solidaria. El trabajo antes que el capital.* Quito: Ediciones Abya Yala.

Daly, M. y J. Lewis. 2000. The concept of social care and the analysis of contemporary welfare states. *British Journal of Sociology*. 51 (2): 281-98.

Elson, D. 1994. Micro, Meso, Macro: Gender and Economic Analysis in the Context of Economic Reform. En *The Strategic Silence. Gender and Economic Policy*. I. Bakker (Ed.). 33-45. Londres: Zed Books.

Espino, A. 2012. Perspectivas teóricas sobre género, trabajo y situación del mercado laboral latinoamericano. En *La economía feminista desde América Latina: una hoja de ruta sobre los debates actuales en la región*. V. Esquivel (Ed.). 190-246. Santo Domingo: ONU Mujeres.

Espino, A. y P. Azar. 2008. Changes in Economic Policy Regimes in Uruguay from a Gender Perspective, 1930-2000. En *Social Justice and Gender Equality: Rethinking Development Strategies and Macroeconomic Policies*. G. Berik, Y. van der Meulen Rodgers y A. Zammit (Eds.). 127-53. New York: Routledge/ UNRISD Research on Gender and Development.

Esquivel, V. 2011. *La Economía del Cuidado en América Latina: poniendo a los cuidados en el centro de la agenda*. Atando Cabos; deshaciendo nudos. Panamá: Programa de las Naciones Unidas para el Desarrollo, Centro Regional de América Latina y el Caribe, Área de Práctica de Género.

—. 2012a. Cuidado, economía y agendas públicas: una mirada conceptual sobre la "organización social del cuidado" en América Latina. En *La economía feminista desde América Latina: una hoja de ruta sobre los debates actuales en la región*. 141-89. Santo Domingo: ONU Mujeres.

—. 2012b. Introducción: Hacer economía feminista desde América Latina. En *La economía feminista desde América Latina: una hoja de ruta sobre los debates actuales en la región*. 24-41. Santo Domingo: ONU Mujeres.

—. (Ed.). 2012c. *La Economía Feminista desde América Latina. Una hoja de ruta sobre los debates actuales en la región*. Santo Domingo: UNWOMEN/ Grupo de Género y Economía de América Latina-GEM LAC.

—. 2013. *El cuidado en los hogares y las comunidades*. Oxford: OXFAM GB.

Esquivel, V., E. Faur y E. Jelin (Eds.). 2012. *Las lógicas del cuidado infantil. Entre las familias, el estado y el mercado*. Buenos Aires: IDES/UNFPA/UNICEF.

Esquivel, V. y C. Rodríguez Enríquez. 2013. Addressing the Global Economic Crisis in Mexico, Ecuador and Argentina: Implications for Gender Equality. En *Gender Perspectives and Gender Impacts of the Global Economic Crisis*. R. Antonopoulos (Ed.). New York: Routledge.

Faur, E. 2011. A Widening Gap? The Political and Social Organization of Childcare in Argentina. *Development & Change*. 42 (3): 93-120.

Ferber, M. A. y J. A. Nelson (Eds.). 2003. *Feminist Economics Today: Beyond Economic Man*. Chicago: University of Chicago Press.

Folbre, N. 2004. A theory of the misallocation of time. En *Family Time. The Social Organization of Care*. N. Folbre y M. Bittman (Eds.). 7-24. Routledge IAFFE Advances in Feminist Economics. New York : Routledge.

—. 2008. *Valuing Children : Rethinking the Economics of the Family*. Cambridge, MA : Harvard University Press.

Fournier, D. y L. St Germain. 2011. Women at the heart of the Social and Solidarity Economy. Montréal : Forum International de L'Économie Sociale et Solidaire.

Fournier, M. 2013. La colectivización de los cuidados de niñas y niños en la periferia metropolitana del Gran Buenos Aires. Ponencia presentada en las Jornadas « Género, Políticas y Trabajadoras/es del Cuidado : Miradas comparativas ». 15 de octubre de 2013. Área de Políticas Sociales del Instituto del Conurbano (ICO) y Área de Economía del Instituto de Ciencias (ICI). Universidad Nacional General Sarmiento (UNGS).

Fournier, M., M. E. Ramognini y S. Papucchio de Vidal. 2013. Género y economía social y solidaria. Construyendo un marco conceptual para la integración de la perspectiva de género en experiencias y políticas orientadas al desarrollo de la economía social. En *Hacia otra economía*. V. Constanzo y D. Maidana. (Eds.). 165-81. Colección Textos Institucionales UNGS 9. Buenos Aires : Universidad Nacional de General Sarmiento.

Fraser, N. 1995. From Redistribution to Recognition ? Dilemmas of Justice in a « Post-Socialist Age ». *New Left Review*. I/212 : 68-93.

—. 2013. ¿Triple movimiento ? Entender la política de la crisis a la luz de Polanyi. *New Left Review*. N° 81 : 125-39.

Hillenkamp, I., I. Guérin y C. Verschuur. 2014. Économie solidaire et théories féministes : pistes pour une convergence nécessaire. *Revista de Economía Solidaria*. N°7 : 4-43.

Hillenkamp, I., F. Lapeyre, y A. Lemaître. 2013. Economy as Part of Popular Security Enhancing Practices. Draft paper prepared for the UNRISD Conference Potential and Limits of Social and Solidarity Economy. 6–8 May. Geneva, Switzerland.

Jochimsen, M. A., D. Barker y E. Kuiper. 2003. Integrating vulnerability : on the impact of caring on economic theorizing. En *Toward a Feminist Philosophy of Economics*. 231-46. Londres : Routledge.

Lawson, T. 2003. *Reorienting Economics*. Londres : Routledge.

Meagher, G. y J. A. Nelson. 2004. Survey Article : Feminism in the Dismal Science. *The Journal of Political Philosophy*. 12(1): 102-26.

Muñoz Cabrera, P. 2012. Economic Alternatives for Gender and Social Justice : Voices and Visions from Latin America. *Policy & Practice : A Development Education Review*. N° 14 : 64-84.

Nelson, J. A. 1995. Feminism and Economics. *Journal of Economic Perspective.s* 9 (2) : 131-48.
OIG (Observatorio de igualdad de género de América Latina y el Caribe). 2011. Informe anual 2011. El salto de la autonomía de los márgenes al centro. Santiago de Chile : CEPAL.
Pérez Orozco, A. 2005. Economía del género y economía feminista ¿conciliación o ruptura ?. *Revista Venezolana de Estudios de la Mujer.* 10(24).
—. 2014. *Subversión feminista de la economía. Aportes para un debate sobre el conflicto capital-vida.* Madrid : Traficantes de sueños.
Peterson, J. y M. Lewis (Eds). 1999. *The Elgar Companion to Feminist Economics.* Cheltenham, UK, and Northhampton, Mass.: Edward Elgar Publishers.
Picchio, A. 2001. Un enfoque macroeconómico ampliado de las condiciones de vida. En *Tiempos, trabajos y género.* C. Carrasco (Ed.). 15-40. Estudios. Barcelona : Universitat de Barcelona.
Polanyi, K. 2001. *The Great Transformation. The Political and Economic Origins of Our Time.* Boston : Beacon Press.
Power, M. 2004. Social Provisioning as a Starting Point for Feminist Economics. *Feminist Economics.* 10(3): 3-19.
Quiroga Díaz, N. 2009. Economías feminista, social y solidaria. Respuestas heterodoxas a la crisis de reproducción en América Latina. *Iconos. Revista de Ciencias Sociales.* N° 33 : 77-89.
Quiroga Díaz, N. y D. Gómez Corral. 2013. ¿Qué tiene para aportar una economía feminista decolonial a las otras economías ?. *América Latina en Movimiento.* N°482.
RIPESS (Intercontinental Network for the Promotion of Social Solidarity Economy). 2013. Social Solidarity Economy with Gender's perspective. Manila : RIPESS – Intercontinental Network for the Promotion of Social Solidarity Economy.
Rodríguez Enríquez, C. 2010. Análisis Económico para la Equidad : los aportes de la Economía Feminista. *Revista SaberEs.* N°2 : 3-22.
Salvador, S. 2012. Género y comercio en América Latina. En *La economía feminista desde América Latina : una hoja de ruta sobre los debates actuales en la región.* V. Esquivel (Ed.). 247-89. Santo Domingo : ONU Mujeres.
Strassmann, D. 1993. Not a Free Market : The Rhetoric of Disciplinary Authority in Economics. En *Beyond Economic Man : Feminist Theory and Economics.* M. A. Ferber y J. Nelson. 54-68. Chicago : University of Chicago Press.
Sudarshan, R. 2015. Organising, gender, and solidarity : some reflections on Indian experience. In *« Homo œconomicus, mulier solidaria. » Une économie solidaire peut-elle être féministe ?* (Dir.) C. Verschuur, I. Guérin et I. Hillenkamp. 123-138. Paris : L'Harmattan, collection Genre et développement : Rencontres.

Todaro, R. 2008. Chile Under a Gender Lens : From Import Substitution to Open Markets. En *Social Justice and Gender Equality : Rethinking Development Strategies and Macroeconomic Policies*. G. Berik, Y. van der Meulen Rodgers y A. Zammit (Eds.). 97-126. New York : Routledge / UNRISD Research on Gender and Development.

Tronto, J. 2012. Democratic Care Politics in an Age of Limits. En *Global Variations in the Political and Social Economy of Care. Worlds Apart*. S. Razavi y S. Staab (Eds.). 29-40. New York : Routledge/UNRISD Research in Gender and Development.

Utting, P., N. van Dijk, y M.- A. Matheï. 2014. *Social and Solidarity Economy : Is There a New Economy in the Making ?* Occasional paper. Social Policies for Inclusive and Sustainable Development. Potential and Limits of Social and Solidarity Economy 10. Ginebra : UNRISD.

Vásconez, A. 2012a. Mujeres, hombres y las economías latinoamericanas : un análisis de dimensiones y políticas. En *La economía feminista desde América Latina : una hoja de ruta sobre los debates actuales en la región*. V. Esquivel (Ed.). 42-97. Santo Domingo : ONU Mujeres.

—. 2012b. Reflexiones sobre economía feminista, enfoques de análisis y metodologías : aplicaciones relevantes para América Latina. En *La economía feminista desde América Latina : una hoja de ruta sobre los debates actuales en la región*. V. Esquivel (Ed.). 98-140. Santo Domingo : ONU Mujeres.

Féminisme et économie solidaire

Jean-Louis Laville

L'économie sociale et solidaire (ESS) fait l'objet d'un indéniable engouement dans les pays des divers continents, qui se manifeste par l'adoption de nouveaux textes législatifs comme de politiques publiques inédites.

Cette appellation d'ESS mérite analyse. Elle présente l'avantage de constituer un compromis stratégique destiné à permettre de mieux peser dans un rapport de forces défavorable dans un environnement marqué par les politiques d'ajustement structurel. Néanmoins elle peut avoir pour inconvénient de gommer les tensions internes à un ensemble hétérogène.

Cette contribution se propose donc dans une première partie de revenir sur les définitions de l'économie sociale et de l'économie solidaire afin de cerner les enjeux conceptuels qui disparaissent parfois derrière le consensus apparent en faveur de l'ESS.

Dans une deuxième partie il est alors concevable de mettre en évidence, à travers des concepts pris dans l'histoire comme dans l'actualité, que le prisme de l'économie sociale ne convient guère à une approche compréhensive des initiatives de femmes. La problématique de l'économie solidaire s'avère plus appropriée à condition toutefois, comme il est précisé dans la troisième partie, que les défis soulevés par la pensée des interdépendances entre sphères économique et politique soient relevés.

À cet égard le rapprochement amorcé entre féminisme du Sud et économie solidaire est porteur de nouvelles réflexions, ce qui amène à identifier dans une quatrième partie des convergences et méthodologies à approfondir.

Laville, J.-L. 2015. Féminisme et économie solidaire. In *« Homo œconomicus, mulier solidaria. » Une économie solidaire peut-elle être féministe ?* (Dir.) C. Verschuur, I. Guérin et I. Hillenkamp. 51-69. Paris : L'Harmattan, collection Genre et développement. Rencontres.

Économie sociale et économie solidaire : les enjeux conceptuels

L'économie sociale regroupe les coopératives, les mutuelles et les associations. Leurs statuts légaux concrétisent l'existence d'entreprises non capitalistes au sens où le pouvoir décisionnel n'est pas détenu par les actionnaires et où la distribution des profits est soumise à des restrictions. Dans cette perspective, le critère discriminant concerne les limites apportées à l'appropriation privée des bénéfices réalisés sur l'activité et confère aux organisations d'économie sociale leur différence par rapport aux autres organisations productives.

Les apports et limites de l'économie sociale

Cette définition par les composantes, qui a l'avantage de faciliter le décompte des entreprises, représente un apport considérable. Plus descriptive qu'hypothético-déductive, l'approche propre à l'économie sociale permet de restituer la trajectoire de ces organisations sur la longue durée et d'expliquer leurs spécificités juridiques.

Toutefois les recherches effectuées depuis les années 1950 soulignent des faits devenus incontestables : leur statut ne protège que partiellement les organisations de l'économie sociale. Comme toute autre organisation, elles sont soumises à un isomorphisme institutionnel ; au fil du temps, leur ressemblance avec les autres entreprises s'accentue. Passage à un « coopitalisme », concentration, intégration dans des groupes non coopératifs, création de filiales que les membres ne contrôlent plus : toutes ces tendances remettent en question l'identité des entreprises concernées et invitent à s'interroger sur les possibilités de maintenir l'originalité de l'économie sociale dans un contexte d'intense compétition et de concentration rapide de capitaux.

Devant l'ampleur des phénomènes de banalisation, un constat s'impose : l'économie sociale n'a pas su peser sur les choix de société et promouvoir de façon large l'émancipation humaine dont elle est porteuse. Cette insuffisance ne peut être ignorée et elle doit faire l'objet d'hypothèses explicatives. En l'occurrence, cette incapacité à engendrer un changement social peut être reliée à la représentation du rapport à l'économie dans la théorie de l'économie sociale.

Avec Fauquet (1965), prolongé par Vienney, le modèle coopératif est devenu la référence pour l'ensemble de l'économie sociale, ce qui amène à y intégrer seulement les associations qui sont « gestionnaires d'entreprises » (Vienney 1980 ; 1982). L'économie sociale est constituée par des entreprises sur le marché et l'indicateur de leur réussite est celui de la croissance du volume d'activités marchandes, occultant une interrogation sur le fonctionnement interne et les sphères non marchandes de l'économie. Ce cadre conceptuel évalue les coopératives, les mutuelles et les associations au regard de l'évolution des rapports entre membres et des résultats économiques examinés selon le degré d'insertion dans l'économie marchande. Cette focalisation sur l'entreprise et l'intégration dans le marché induisent un isomorphisme qui n'est donc pas uniquement une dérive pratique mais est contenu dans les choix théoriques effectués par l'économie sociale.

L'originalité de l'économie solidaire

La conceptualisation de l'économie solidaire trouve son origine dans cette réflexion sur les limites inhérentes à l'économie sociale. L'économie solidaire a en effet renoué avec l'associationnisme de la première partie du XIXe siècle pour réagir contre la banalisation de l'économie sociale. Interrogeant le présent de cette dernière à partir de son passé, elle s'est singularisée par trois traits principaux.

- L'accent mis sur la finalité de la production est une première démarcation portée par la remise en cause de l'idéologie du progrès, indissociable de la société patriarcale et productrice d'inégalités sociales. Les initiatives solidaires ne résultent pas de l'intérêt commun propre à un groupe mais émanent d'objectifs touchant le modèle de société : justice sociale, préservation de l'environnement, diversité culturelle... À cet égard, la convergence avec la perspective des communs est flagrante (Laval et Laville 2014). Comme Ostrom (1990) en a apporté les preuves empiriques, l'État et le marché peuvent se révéler moins appropriés à une exploitation durable des ressources ou à la sauvegarde du patrimoine que l'auto-organisation des populations. Économie solidaire et problématique du commun partagent ce souci d'une finalité qui soit atteinte grâce à la capacité d'édiction des règles dont font preuve celles et ceux qui s'estiment concernés. On touche là à un point particulièrement sensible pour les femmes compte tenu des discriminations qu'elles vivent : le débat au sein des pratiques collectives est tenu d'aboutir à des règles pour une action commune déployée afin de suggérer des approches inédites. Cette combinaison entre parole et action est une des faiblesses de l'économie solidaire Pourtant elle est également une de ses forces majeures. En allant vers « les angles morts de la société » (Palma Torres et Hersent 2014, 222), en débusquant des inégalités cachées puis en les rendant publiques, l'économie solidaire joue un rôle de lanceur d'alertes, promeut des vigilances quant à divers aspects de la vie en société, redonne un droit à la parole et un pouvoir d'agir à des groupes qui en étaient privés.
- Pour le dire autrement, les initiatives solidaires ont donc une portée et un sens politiques, ce qui constitue leur deuxième trait marquant. Ce ne sont

pas simplement des collectifs ayant une visée économique, ce sont, de façon plus complexe, des initiatives menant des actions avec une double dimension : économique et politique. Encore faut-il préciser les termes : elles ne relèvent pas de la politique, qui est un domaine spécialisé où s'exerce la lutte pour le pouvoir, mais du politique, c'est-à-dire de l'interrogation sur l'« être ensemble » qu'implique la démocratie. Ce registre, qui implique de faire advenir ou d'intervenir sur des thématiques pour qu'elles s'imposent comme des problèmes publics, a des incidences sur le plan du fonctionnement interne. L'égalité formelle entre les membres émanant de statuts qui la garantissent est à prolonger par des pratiques délibératives. Ces dernières sont d'autant plus cruciales que les participant·e·s ne font pas partie d'un groupe homogène mais qu'ils·elles viennent de différents groupes (bénévoles, salarié·e·s, usager·ère·s, producteur·trice·s, consommateur·trice·s, élu·e·s...) pour s'attaquer ensemble à un problème. La pertinence de la solution trouvée dépend alors de la qualité des discussions dans des espaces publics de proximité (Laville 1992) que ces groupes sont en mesure d'initier et de faire vivre. Au-delà des innovations propres aux expériences, la possibilité d'influer sur le changement institutionnel dépend de l'apparition d'arènes ou de forums par laquelle il devient concevable de peser sur les rapports de force, ce qui soulève les enjeux des alliances comme ceux de la co-construction des politiques publiques.

- Enfin, troisième point, la dimension politique modifie le modèle économique. De la même façon que la bio-diversité est précieuse pour la nature, la socio-diversité (Salmon 2011) l'est en matière économique. Elle inclut la pluralité des statuts d'entreprise mais ne s'y limite pas ; plus fondamentalement c'est la pluralité des principes économiques (marché mais aussi redistribution, réciprocité et administration domestique) qui mérite d'être préservée et encouragée. D'où l'ancrage dans une conception substantive de l'économie (Polanyi 2011) et l'accent mis sur l'hybridation de ces principes économiques comme moyen pour réaliser des projets d'utilité sociale qui ne peuvent s'autofinancer sur le marché. Les bénéfices collectifs qu'ils recherchent de façon intentionnelle (Laville et Nyssens 2001), qu'ils engendrent grâce à une impulsion réciprocitaire (Laville 1992) ne peuvent être maintenus que par un recours complémentaire à la redistribution. C'est pourquoi les partenariats avec les collectivités publiques sont décisifs et l'économie solidaire tente de co-construire avec elles une nouvelle génération d'action publique croisant action citoyenne et action des pouvoirs publics.

Initiatives de femmes, économie sociale et économie solidaire

La théorie de l'espace public a été initiée par Arendt, qui a mis l'accent sur le politique en démocratie comme «être ensemble», et diffusée par Habermas retraçant l'émergence de la sphère publique bourgeoise. Reprenant cette histoire, des travaux féministes (Ryan 1992) ont montré que cette sphère publique s'était construite sur les inégalités de genre mais avait également généré des luttes dont le mouvement des femmes aux États-Unis fournit un exemple.

Une histoire de protestations contre l'injustice aux États-Unis

La démocratie moderne, si elle pratique la mise à l'écart des femmes, ne la théorise pas, contrairement à la démocratie antique. Entre l'affirmation des principes d'égalité et leur déni dans la réalité, s'insinue donc pour elles une possibilité d'action collective. Les résistances des hommes sont systématiques. Ainsi, en 1776, Abigail Adams écrit un projet de parité politique ; choquée par la réaction négative de son mari, elle s'adresse à lui en ces termes :

> Je ne peux pas dire que je vous pense très généreux parce que, alors que vous professez la paix et la bonne parole des hommes, vous insistez sur le maintien d'un pouvoir absolu sur les épouses. Mais vous devez vous rappeler que le pouvoir arbitraire est comme les autres choses très dures, susceptible d'être brisé, et en dépit de vos sages lois et maximes il est en notre pouvoir de nous libérer mais aussi de maîtriser nos maîtres, et sans violence jeter votre autorité naturelle comme légale à nos pieds. (Mac Carthy 2003, 36)

Pour ne pas se heurter sans fin à un mur d'incompréhension, des femmes se frayent alors un chemin vers l'existence politique par le biais d'organisations économiques, principalement des asiles et des aides de jour apportant un soutien quotidien aux femmes pauvres et à leurs enfants. L'engagement des promotrices est là pour convaincre que ces institutions privées servent des finalités républicaines et relèvent d'un registre quasi-public attesté par les contrats et les donations alloués par les autorités locales, qu'elles soient rurales, comme en Caroline du Nord, ou urbaines, comme à Philadelphie, Baltimore, La Nouvelle-Orléans ou New York. Dans cette dernière ville, en 1798, la Société des veuves compte ainsi 200 souscripteur·trice·s et procure des emplois à des veuves qui n'auraient pu en trouver ailleurs, payant plus de 300 femmes pour fabriquer des chemises. Entre 1770 et 1820, les associations féminines fournissent du travail et des secours. Elles contestent les stéréotypes misogynes ; elles forgent une version d'un sentiment républicain où le service public se conjugue avec le sacrifice personnel et la vertu individuelle. L'appartenance à une association enregistrée permettait en outre aux femmes mariées de détenir collectivement une propriété à laquelle elles ne pouvaient accéder individuellement. Leur contribution en temps consacré comme en argent collecté explique que leurs activités économiques répondant à des besoins sociaux aient été encouragées par les États locaux. Nombreux sont d'ailleurs les hommages rendus à leur souci d'indépendance individuelle et de dignité, que le républicanisme traditionnel teintait de moralisation et de déférence.

La revendication politique contourne donc les oppositions trop frontales en passant par le détour d'activités économiques qui ont une forte valeur sociale. Soulager la misère, venir en aide aux plus déshérité·e·s sont des productions jugées utiles à la collectivité. Les motivations affichées, souvent religieuses, rendent plus admissibles les rassemblements qui, sinon, seraient condamnés par les conservatismes ; mais derrière le conformisme social se profile une action plus contestatrice.

Face à la pensée revendicatrice s'insurgeant contre les inégalités, le pouvoir réagit en encourageant une simple lutte contre la pauvreté moins déstabilisante pour l'ordre établi. À la recherche d'une solidarité démocratique fondée sur l'expression des personnes concernées par l'injustice et se fixant pour objectif l'égalité par l'entraide mutuelle se substitue donc une solidarité philanthropique qui se restreint à endiguer la pauvreté par la bienveillance et la sollicitude. Alors que les initiatives populaires sont entravées, la primauté philanthropique s'affirme, non sans conséquences sur la forme que prend l'État social. Les femmes de la classe moyenne ont acquis un savoir-faire organisationnel dans la direction de leurs associations qui, malgré les tentatives de reprise en main, leur ont permis de conquérir des capacités d'action. Il en résulte une propension des pouvoirs publics, en manque de ressources, d'expertise et de volonté politique, à établir des partenariats avec les services sociaux qu'elles ont initiés ; ce qui incite Kish Sklar à dire que les femmes éduquées de la classe moyenne remplissent en Amérique des tâches monopolisées en Europe par des hommes fonctionnaires et des bureaucraties publiques. La répression à l'égard des mouvements les plus engagés socialement et politiquement débouche sur une coopération « public-privé » qui privilégie une philanthropie « plus responsable », de laquelle sont éliminées les femmes faisant preuve d'une conduite « non féminine et malfaisante » (Kish Sklar 1973, 14). Ces frontières établies dans la légitimité des formes d'expression au sein des espaces publics conduit à ce qui distingue encore aujourd'hui les États-Unis par comparaison avec l'Europe continentale : des interventions sociales réactives et flexibles parce que sensibles aux formes inventées dans la société civile, mais parcellaires et inégales selon les populations et les territoires compte tenu de l'invalidation de certaines modalités d'organisation collective à portée plus politique. Dans ce cadre, l'association est située comme initiative privée au sein de la société civile et elle demeure une alternative à l'intervention des pouvoirs publics. Derrière la méfiance récurrente vis-à-vis de l'État se décèle la trace de cet accent mis sur la morale individuelle et sur la valorisation philanthropique.

Ce que révèle cette histoire, trop brièvement évoquée, c'est l'intrication des enjeux politiques, économiques et sociaux. Dès qu'elle s'amorce, l'expression des femmes aux États-Unis se heurte à des résistances que la mise en place d'activités économiques cherche à contourner. Puisque l'accès à l'espace public leur est refusé, les femmes veulent s'attaquer à l'injustice en apportant la preuve de leur capacité d'initiative. Les responsabilités prises dans la mise en place de solutions à des problèmes sociaux criants doivent hâter les changements de mentalité et préparer leur intégration politique.

L'approche de l'économie sociale ne peut guère rendre compte de ces actions parce qu'elles ne sont pas purement économiques et que le mélange des registres est constitutif de leur identité. Les femmes qui les mettent en œuvre ne cherchent pas à créer des entreprises, elles veulent promouvoir des activités prouvant qu'elles sont concrètement soucieuses du bien commun et ne sauraient décemment être tenues à l'écart de la sphère publique. En cela, la conceptualisation de l'économie solidaire qui analyse les démarches empiriques à travers leur double dimension, politique et économique, s'avère plus pertinente pour cerner leur spécificité.

L'actualité des initiatives de femmes dans le monde

Les initiatives contemporaines de femmes que l'ouvrage *Femmes, économie et développement* (Guérin, Hersent et Fraisse 2011) présente ne peuvent pas non plus être assimilées à des entreprises. C'est pourquoi le vocable d'initiatives est plus pertinent : il désigne une capacité d'agir, un pouvoir de prendre ou d'influer sur des décisions, un commencement qui ne relève pas d'une simple adaptation ou réaction fonctionnelle aux contraintes. Comme leurs devancières du XIXe siècle, ces initiatives, des restaurants interculturels en France jusqu'aux *comedores* latino-américaines en passant par les *self-help groups* indiens qui réunissent « plusieurs dizaines de milliers de membres, principalement des femmes », combinent les registres politique, économique, social mais aussi culturel selon des modalités variables, à travers « des associations et des groupes d'entraide, des coopératives, des groupements d'intérêt économique ou encore des activités de nature syndicale » (Guérin, Hersent et Fraisse 2011, 10-11).

Les politiques de genre qui étaient au départ censées s'attaquer à la construction sociale des rapports de sexe ont largement instrumentalisé ces initiatives à travers leur rabattement sur des démarches d'accès au marché, sous la forme de l'insertion par l'économique ou de l'auto-emploi. Les problèmes rencontrés par le réseau Réactives et le restaurant Plein Sud illustrent la résistance aux initiatives de femmes (Sombou et Bachir 2014). Ces pratiques inventives sont rabattues sur une logique de « sas » dans laquelle les initiatives n'auraient pour rôle que de constituer des transitions vers l'économie marchande, avec en arrière-plan la croyance qu'une reprise va permettre à terme la sortie de crise. C'est donc la conception même de l'économie qui explique le mépris dont elles sont trop souvent l'objet; le sophisme économiste, qui consiste, selon Polanyi (2011, 37-54), à confondre l'économie avec le marché est tellement intégré par les responsables publics qu'il amène les partenaires potentiels des initiatives solidaires à les invalider par la négation de leur volonté d'auto-organisation et par l'accent mis sur la nécessité de compétences gestionnaires venues de l'extérieur des groupes, transformant les femmes concernées en simples bénéficiaires. À l'évidence, leurs interlocuteurs préfèrent souvent faire pour elles qu'avec elles. Plusieurs aspects caractéristiques de ces expériences sont niés: leur manière d'articuler individuel et collectif à travers le respect des singularités, leur mobilisation d'autres principes économiques que le marché (en l'occurrence la redistribution publique et la réciprocité égalitaire, comme l'administration domestique), dans des dispositifs composites empreints d'ambivalence.

Alors que nombre d'expériences au Nord sont ainsi considérées comme de simples transitions vers le marché, beaucoup d'expériences au Sud sont interprétées comme des activités purement marchandes n'ayant vocation qu'à créer des emplois individuels. C'est le cas lorsque la Self Employed Women's Association (SEWA), qui repose sur l'activisme syndical et la création de coopératives, est présentée comme une simple façon d'entrer dans le marché pour les pauvres par Fontaine (2013) qui gomme la perspective de transformation inhérente à ces activités

Les correspondances entre XIXe et XXIe siècles dans les plaidoyers pour l'autonomisation du marché et dans les éloges de son effet bénéfique dans la lutte contre la pauvreté se prolongent par une inflexion moralisatrice. Dans les deux situations, le volontarisme philanthropique repose sur l'occultation de l'économie morale des initiatives collectives autonomes et instille donc un mépris, au sens d'Honneth (2006), des populations concernées.

Les habits neufs de la philanthropie, comme les plus anciens, recouvrent de plus une condamnation de l'action publique forcément synonyme de bureaucratie, de «corruption» et de «mauvaise gestion» (Fontaine 2013) mais aussi ignorante vis-à-vis de cet élan spontané du riche vers le pauvre que Bastiat (1862-1864) vantait déjà. Aujourd'hui comme hier, ainsi que les études sur la décolonialité (Destremau et Veschuur 2012) l'ont souligné, la bienveillance à l'égard des plus défavorisés est indissociable d'un paternalisme ethnocentrique dont les signes affleurent. Comme au XIXe siècle, la survalorisation du marché est indissociable d'un projet de moralisation des pauvres impliquant un regard biaisé sur leurs actions quotidiennes. Adapté au goût du jour et paré des atours du business, c'est le plaidoyer pour un don sans réciprocité, enfermant dans la dépendance, qui resurgit. La question n'est pas de savoir si la *big philanthropy* et les méga-fondations (Barkan

2013) sont sincères ou non, elle réside dans ce grignotage des espaces relevant de la sphère démocratique par les institutions de la ploutocratie. Cette privatisation des questions sociales qui table sur le *social business* et la responsabilité sociale d'entreprise s'amplifie, ses méthodologies se perfectionnent avec des notions comme celle de *social impact bond* qui vise à évaluer le retour sur investissement (Roy 2013).

Là encore l'économie sociale ne permet pas de fournir les outils théoriques adéquats pour critiquer cette ingénierie promue au niveau international avec des politiques de genre qui se cantonnent dans des référentiels individuels et marchands. C'est l'approche en termes d'entreprise qui se révèle à nouveau insatisfaisante et nécessite d'être remplacée par une appréhension plus complexe des initiatives incluant leur multi-dimensionnalité mais aussi la pluralité des principes économiques à travers lesquels elles poursuivent leur recherche d'équilibre et d'autonomie. Toutefois, s'il existe une incomplétude de l'économie sociale quant à l'aspect politique et l'hybridation économique propre aux initiatives, il existe également des résistances face à l'économie solidaire qui sont à expliciter.

Économie solidaire et défis théoriques

La théorie de l'économie solidaire repose sur une analyse de la complexité des interdépendances entre sphères économique et politique. D'une part elle a été élaborée à partir de la distinction faite par l'anthropologie économique et synthétisée par Polanyi opposant la définition formelle de l'économie qui surestime le marché à une définition substantive admettant la pluralité des principes économiques. D'autre part, elle s'étaye sur ce qui a été appelé la seconde école de Francfort (Laville 2014) dans laquelle la notion d'espace public développée par Habermas puis ses commentateurs critiques élargit l'action publique à l'expression et la délibération citoyennes. Ces courants fournissent des points d'appui pour aborder l'économie et la démocratie dans une optique pluraliste.

L'hypothèse défendue est qu'une nouvelle intelligibilité des relations entre économie et démocratie peut émaner de leurs complémentarités potentielles mais cela suppose une mise en perspective de leurs apports respectifs. Beaucoup de chercheurs se réclamant de l'économie substantive, centrés sur la remise en cause de la société de marché, négligent les ressorts émancipateurs de la démocratie. De leur côté la plupart des philosophes politiques appréhendent l'espace public à travers son ancrage dans des associations mais s'intéressent exclusivement à celles qui restent non économiques. La grille d'analyse de l'économie solidaire s'attache à construire une passerelle reliant ces deux perspectives jusqu'ici trop séparées.

L'économie plurielle

Comme indiqué plus haut, l'ancrage des initiatives dans une résistance à la société de marché rend inopérant le cadre conceptuel de l'économie sociale. Pour les comprendre, l'apport de l'anthropologie s'avère alors fondamental parce qu'elle rend concevable de remplacer l'approche formelle de l'économie orthodoxe par l'approche qualifiée ci-dessus de substantive qui reconnaît en sus du marché des principes d'intégration économique, de redistribution, réciprocité et administration domestique. Cette pluralité énoncée par Polanyi peut être déclinée dans les conditions contemporaines et c'est cette démarche qui a été adoptée avec les pratiques étudiées dans les services de proximité puis dans d'autres champs (Laville 2013). Amenant aux hypothèses d'impulsion réciprocitaire et d'hybridation, elle singularise la perspective d'économie solidaire, conçue en prolongement et en critique de l'économie sociale. La problématique de l'économie solidaire insiste donc sur l'importance de ne pas réduire l'encastrement à son aspect réticulaire mais d'inclure « l'encastrement politique » et de s'intéresser à la répartition entre « les modes d'allocation marchand, non marchand et non monétaire », ce que souligne Granovetter (2008, 39-40). Cette auteure alerte sur une naturalisation du marché présente dans des travaux sur les services aux personnes qui confondent externalisation de la sphère domestique et marchandisation, elle signale l'existence de nombreuses expériences où le marché ne peut être isolé puisqu'il est articulé à d'autres logiques économiques (Le Velly 2012, 15-20). Ainsi la sociologie des marchés ne peut suffire dans les services aux personnes incluant les activités de *care*, la sociologie économique doit y être élargie dans un sens pluraliste (Laville 2008) incluant les autres principes économiques.

La sociologie économique a mis en évidence la construction institutionnelle des marchés et leur régulation ce qui amène à mettre en exergue la diversité des marchés réels. Cependant la pluralité économique nécessite, au-delà des marchés, la mobilisation d'autres principes d'intégration économique. Le keynésianisme et la social-démocratie ont insisté sur la place que prend à cet égard l'État redistributif. La plupart des débats économiques du XXe siècle ont ainsi été marqués par un raisonnement dualiste obnubilé par la complémentarité et l'opposition entre État et marché. Cette vision qui cantonne la solidarité dans la redistribution est désormais à interroger. Par la dépendance à la croissance marchande qu'elle entérine, elle entretient un imaginaire productiviste qui nie l'importance de la question écologique et la réflexion sur l'anthropocène (Bonneuil et Fressoz 2013). Elle enferme également dans une recherche de sortie de crise qui passe par le retour de la croissance et qui se heurte à la modification structurelle des activités productives avec la montée des services relationnels à productivité stagnante. Les conséquences politiques s'avèrent spectaculaires : le ralentissement tendanciel du taux de croissance prive la social-démocratie d'une partie de ses moyens d'action, les explications keynésiennes perdent de leur légitimité et le monétarisme impose ses préconisations synthétisées dans le consensus de Washington : dérégulations, déréglementations, restriction de l'intervention publique, privatisation et ouverture accentuée à la concurrence internationale. Au total, la restauration de l'emprise du marché aboutit à restreindre la redistribution.

La crise de la pensée économique dont témoigne cette orientation est alimentée par la focalisation sur la production de richesses. Il revient à l'économie féministe d'avoir identifié l'impasse de cette représentation qui invisibilise la sphère de la reproduction affectée aux femmes dans la division sexuelle du travail. L'introduction dans l'analyse des principes de réciprocité et d'administration domestique permet de dénaturaliser les mécanismes de l'économie capitaliste et patriarcale en les mobilisant, l'économie solidaire, elle, autorise une interrogation sur les rapports entre marché et État mais aussi société civile et famille. Selon les termes du collectif Femmes et économie solidaire, cette dernière peut de ce fait contribuer à la reconnaissance de la contribution des femmes à la production de richesses appréhendée selon des indicateurs autres que marchands, à la valorisation de l'économie non monétaire, à la meilleure répartition des tâches domestiques entre hommes et femmes (Alliance pour un monde responsable, pluriel et solidaire 2002 ; Nobre 2006).

La prise en compte de la reproduction, qui réhabilite les activités de soin à autrui, n'a pourtant des effets émancipateurs que si elle est confortée par l'accès aux droits et au travail rémunéré. Elle ne doit pas non plus entraîner comme chez Arendt une identification entre travail et reproduction de la vie. L'économie du travail, au sens de Coraggio (2006), c'est-à-dire une économie perçue à partir du travail, inclut la reproduction élargie de la vie mais ne s'y limite pas et, ajoute Guérin (2006), l'articulation au politique en son sein est essentielle.

La démocratie plurielle

Dans cette optique la théorisation propre à l'économie solidaire ajoute à la pluralité économique la dimension publique. Cette dernière touche au registre participatif et délibératif du politique mis en évidence par Arendt et Habermas mais en l'amendant dans trois directions : la pluralisation, le lien avec l'associationnisme, l'articulation aux questions socio-économiques.

« L'activité communicationnelle orientée vers la justice et la sincérité » (Habermas 1987) ne se réduit pas à l'échange d'arguments rationnels, comme l'ont montré de nombreux auteurs à partir de données historiographiques (Calhoun 1992), elle passe par des actes qui supposent une conviction et un engagement de ceux qui les accomplissent autant que des efforts de persuasion, voire de séduction. Le concept d'espace public peut être

« sociologisé » si l'on s'intéresse plutôt au processus concret par lequel les citoyen·ne·s, dont les rapports sont régis par les principes d'égalité et de liberté, questionnent l'écart entre l'affirmation démocratique et la réalité. Si l'on infléchit ainsi l'approche, ce sont les dénis de reconnaissance portant atteinte aux principes démocratiques qui sont l'un des ressorts principaux de l'action collective. L'espace public au sens générique constitue symboliquement la matrice de la communauté politique, mais, comme le dit Eley (1992), il est aussi dans les formes d'expression concrètes à travers lesquelles il se manifeste dans une arène de significations contestées. Différents publics cherchent à s'y faire entendre et s'opposent dans des controverses. L'espace public est en continuelle redéfinition. Une partie de celui-ci se trouve contrainte par la pression des systèmes alors même que des espaces nouveaux de formation de l'opinion et de la volonté politique sont engendrés par de multiples formes de regroupement. Cette reconfiguration permanente amène à parler, comme l'a reconnu Habermas lui-même, d'« espace public polycentrique » (1992, 175) plutôt que d'espace public unique.

On peut alors passer de l'identification d'une pluralité d'espaces publics à l'étude des oppositions au sein de ceux-ci. Nombre d'espaces publics ont été progressivement dominés par les médias de masse et accaparés par les impératifs fonctionnels. La qualité de vie démocratique est donc suspendue à la constitution d'autres espaces publics, autonomes, d'où le lien avec l'associationnisme constitué d'actions collectives mises en œuvre par des citoyen·ne·s libres et égales·aux se référant à un commun. Pour s'émanciper du paradigme de l'action rationnelle, il est nécessaire de mobiliser ce concept d'associationnisme « qui permet de concevoir des rapports engendrés spontanément et libres de domination de façon non contractualiste » (Habermas 1989, 44) et dont procèdent les initiatives, passées et présentes, mentionnées plus haut. Habermas rejoint alors d'autres auteurs comme Olle pour insister sur les « rapports d'association » et la « position éminente dans la société civile » des associations autour desquelles peuvent se cristalliser des espaces publics autonomes, ce qui légitime « une attention portée à l'association volontaire et à la vie associative en tant que principal médium pour la définition des engagements publics » (Habermas 1992, 186).

Habermas a évolué, réticent à l'égard des associations dans son livre *L'Espace public* en 1962, il a ensuite admis, singulièrement à partir de la préface nouvelle à l'ouvrage rédigée en 1990, que les associations jouent un rôle dans le devenir de la démocratie. Cependant, une difficulté persiste pour qu'il tire pleinement parti de cette position : la séparation qu'il opère entre espace public et sphère économique. Empruntée à Arendt, cette séparation a été critiquée par la philosophie politique féministe que défend Fraser, l'argument de la philosophie féministe venant ici compléter du point de vue de la pluralité politique ce que l'économie féministe apporte du point de vue de la pluralité économique.

En effet, selon Fraser (1992, 109-142) le cloisonnement qu'établit Arendt entre le politique d'une part, l'économie et le social d'autre part, empêche de saisir combien l'égalité socio-économique est une pré-condition de la parité dans la participation publique. Habermas suscite l'adhésion quand il écrit que les associations « accueillent, condensent et répercutent en les amplifiant dans l'espace public politique, la résonnance que les problèmes sociaux trouvent dans les sphères de la vie privée » ; en revanche, il peut être critiqué sur le fait que ce rôle serait l'apanage d'« associations non étatiques et non économiques » (Habermas 1997, 394). Cette allusion à une catégorie particulière n'est guère compatible avec les constats empiriques, la partition entre associations est plutôt à remplacer par l'étude dans chaque association des tensions entre les contacts horizontaux d'interaction relevant de l'activité communicationnelle et intervenant dans la conception des problèmes publics d'une part, leur dimension organisationnelle et leur intégration dans des relations de pouvoir d'autre part.

Fraser (2014) précise dans un entretien qu'il importe de clarifier les liens entre espace public et économie. Elle distingue deux possibilités pour les penser.

> Dans la première acception, les problèmes économiques surgissent et sont débattus au sein des espaces publics à travers des revendications, qui peuvent dans certains cas même déboucher sur la conception de biens publics. Dans ce sens, sauf chez Arendt, les questions économiques font partie de l'espace public en tant que théories accessibles à la discussion. C'est la position des habermassiens qui s'élèvent contre la tendance néolibérale à expulser les sujets économiques hors de l'espace public et à les traiter comme des données techniques qui seraient du domaine des seuls experts. Dans la seconde acception qui correspond au monde de l'économie solidaire, les pratiques économiques et sociales sont alternatives. Leur mise en débat dans l'espace public n'est pas séparée de ces pratiques mises en œuvre par les personnes concernées. Des activités sont organisées autour de biens communs comme l'eau, la santé sans qu'elles soient dissociables des espaces publics où elles sont abordées. (Fraser 2014, 1)

Interrogée à propos des recherches menées en Europe sur les activités de *care*, montrant que la prise de parole dans des espaces publics de proximité change le rapport à l'économie et induit une conception du public moins discursive et plus axée vers l'action, elle ajoute :

> L'action est inextricablement liée à l'opinion forgée par ces discussions, elle suppose qu'un accord se soit dégagé pour agir en commun. C'est en cela qu'Arendt est paradoxale : elle met d'abord l'accent sur l'action de concert qui doit venir de l'argumentation et de l'accord. Puis elle procède à un cloisonnement surprenant, qui n'est pas tenable, entre le domaine du public d'une part, les domaines économique et social d'autre part. (Fraser 2014, 1)

Habermas, pour sa part, considère que les enjeux économiques et sociaux peuvent relever de la sphère publique, mais il est intervenu dans un moment historique où il a été prétendu, et Habermas a repris cette idée, qu'on ne saurait changer radicalement l'économie. Après l'échec des pays communistes, les positions dites progressistes se sont exprimées en faveur du cantonnement de l'économie, défendant le fait de la contraindre à partir d'une intervention extérieure de nature politique. Cette incapacité à formuler une éventualité de changement interne à l'économie est donc due à ce que, pour Habermas, le monde vécu est séparé de l'économie. Cette coupure est justifiée selon lui parce que l'économie est pensée comme système… « [S]i l'on retient le principe de réciprocité, l'économie peut être perçue de manière plus ambivalente, elle appartient incontestablement au système mais elle peut contenir une dimension de monde vécu. L'économie ne peut être dépourvue de normes émanant du monde vécu, son enfermement dans le seul système est absurde » (Fraser 2014, 2-3).

Vers un rapprochement entre féminisme du Sud et économie solidaire

Il apparaît, à la lecture de Fraser, que la question de l'articulation entre sphère publique et économie a été longtemps un obstacle à la reconnaissance de l'économie solidaire par le féminisme. Elle montre la difficulté à éviter les deux écueils de l'économie et du culturalisme (Fraser 2012) : la solution aux problèmes des femmes envisagée par le féminisme marxiste est l'intégration au salariat ; le féminisme culturel pour sa part préoccupé par le combat contre le paternalisme de l'État-providence a établi une « liaison dangereuse » (Eisenstein 2005) avec la marchandisation.

C'est pourquoi féminisme du Sud et économie solidaire peuvent procurer des ressources complémentaires en théorie critique comme en pratiques alternatives, d'autant plus que leurs points de vue sont susceptibles de s'imbriquer.

Un sujet porté par le féminisme du Sud

Une argumentation importante à cet égard est venue des mouvements populaires des femmes du Sud insistant sur la dimension économique de leurs revendications qui sont aussi culturelles, sociales et politiques. Elles ont protesté contre la manière dont leurs initiatives sont méprisées dans leur spécificité par un féminisme du Nord hégémonique qui soit cherche à les assimiler, soit leur renvoie une image coloniale de femmes dominées, enfermées dans la soumission et la passivité.

À la même période, comme indiqué ci-dessus, se sont multipliées les initiatives dénonçant la banalisation de l'économie sociale et souhaitant retrouver une dimension politique par une intervention dans la vie quotidienne, souvent dans le domaine du *care*, que ce soit dans les services de proximité, les systèmes d'échanges locaux, l'autoproduction, les cantines collectives ou les circuits courts. Cette coïncidence temporelle qui s'est manifestée par une contiguïté nouvelle entre mouvements féministes et d'économie solidaire dans des pays comme la Bolivie (Hillenkamp 2013) ou l'Équateur (Coraggio 2011) livre divers enseignements pour l'avenir.

Les pratiques solidaires peuvent être dans cette dynamique conceptualisées par une double combinaison entre production et reproduction pour ce qui est des services fournis, entre protection et émancipation pour ce qui est des objectifs poursuivis. Elles sont pertinentes d'un point de vue féministe en ce qu'elles traversent les frontières de genre instaurées au sein des activités économiques en réunissant ce qui a été séparé. L'assemblage qui en résulte ne verse pas dans la liaison dangereuse entretenue avec le libéralisme par un féminisme pensé sur un mode trop exclusivement culturel. Au contraire, si l'on se réfère au triple mouvement de marchandisation-protection-émancipation, tel que suggéré par Fraser (2013), les initiatives solidaires de femmes témoignent de la tentative de réaliser un mixte entre protection et émancipation : l'émancipation ne peut être visée que par un étayage sur des solidarités construites pour augmenter les protections nécessaires à une action par ailleurs entravée par de multiples dépendances héritées.

Il ne s'agit donc pas de mythifier une tradition communautaire mais d'agir pour des améliorations dans les modes de vie grâce à des collectifs qui assument les dimensions politique et économique de leur engagement. Comme il a été identifié dans les services de proximité, la construction conjointe de l'offre et de la demande rendue possible par la constitution d'espaces publics de proximité engendre des créations institutionnelles se traduisant par une impulsion réciprocitaire au niveau économique. Cette originalité qui porte sur l'intrication du politique et de l'économique doit, pour se pérenniser, être consolidée tant par une participation active des personnes concernées que par une hybridation avec d'autres principes économiques. Les difficultés récurrentes rencontrées avec les pouvoirs publics s'expliquent par le manque d'attention des acteurs et chercheurs aux enjeux de genre mais aussi par l'insuffisance d'investigations sur les traits propres aux activités combinant production et reproduction, mixant émancipation et protection. Un approfondissement de la spécificité de ces démarches est à mener autant qu'une lutte pour imposer leur prise en compte par des politiques qui les abordent le plus fréquemment comme des créations d'entreprises par des femmes. Or, la référence privilégiée à l'entreprise, voire à l'entrepreneuriat, normalise le phénomène et empêche la reconnaissance d'un accompagnement singulier. Au-delà de l'entrepreneuriat féminin, il est urgent de visibiliser les initiatives solidaires des femmes comme innovations sociales à forte consonance démocratique.

Des questions épistémologiques et méthodologiques

La suppression des discriminations que subissent les femmes passe par le soutien à ces initiatives solidaires dont la légitimation peut être facilitée par plusieurs apports qui adoptent des positions épistémologiques voisines :

- Le concept de *provisioning*, suggéré par des économistes féministes, peut être mis en perspective avec celui d'économie du travail proposé par Coraggio pour désigner des activités qui n'ont pas pour finalité la recherche du gain maximal mais qui ont pour but la préservation de la vie et le souci du « bien vivre », dans une acception proche de ce que Polanyi appelle *livelihood*. Si l'on reprend la réflexion d'Hillenkamp, Guérin et Verschuur (2014), il s'agit de se démarquer des représentations dominantes de l'économie. Leur déconstruction effectuée à partir des rapports sociaux de genre aboutit à mettre en évidence une hiérarchisation qui valorise la production marchande au détriment de la reproduction largement cantonnée dans les catégories non marchandes et non monétaires.
- La problématique du commun, qui croise la réflexion d'Ostrom sur la gestion des ressources naturelles avec celle consacrée aux contenus informationnels par Coriat (2013) ou Broca (2013), peut aider à analyser des processus dans lesquels des actes fondateurs qui fixent un horizon partagé sont ensuite complétés par l'établissement de règles émanant des personnes concernées (Dardot et Laval 2014).

Plus précisément, les études à approfondir concernent le mixte entre protection et émancipation évoqué ci-dessus, pour lequel peut être mobilisé le décryptage des rapports entre réciprocité, administration domestique, redistribution et marché. Il s'agit d'examiner la hiérarchisation entre ces principes faisant du marché un principe présent mais subordonné, il s'agit de dégager les types de réciprocité selon leur relation à l'égalité (Gardin 2006), il s'agit également de détailler les ambivalences de l'administration domestique dans l'action, entre enfermement dans les dominations privées et ouverture vers des activités de soin à autrui.

Enfin, il n'est pas concevable de remédier aux problèmes sans que ne soient examinées les relations entre acteur·trice·s et chercheur·e·s. Contre les méthodologies scientistes, l'anthropologie féministe a montré que la prétendue objectivité qui valorise le détachement et la distanciation obéit à une règle fictionnelle de neutralité. Une co-construction des savoirs est plus pertinente pour l'économie solidaire comme pour le féminisme, qui prend en compte à la fois la production de connaissances par les acteurs et leur mise en débat avec les chercheurs. La participation de ces derniers à une expression publique est également importante pour crédibiliser des questions invisibilisées par les échanges dominants qui laissent dans l'ombre les parties de la réalité qu'elles jugent négligeables (Saussey et Degavre 2014). Autrement dit, il est décisif d'aller vers une sociologie publique au sens de Burawoy (2013) et de se tourner vers des épistémologies du Sud au sens de Sousa Santos (2011).

Bibliographie

Alliance pour un monde responsable, pluriel et solidaire. 2002. Rôle et place des femmes dans le développement de l'économie solidaire. Proposition d'organisation d'un groupe thématique au sein du Pôle socio-économie de solidarité disponible sur le site http://www.socioeco.org/text/femmes/html

Barkan, J. 2013. Plutocrats at work: how big philanthropy undermines democracy. *Social Research*. 80(2): 635-652.

Bastiat, F. 1862-1864. *Œuvres complètes*. Paris : Guillaumin et Cie.

Bonneuil, C. et J.-B. Fressoz. 2013. *L'évènement Anthropocène*. Paris : Le Seuil.

Broca, S. 2013. *L'utopie du logiciel libre*. Neuilly en Champagne : Le passager clandestin.

Burawoy, M. 2013. La sociologie publique face au marché. In *Socioéconomie et démocratie. L'actualité de Karl Polanyi*. (Dir.) I. Hillenkamp et J.-L. Laville. Toulouse : Érès.

Calhoun, C. 1992. *Habermas and the Public Sphere*. Cambridge, MA et Londres : MIT Press.

Coraggio, J.-L. 2006. Économie du travail. In *Dictionnaire de l'autre économie*. (Dir.) J.-L. Laville et A. D. Cattani. 312-325. Paris : Folio Gallimard.

Coraggio, J.-L. 2011. *Economia sociale y solidaria. El trabajo antes que el capital*. Quito : Ediciones Abya-Yale.

Coriat, B. 2013. Des communs fonciers aux communs informationnels. Traits commun des différences. Intervention au séminaire international *Propriété, communs et nouveaux enjeux de l'accès et de l'innovation partagée*, Paris, 25-26 avril.

Dardot, P. et C. Laval. 2014. *Commun*. Paris : La Découverte.

Destremau, B. et C. Verschuur. 2012. Féminismes décoloniaux, genre et développement. *Revue Tiers Monde*. N°209.

Eley, G. 1992. Nations, publics and political cultures : Placing Habermas in the nineteenth century. In *Habermas and the Public Sphere*. C. Calhoun (Ed.). 289-338. Cambridge, MA et Londres : MIT Press.

Eisenstein, H. 2005. A Dangerous Liaison? Feminism and Corporate Globalization. *Science and Society*. 69(3).

Fauquet, G. 1965. *Le secteur coopératif*. Institut des études coopératives.
Fontaine, L. 2013. *Le marché, histoire et usages d'une conquête sociale*. Paris : Gallimard.
Fraser, N. 1992. Rethinking the public sphere : a contribution to the critique of actually existing democracy. In *Habermas and the Public Sphere*. C. Calhoun (Ed.). 109-142. Cambridge, MA et Londres : MIT Press.
—. 2012. *Le féminisme en mouvement. Des années 1960 à l'ère néolibérale*. Paris : La Découverte.
—. 2013. Marchandisation, protection sociale ; émancipation : vers une conception néo-polanyenne de la crise capitaliste. In *Socioéconomie et démocratie. L'actualité de Karl Polanyi*. (Dir.) I. Hillenkamp et J.-L. Laville. 39-63. Toulouse : Érès.
—. 2014. Entretien avec Jean-Louis Laville. Document interne du Centre national des arts et métiers.
Gardin, L. 2006. *Les initiatives solidaires. La réciprocité face au marché et à l'État*. Toulouse : Érès.
Granovetter, M. 2008. *Sociologie économique*. Paris : Seuil, collection Économie humaine.
Guérin, I. 2006. Femmes et économie solidaire (2). In *Dictionnaire de l'autre économie*. (Dir.) J.-L. Laville et A. D. Cattani. Paris : Folio Gallimard. Édition mise à jour et augmentée.
Guérin, I., M. Hersent et L. Fraisse. 2011. *Femmes, économie et développement*. Toulouse : Erès.
Habermas, J. 1987. *Théorie de l'agir communicationnel*. Paris : Fayard, collection L'espace du politique.
—. 1988. L'Espace public : archéologie de la publicité comme dimension constitutive de la société bourgeoise. Paris : Payot. Parution originale 1962.
—. 1989. La souveraineté populaire comme procédure. Un concept normatif d'espace public. *Lignes*. N° 7 : 29-58.
—. 1992. L'espace public, 30 ans après. *Quaderni*. N° 18 : 161-191.
—. 1997. *Droit et démocratie*. Paris : Gallimard.
Honneth, A. 2006. La société du mépris. *Vers une nouvelle Théorie critique*. Paris : La Découverte.
Hillenkamp, I. 2013. *L'économie solidaire en Bolivie*. Paris : Karthala.
Hillenkamp, I., I. Guérin et C. Verschuur. 2014. Économie solidaire et théories féministes : pistes pour une convergence nécessaire. *Revue d'économie solidaire*. N°11.
Kish Sklar, K. 1973. *Catherine Beecher : a Study in American Domesticity*. New-Haven : Yale University Press.
Laval, C. et J.-L. Laville. 2014. Économie solidaire et commun. Renouveler la critique et repenser l'émancipation. Politis hors-série *Bien Commun. Le retour des solidarités*.

Laville, J.-L. (Dir.). 1992. *Les services de proximité en Europe*. Paris : Syros.
—. 2008. Services aux personnes et sociologie économique pluraliste. *Revue française de socio-économie*. N° 2 : 43-58.
—. 2013. *L'économie solidaire : une perspective internationale*. Paris : Fayard-Pluriel. Parution originale 1994.
—. 2014. La théorie critique : de l'impasse au renouveau. Écoles de Francfort, sociologies pragmatique et publique, épistémologies du Sud. In *Le tournant de la théorie critique*. B. Frère. Paris : Desclée de Brouwer.
Laville, J.-L. et M. Nyssens. 2001. The social enterprise : towards a theoritical socio-economic approach. In *The Emergence of Social Enterprise*. C. Borzaga et J. Defourny. 312-332. Londres : Routledge.
Le Velly, R. 2012. *Sociologie du marché*. Paris : La Découverte, collection Repères.
Mc Carthy, K. D. 2003. *American Creed. Philanthropy and the Rise of Civil Society, 1700-1865*, Chicago, Londres : University of Chicago Press.
Nobre, M. 2006. Femmes et économie solidaire. In *Dictionnaire de l'autre économie*. (Dir.) J.-L. Laville et A. D. Cattani. Paris : Folio Gallimard. Édition mise à jour et augmentée.
Ostrom, E. 1990. *Governing the Commons. The Evolution of Institutions for Collective Action*. Cambridge : Cambridge University Press.
Palma Torres, A. et M. Hersent. 2014. *L'économie solidaire en pratiques*. Toulouse : Érès.
Polanyi, K. 2011. *La subsistance de l'homme*. Paris : Flammarion.
Roy, M. 2013. Social impact bonds : a wolf in sheeps clothing. Journal of Poverty and Social Justice. 21(3).
Ryan, M. P. 1992. Gender and Public Access : Women's Politics in Nineteenth-Century America. In *Habermas and the Public Sphere*. C. Calhoun (Ed.). Cambridge, Massachussets et Londres : The MIT Press.
Salmon, A. 2011. *Les nouveaux empires. Fin de la démocratie ?* 93-106. Paris : CNRS éditions.
Saussey, M. et F. Degavre. 2014. Positionnement situé des chercheures et alliance avec le terrain. Communication aux XIVe rencontres du Réseau Inter-Universitaire de l'économie sociale et solidaire. Lille, 21-23 mai.
Sombou, P. et B. Bachir. 2014. Femmes-Initiatives. In *L'économie solidaire en pratiques*. (Dir.) A. Palma Torres et M. Hersent. Toulouse : Érès.
Sousa Santos, B. 2011. Épistémologies du sud. *Études rurales*. N° 187.
Vienney, C. 1980-1982. *Socio-économie des organisations coopératives*. Deux volumes. Paris : CIEM.

Solidarités,
reproduction et production

Solidaridad sistémica, solidaridad de proximidad y equidad de género: una lectura desde América Latina

Fernanda Wanderley

Introducción

El presente documento ofrece una reflexión sobre el tema propuesto por este coloquio: la relación entre la equidad de género y la economía solidaria. Frente a la pregunta que titula el coloquio, sobre si la economía solidaria puede ser feminista, me adelanto a la respuesta y sostengo que no solo puede, sino queno tiene otra alternativa. Más bien la pregunta que guía la presente reflexión es ¿cómo la perspectiva de economía solidaria puede articular la perspectiva feminista? Para esto es importante iniciar esta reflexión con el contexto político en que se despliega la articulación entre el movimiento feminista y el movimiento de la economía solidaria.

El paso del siglo XX al siglo XXI está escenificando una nueva versión del doble movimiento formulado por Karl Polanyi en 1957. Tras las conquistas políticas de reconocimiento de los derechos humanos y ciudadanos, y de la democracia como forma superior de organización política a lo largo del siglo XX, las últimas décadas de este siglo se caracterizaron por una arremetida de la ideología neoliberal y retrocesos de las conquistas sociales.

Wanderley, F. 2015. Solidaridad sistémica, solidaridad de proximidad y equidad de género: una lectura desde América Latina. In *« Homo œconomicus, mulier solidaria ». Une économie solidaire peut-elle être féministe ?* (Dir.) C. Verschuur, I. Guérin et I. Hillenkamp. 73-94. Paris: L'Harmattan, collection Genre et développement. Rencontres.

El contramovimiento no se hizo esperar y el inicio del siglo XXI presenció la emergencia de nuevos movimientos antiglobalización neoliberal, de defensa del medio ambiente, de la economía social y solidaria, a los cuales se sumaron los movimientos feministas, indígenas y de jóvenes que hicieron su *debut* en décadas anteriores.

Pese a sus diferentes motivaciones, matrices ideológicas y discursivas, estos movimientos convergieron en la denuncia de la deshumanización e insostenibilidad del orden económico hegemónico. Es en este marco que el manifiesto de la convivialidad, la otra economía, el movimiento de la economía solidaria y el comercio justo, el *slow growth, slow food* y las economías de proximidad proponen un modelo alternativo de organización política de la sociedad y de la economía.

En el caso de América Latina, el movimiento feminista emergió en la década de 1960 en el seno de movimientos sociales nucleados en contra de la explotación de clase y a favor de la democracia y los derechos humanos. Su inscripción en el campo popular y su referente político en la izquierda marxista definieron una identidad colectiva con fuertes afinidades con las luchas por la democratización política, social y económica. Gracias al movimiento feminista y a la acumulación histórica de las luchas por los derechos de las mujeres, la equidad de género ha ocupado un lugar privilegiado en la agenda pública en las últimas décadas.

El encuentro entre el movimiento feminista con otros movimientos y, en específico, con el movimiento solidario ocurre en un contexto sui géneris en América Latina. En el campo político, presenciamos la emergencia de nuevos gobiernos de izquierda y la presencia de mujeres líderes y tomadoras de decisión en los niveles más altos de gobierno. Se trata de gobiernos cuya fuerza política y legitimidad están, precisamente, en la crítica a la ola neoliberal que dominó la década de los noventa en estos países y que tuvo como resultado el incremento de la pobreza y de la desigualdad social. En el campo económico, la bonanza económica y la holgura fiscal en la región impulsadas por el incremento de los precios de la exportación de materias primas, pilar de los patrones de desarrollo de los países de la región, contrasta con la crisis financiera y social que viven los países del norte.

Las innovaciones discursivas, constitucionales y jurídicas impulsadas por gobiernos progresistas y el reconocimiento de nuevos actores sociales históricamente excluidos del escenario político – como los pueblos indígenas – significaron para el mundo una promesa de transformación hacia un nuevo orden más solidario e inclusivo. Por ejemplo, en Bolivia la Constitución Política del Estado aprobada en 2009 incluye innovaciones políticas, sociales y económicas. La carta magna establece el reconocimiento, protección y promoción de la economía plural constituida por cuatro formas de organización económica: comunitaria, social-cooperativa, pública y privada; y las cinco generaciones de derechos: civiles, políticos, sociales, colectivos y ambientales. En relación a la equidad de género, la Constitución boliviana contiene alrededor de 30 artículos referentes a los derechos de las mujeres.

Pese a las brechas entre discurso y práctica de estos gobiernos, podemos afirmar que los países de América Latina se comprometieron a profundizar la democracia. Sin embargo, la historia reciente nos enseñanda que el reconocimiento formal de la igualdad entre hombres y mujeres mediante la equiparación de derechos en el mundo público y del trabajo no es suficiente. Asimismo, se muestra que es difícil sostener luchas por demandas de reconocimiento cuando no se ha alcanzado todavía un umbral material o de bienestar tolerable. De igual manera, el tiempo ha mostrado que el compromiso jurídico con la inclusión y la equidad social no es suficiente para la consolidación de espacios públicos de debate razonado y deliberación participativa, para la democratización de la economía y la política, y menos aún, para el accionar coherente del Estado en relación a estos compromisos.

La reflexión en el presente texto empieza con una revisión de la reflexión feminista sobre la economía y, en específico, las contribuciones sobre la unidad doméstica como una institución política, económica y social igualmente importante al mercado y al Estado. En seguida, se hace una revisión de la perspectiva de economía solidaria con especial énfasis en la relación entre solidaridad sistémica y de proximidad en América Latina. En el tercer acápite se analiza el caso de las organizaciones de asociaciones de producción en Bolivia a la luz de las siguientes interrogantes : ¿Cuáles son las potencialidades y limitaciones de la solidaridad de proximidad para promover la equidad de género ? Y ¿cuál es el rol de la solidaridad sistémica para la equidad de género especialmente en los países con alta informalidad y precariedad laboral y social ? Finalmente, se presentarán las conclusiones sobre los desafíos teóricos y políticos para la convergencia entre la perspectiva feminista y la perspectiva de la economía solidaria.

La reflexión feminista de la economía

La reflexión feminista cuestionó la separación entre esfera pública y privada al mostrar su estrecha relación en la estructuración de las relaciones de poder y de dominación masculina que, entre otras dimensiones, definen la división del trabajo remunerado y no remunerado, y su valoración jerarquizada. Varias investigaciones empíricas argumentaron que la desigual distribución de responsabilidades, del trabajo y de los recursos entre hombres y mujeres en la unidad doméstica constituye una de las principales barreras para la participación económica, social y política de las mujeres en igualdad de condiciones. También evidenciaron la resistencia cultural y social a la redefinición de los roles de género tanto al interior de las unidades domésticas, como en el mercado de trabajo y en otras esferas de la sociedad (Anderson 1991; Farah 2002; Wanderley 2003).

Estos análisis mostraron que las realidades sociolaborales de hombres y mujeres están constituidas tanto por las actividades orientadas a generar ingreso como por las vinculadas con la reproducción de las familias y las comunidades. Ambas actividades (remuneradas y no remuneradas) son reconceptualizadas como trabajo al requerir esfuerzo físico, emocional y psicológico, y disponibilidad de tiempo en procesos de agregación de valor. Esto condujo a redefinir el concepto de economía como el conjunto de actividades de producción y consumo necesarias para la vida humana, independientemente de su valor de compra e intermediación del precio (su nivel de mercantilización). En otras palabras, el concepto de trabajo desde la perspectiva feminista no se restringe a las actividades generadoras de ingreso pues aunque las actividades en el ámbito de los hogares y comunidades no se intercambien vía mercado, son indispensables para la reproducción de las personas, familias, y la sociedad en general.

Esta reflexión problematizó la organización social del trabajo de cuidado y del trabajo generador de ingreso, tanto al interior de las unidades domésticas como en la sociedad. Por tanto, una contribución principal del feminismo es la redefinición del concepto de economía no restringida al mercado y visibilizar al hogar y a otras esferas no mercantiles como instituciones económicas de generación, distribución y consumo de bienes y servicios fundamentales para la sociedad; y al mismo tiempo, como espacios reproductores de relaciones sociales de género.

Un primer grupo de estudios feministas mostró la salida de las mujeres de la esfera "privada" de los hogares y su creciente incorporación al mercado de trabajo y al mundo "público" (Benería y Roldán 1987; Arriagada 1990; Borderías, Carrasco Alemany 1994). En contraposición a la perspectiva neoclásica – que define el mercado como un mecanismo abstracto de maximización de recursos que tiende a la eficiencia y que, por tanto, el lugar que ocupan las mujeres y los hombres en el mercado de trabajo responde principalmente al principio de diferencias de productividad. Estos estudios mostraron que el mercado es una institución constituida por prácticas sociales entre agentes imbricados en marcos sociales y culturales, que no se comportan únicamente como agentes atomizados y que buscan maximizar sus utilidades. Amplias evidencias revelaron cómo las decisiones de contratación, las oportunidades de capacitación y movilidad laboral, y la definición salarial de hombres y mujeres, no están exentas de costumbres, prejuicios y estereotipos socialmente estructurados. Las construcciones de género y prácticas de discriminación en el mercado de trabajo explican parte importante de la segregación ocupacional y las brechas de ingreso entre unos y otras.[1]

1 Para un estudio sobre el mercado de trabajo en Bolivia, ver Wanderley (1995).

La perspectiva feminista de la economía aportó contribuciones seminales al análisis de las unidades domésticas en tanto institución económica: espacios de producción, distribución y consumo. Desde la crítica a la perspectiva neoclásica y con base en evidencias empíricas sobre las dinámicas al interior de las unidades domésticas y su relación con el mercado de trabajo, los estudios feministas desarrollaron herramientas analíticas para comprender la construcción social de la economía, del trabajo, del mercado y del hogar. Espacios en los que las relaciones de género son uno de los pilares centrales.

Estos estudios cuestionaron las explicaciones neoclásicas sobre la familia y la división sexual entre hombres y mujeres. Hasta los años 60, la teoría neoclásica sólo se ocupó de la producción mercantil y el trabajo remunerado. Pero, con el estudio de Gary Becker *A Treatise on the Family* (1991), se introdujo una nueva línea de reflexión: la Nueva Economía de la Familia (NEF), que buscó mostrar cómo la familia distribuye el tiempo de trabajo entre el hogar y el mercado, y cómo luego reparte los recursos y productos eficientemente para maximizar la satisfacción de las necesidades colectivas. A partir del concepto de ventajas comparativas de la teoría de comercio internacional, Becker argumentó que la producción de bienes y servicios, dentro y fuera del hogar, es más eficiente cuando uno de los miembros se especializa en la producción en el mercado y el otro se especializa en la producción en el hogar. Este análisis conduce a considerar que el modelo de familia biparental, en que el hombre se especializa en la producción en el mercado mientras la mujer lo hace en la producción en el hogar, sería el arreglo más eficiente para maximizar las utilidades colectivas de la familia, en tanto cada uno obtenga mayor retorno monetario o beneficios en sus respectivos trabajos.

La NEF situó el análisis de la producción en el hogar al mismo nivel conceptual que el trabajo remunerado transformando el concepto del hogar: de espacio únicamente de ocio y recreación a espacio de producción de bienes y servicios socialmente necesarios. Así, el hogar pasó a ser definido, por la teoría neoclásica, como un espacio que combina la producción de bienes y servicios para el consumo con el ocio y la recreación. Igualmente importante fue la idea de que el factor tiempo es limitado y que las personas deben distribuirlo entre actividades mercantiles remuneradas, actividades domésticas no mercantiles y actividades de descanso y recreación. Esta proposición significó un avance en relación con la teoría neoclásica tradicional, en sentido de que el tiempo no dedicado al trabajo remunerado dejó de ser identificado como ocio. Además, la idea del tiempo como recurso escaso implica que debe ser distribuido entre distintos trabajos; por tanto, la teoría ahora enfatiza la interrelación entre las esferas del hogar y del mercado de trabajo.[2]

---

2 Para una revisión más detallada de esta literatura y un análisis empírico sobre el caso boliviano, consultar Wanderley (2003).

La crítica feminista más radical a la perspectiva neoclásica de la familia se centra en la premisa del actor maximizador de utilidades que sostiene el modelo explicativo de la división sexual del trabajo de la NEF. Este a priori excluye los condicionantes sociales y culturales de los comportamientos diferenciados de hombres y mujeres. En otras palabras, la crítica apunta a que los condicionamientos estructurales de los comportamientos de los actores se mantienen exógenos al modelo neoclásico; es decir, no son objeto de explicación. Esta operación es efectuada con la construcción de funciones de utilidad diferenciadas para hombres y mujeres en que se naturaliza prioridades ocultando su carácter de constructo social: los hombres buscarían maximizar ocio y remuneración mientras las mujeres buscarían maximizar la crianza y los trabajos del hogar.

Esta forma de construcción del objeto de investigación fue cuestionada por el pensamiento feminista debido a la naturalización de los roles de género. Las limitaciones del principio explicativo de la eficiencia y del supuesto de racionalidad instrumental de actores atomizados y orientados a maximizar su bienestar individual (diferenciados por el sexo) no permiten comprender las relaciones sociales y de poder dentro de los hogares y los mandatos normativos que estructuran sus comportamientos. Por lo tanto, este enfoque no pregunta ni puede analizar cómo la posición inferior de las mujeres en el hogar, en el mercado y en la sociedad se reproduce a través de estructuras sociales patriarcales. Estos estudios evidenciaron las limitaciones de la visión del hogar como una unidad homogénea donde no caben las diversas dinámicas generacionales y de género ni las diferencias de poder, intereses, expectativas, responsabilidades y bienestar a su interior. La comprensión de los hogares como unidades heterogéneas permitió entender, por un lado, cómo el sexo, la edad y la clase social son ejes estructuradores de la división del trabajo y de las identidades de género dentro y fuera del hogar, y, por el otro, la interacción cotidiana entre cooperación y conflicto. Desde esta perspectiva se argumenta que los hogares son espacios dinámicos que varían en el transcurso del tiempo y a partir de los ciclos de vida marcados por acontecimientos y situaciones diversas (nacimiento de hijos e hijas, la unión de miembros que permanecen en un mismo espacio físico, enfermedades, separaciones, muerte, migración y circunstancias externas como el desempleo, catástrofes naturales y crisis sociales, económicas y políticas).

La reflexión sobre economía solidaria

En los años noventa, diversas movilizaciones e iniciativas a favor de las prácticas sociales y económicas alternativas a la gran empresa capitalista y al Estado ganaron ímpetu en encuentros internacionales, como los Foros Sociales Mundiales. Es en este contexto que activistas sociales, investigadores, grupos ciudadanos y organizaciones sociales de diversos países compartieron críticas en relación al sistema económico dominante. Fue así como los conceptos de economía solidaria, economía social, economía del trabajo, economía para la vida, economía popular y economía plural alcanzaron un impulso significativo.

La economía social y solidaria (ESS), como propuesta política, aglutina a actores comprometidos con la transformación de las prioridades, valores y metas de la organización económica a nivel mundial. Por lo tanto, la ESS es un concepto en formación en que se conjugan significados diversos dependiendo tanto de los contextos histórico-geográficos, como de las escuelas teóricas y de los investigadores y activistas que se inscriben en ella.

Sin embargo, más allá de sus matices y diferenciaciones, se comparte la crítica al desarraigo de la economía en relación a la sociedad y al principio democrático de participación y deliberación. Por lo tanto, las diversas vertientes de la ESS convergen en la crítica al sistema neoliberal, que propicia las condiciones políticas no deliberativas para la búsqueda de ganancia y acumulación ilimitadas, por parte de grupos cada vez más cerrados y selectivos.

También se inscribe en la perspectiva del pensamiento crítico, entendido como el compromiso de pensar la realidad como un campo de posibilidades que incluyen las prácticas que antes fueron marginalizadas. Una de las principales vertientes de la economía solidaria – con mucha influencia en América Latina – define su horizonte utópico en un nuevo orden social no capitalista. Desde el marco marxista, y situándose en las evidencias de la inviabilidad del sistema socialista centralizado como alternativa sistémica al capitalismo, Santos (2011) propone buscar y visibilizar experiencias que contengan prácticas y formas de sociabilidad no capitalistas.

José Luis Coraggio (2009), importante teórico y activista de la economía social y solidaria de América Latina, propone el concepto de economía del trabajo como un orden fundado en principios contrarios a la economía del capital : la lógica de la reproducción de la vida versus la lógica de la acumulación del capital. Desde una lógica sistémica alternativa, la economía del trabajo se orientaría a la reproducción ampliada de las capacidades de todas las personas y de la calidad de vida en sociedad. Los principios de integración de este nuevo sistema son, según Coraggio, autarquía de la unidad doméstica, reciprocidad intra e intercomunidades, redistribución en los diversos niveles de la sociedad, intercambio en mercados regulados o libres y planeamiento de la complejidad (particularmente los efectos no-intencionales de las acciones particulares).

Luis Razeto (1996), pensador latinoamericano y uno de los primeros en formular el concepto de economía solidaria, enfatiza la incorporación de la solidaridad como principio que opere y actúe en las diversas fases del ciclo económico : producción, circulación, consumo y acumulación ; principio que también debería estar inserto en la teoría económica, para pensar nuevos tipos de equilibrios. Desde esta perspectiva la agenda de investigación se orienta a identificar cómo la solidaridad se manifiesta en los procesos económicos.

Siguiendo a Razeto, la solidaridad es un elemento constitutivo de la vida social y, por lo tanto, está presente en todas sus esferas, inclusive en el mercado y en las empresas capitalistas. Sin embargo, su presencia es escasa y pobre y, por lo mismo, requiere de una orientación crítica y transformadora de las grandes estructuras, de los modos de organización y de acción que caracterizan la economía contemporánea. Su programa de ESS incluye dos componentes : (i) un proceso de solidaridad progresiva y creciente de la economía global y (ii) un proceso de construcción y desarrollo paulatino del sector de la economía solidaria.

Desde el segundo componente, Razeto propone conocer las experiencias de economía solidaria desde la situación de pobreza y marginalidad. Perspectiva que es particularmente importante para los países del Sur, donde un contingente importante de personas enfrenta serios problemas de subsistencia, se inserta en trabajos precarizados y al margen de los sistemas de seguridad social. En este contexto, surge el concepto de economía popular, en que se despliegan emprendimientos e iniciativas de personas que disponen de escasos recursos como, por ejemplo, las experiencias de organización autónoma del trabajo, trabajo asociativo y comunitario, cooperativas de trabajadores, así como iniciativas que persiguen beneficios comunes o para terceros. Desde sus modos de ser y de actuar se manifiestaría una racionalidad económica solidaria y una energía transformadora.

Con base en el pensamiento de Karl Polanyi (2003) y Marcel Mauss (1954) y, en específico, el relieve sobre la pluralidad de los principios de organización de la economía en la historia de la humanidad en oposición a la visión neoclásica de la economía como un orden natural fundado en el principio de mercado, Jean-Louis Laville (2009) recupera la perspectiva plural de la economía real como un marco de análisis que respeta los hechos y, por lo tanto, la existencia de una diversidad de principios que organizan concretamente las relaciones sociales en el ciclo económico.

Desde este enfoque, el mercado no instituye un sistema autónomo, ni la economía se restringe a la economía mercantil. Al contrario, el mercado se comprende como un mecanismo de intercambio que puede adquirir diferentes estructuras y alcances dependiendo de cómo se interconecte con otros principios no mercantiles como, por ejemplo, el mecanismo distributivo y de solidaridad. Por lo tanto, los sistemas económicos están necesariamente imbricados en estructuras institucionales (principios éticos, justificaciones, reglas y regulaciones formales e informales y redes de relaciones) que definen la minimización o maximización del mercado.

En el marco de esta perspectiva, Laville (2004) plantea un proyecto de transformación de acoplamiento democrático de la economía, esto es, inscribirlo en un conjunto de reglas elaboradas a partir de un proceso de deliberación política. El horizonte utópico se define, entonces, como la construcción de instituciones que aseguren las condiciones para "la pluralización de la economía para inscribirla en un marco democrático, lo que la lógica de la ganancia material compromete cuando llega a ser única y sin límites" (Laville 2004, 9).

Para esto, sigue Laville, es importante retomar la agenda de investigación de Polanyi y Mauss de "apoyarse sobre las prácticas para informar sobre la existencia (de reacciones que emanan de la sociedad) y analizarlas". Citando a Mauss, Laville define su concepción de transformación: cambios que "no comandan alternativas revolucionarias y radicales, estas opciones brutales entre dos formas de sociedades contradictorias, pero que se hacen y se harán por procedimientos de construcción de grupos y de instituciones nuevas, al lado y encima de las antiguas" (Laville 2004, 9).

La solidaridad como principio de democratización de la sociedad y resultante de acciones colectivas supone una igualdad de derechos entre las personas que se comprometen en ella. La solidaridad se manifiesta en la redistribución de la riqueza por la vía del Estado y de la reciprocidad entre los ciudadanos y las ciudadanas libres e iguales en derecho; y por lazos sociales voluntarios que adquieren diversas formas como las asociaciones, cooperativas, redes sociales y acción colectiva. Son espacios de construcción de intersubjetividades que incluyen nociones compartidas de justicia, bien común, confianza, responsabilidad política y principios de organización económica.

Esta reflexión se inscribe en el contexto de crisis económica europea. La principal referencia histórica de esta reflexión es el periodo de la postguerra y la instauración del modelo del Estado de bienestar social. Esta experiencia permite una lectura crítica de las insuficiencias del modelo de bienestar social y propuestas de transformación de las mismas. Es en este marco, que surge la recuperación de los principios de reciprocidad, de sociabilidad, de espacios públicos de proximidad y formas alternativas de producción de bienes y servicios más allá del Estado y del mercado. En palabras de Laville: "la protección de la sociedad frente al mercado no puede surgir de la simple solidaridad abstracta del derecho social y de la redistribución, aunque sea indispensable: se precisa la promoción de nuevas solidaridades activas" (2009, 126).

En esta cita, Laville reconoce que la solidaridad abstracta o sistémica, erigida sobre el derecho social de ciudadanía – que se concreta a través de la redistribución de la riqueza y las vías políticas y sociales – es necesaria aunque no suficiente. Y nos explica:

> Una nueva legitimación de la acción pública no puede proceder de reformas internas en el seno del sector público. Las prácticas innovadoras del servicio público, concebidas para responder a las variadas demandas de los usuarios o para generar nuevas dinámicas de lucha contra la exclusión, tropiezan con la definición de la solidaridad que prevalece tras la invención del Estado protector, es decir, una solidaridad expresada bajo la forma única de derechos individuales. (Laville 2009, 123)

Y sigue :

> La socialización del Estado-providencia supone articular esta solidaridad como el derecho a una solidaridad que opere a favor de la creación y el mantenimiento del vínculo social. Para contener el crecimiento de una sociedad de riesgo, en la que el aislamiento refuerza la desigualdad y la inseguridad, el desarrollo de los derechos individuales ya no basta, puesto que no evita los fenómenos de anomia y de marginación. La solidaridad debe ampliarse a la promoción de bienes comunes, y las relaciones sociales han de estar protegidas por ellas mismas, con la sola condición que respeten los principios de libertad y de igualdad, constitutivos de la comunidad política. La preservación de las redes sociales en las políticas públicas, así como en las intervenciones del servicio público, constituye una nueva frontera para las políticas sociales integradas, la cual conduce, entre otras cosas, a ayudar a las actividades económicas que proporcionan a los participantes oportunidades para crear una identidad social. (Laville 2009, 123)

La discusión se enmarca en las alternativas y complementaciones entre instrumentos de política social. En este sentido, nos dice "Aunque la economía solidaria no pueda ser un remedio a la crisis que sustituya al derecho a la renta o al reparto del empleo, sí que puede tener la misión más específica de contribuir a humanizar la economía" (Laville 2009, 113). Y explica que la renta básica o la liberación del trabajo asalariado no necesariamente generan actividades cooperativas, de donación o reciprocidad. Más bien, pueden convertir el tiempo libre en formas de consumo pasivas, atomización social o perpetuación de dominaciones domésticas. Y completa: "Lo que pone de relieve el enfoque de la economía solidaria es que la socialización, lejos de ser espontánea, plantea un problema teórico y político que muchas formulaciones utópicas ignoran" (Laville 2009, 113).

Como se puede ver, las diversas interpretaciones de ESS confluyen en la consolidación de un proyecto político de transformación hacia un orden político y económico democrático, justo y solidario. Este proyecto presenta dos niveles de reflexión: (i) un nivel sistémico de principios integradores de un nuevo orden político-económico que sintetizamos en los párrafos anteriores y (ii) un nivel micro de identificación de experiencias, emprendimientos e iniciativas existentes o con potencial para cumplir los principios de la ESS.

La agenda de investigación en el nivel micro se orienta a conocer las experiencias concretas, sus resultados, obstáculos y las potencialidades de emprendimientos solidarios. La atención sobre organizaciones y experiencias existentes busca comprender las posibilidades institucionales implementadas en diversos contextos en la ordenación de los flujos económicos. En este nivel, un eje de la agenda de investigación es el mapeo de las organizaciones de la ESS. Actualmente, uno de los temas centrales en la discusión académica se refiere a la definición de los criterios centrales del tipo ideal de emprendimientos solidarios.

La perspectiva de la economía solidaria ofrece cinco aportes principales a la discusión académica y política:

(i) reconocer y visibilizar la pluralidad de principios e instituciones de organización económica;
(ii) incorporar el carácter político y social de la estructuración de las economías;
(iii) reconocer y legitimar el rol de las esferas no mercantiles y las dimensiones no monetarias de la economía como productoras y generadoras de riqueza (por ejemplo, unidades domésticas, unidades económicas de propiedad colectiva y organizaciones sociales);
(iv) proponer una nueva métrica para valorar las diversas formas de actividades económicas más allá de la rentabilidad por la ganancia obtenida del capital invertido;
(v) definir valores para la orientación de la acción y el diseño de políticas dirigidas al fortalecimiento y promoción de la solidaridad en la organización de las economías.

Solidaridad sistémica y de proximidad, y la equidad de género: el caso boliviano

Una primera cuestión que surge del diálogo entre las dos perspectivas – feminista y de economía solidaria – se refiere a los desafíos de la economía solidaria para incorporar teórica y metodológicamente el análisis de género y, en específico, el principio de la equidad de género en el tipo ideal de la economía solidaria. Este desafío presenta diferentes niveles. Entre estos está, en primer lugar, el análisis de las relaciones de poder entre hombres y mujeres en todos los espacios institucionales de organización económica, incluídos los hogares y las asociaciones.

En segundo lugar, están la relación entre solidaridad de proximidad y solidaridad sistémica y, más específicamente, las potencialidades y limitaciones de la solidaridad de proximidad al interior de la economía popular, es decir, limitaciones para promover la equidad de género y para desencadenar la transformación estructural de las desigualdades étnicas y de clase en las sociedades.[3] Esto nos lleva a un desafío teórico-metodológico: ¿cómo incluir en el análisis la inscripción estructural de las unidades económicas de la economía solidaria en relación a la solidaridad sistémica (protección social e inserción laboral) específica en cada país y que está estrechamente asociada a los patrones de crecimiento económico y a las configuraciones políticas?

---

3 Sobre la relación entre solidaridad, democracia y economía, consultar Wanderley (2014a).

Estas cuestiones son particularmente relevantes para América Latina, con dominancia en contextos de precariedad e informalidad donde los actores económicos populares enfrentan inseguridades básicas para la reproducción de sus vidas en la ausencia de un Estado de bienestar social. Igualmente importante es el alto nivel de violencia contra las mujeres en todos los estratos sociales y, particularmente, en los estratos populares.[4]

A partir de estas preguntas, podemos analizar las asociaciones de mujeres productoras en términos de equidad de género y los principios de la economía solidaria. El estudio de los tejidos económicos en Bolivia muestra que efectivamente las mujeres son actores centrales en la economía popular. Alrededor del 70 % de la población empleada femenina y el 56 % de la población empleada masculina en 2011 generaban sus propias fuentes de trabajo en unidades económicas de pequeño porte y familiares.

Una de las formas de integración al universo laboral y, en específico, al universo del autoempleo es por la vía de asociaciones. El universo de las asociaciones alberga todo tipo de colectivos : los gremios de comerciantes, las asociaciones de productores, los sindicatos de trabajadores asalariados, la asociación de los desempleados, entre una infinidad de organizaciones sectoriales y territoriales. El entramado organizacional que resulta del conjunto de asociaciones es complejo, con vinculaciones diversas entre entes matrices y que continuamente están cambiando en el tiempo y en el espacio socioterritorial nacional.

Estas asociaciones pueden ser clasificadas en tres grupos según el criterio de composición por sexo : las formadas únicamente por mujeres, las compuestas por hombres y las asociaciones mixtas. El estudio muestra que la composición por sexo estructura dinámicas internas diferenciadas. Optar por organizaciones formadas en su totalidad por mujeres se funda en gran medida en la comprensión de las barreras que enfrentan las mujeres en organizaciones mixtas para participar y transformar las dinámicas patriarcales y, por lo tanto, cambiar las relaciones de poder entre hombres y mujeres.

Frente a las profundas dificultades para transformar estas organizaciones desde adentro, las mujeres prefieren fundar asociaciones formadas solo por mujeres a través de la estrategia de salida de organizaciones mixtas. La estrategia de salida les libera de luchar en contra de las enraizadas prácticas patriarcales de sus compañeros para concentrarse en sus necesidades y demandas en organizaciones de mujeres. Estrategia que se ha mostrado exitosa desde la perspectiva de las mujeres involucradas. Sin embargo, se abre un interrogante por los efectos de esta estrategia en los procesos de cambio de las estructuras simbólicas y sociales que reproducen las relaciones de poder y dominación entre hombres y mujeres en sus vidas cotidianas.

---

4 Para un estudio comprensivo de la economía solidaria en Bolivia, consultar Hillenkamp (2009).

Efectivamente, las razones mencionadas por las mujeres para generar sus propias fuentes de trabajo en organizaciones solo de mujeres están referidas a las relaciones sociales de género que definen problemas diferenciados que enfrentan hombres y mujeres. El primero se refiere a la división del trabajo y la necesidad de las mujeres de conciliar el trabajo de cuidado en sus hogares con el trabajo remunerado. Esta es una condición central mencionada por todas las productoras con hijos e hijas pequeños y adolescentes.

Ellas asumen como su responsabilidad el cuidado de los hijos e hijas. Para ellas lo primero es garantizar el futuro de los hijos·as y asumen como su responsabilidad velar por su seguridad y su desarrollo. La carencia de servicios públicos o subsidiados de cuidado infantil explica por qué los niños menores de cinco años son en su mayoría cuidados en el seno de las familias. Por esto, las mujeres encuentran que su cercanía al hogar es necesaria para prevenir una serie de riesgos que enfrentan los·as niños·as y jóvenes : las malas influencias, el abandono de la escuela, la inseguridad citadina (robos, asaltos, violaciones), la exposición a enfermedades y accidentes. De esta manera, la entrada al mercado de trabajo está condicionada por las alternativas de cuidado de los miembros familiares que requieren esta atención intensiva.

Ellas explican que las actividades de comercio o servicio alejadas del hogar tienen la desventaja de obligarlas a llevar a los hijos pequeños y tenerlos a la intemperie por jornadas largas en puestos de venta. En estos espacios de trabajo, los niños y niñas se enferman más y están expuestos a más peligros. Las actividades como trabajadora de hogar remunerada u otros tipos de trabajos de servicio no siempre les posibilitan llevar a los niños al trabajo o tener horarios flexibles.

En este contexto, la asociación entre mujeres para la producción se convierte en una vía que les permite conciliar vida laboral y familiar a través de los siguientes mecanismos : la combinación entre la producción en el hogar y la producción conjunta fuera del hogar, flexibilidad de los horarios de trabajo en el taller, la posibilidad de llevar a los hijos al lugar de trabajo y, en el caso de una de las asociaciones, la provisión de servicios de guardería, adjunto al taller.[5]

La elección de la vía asociativa no se basa exclusivamente en la conciliación vida laboral y familiar. La asociación horizontal, transparente y participativa ofrece beneficios sociales y personales igualmente valorizados por las productoras. La asociación es un espacio de convivencia y apoyo mutuo muy importante. Muchas relatan como el ingreso a la asociación les permitió romper una situación de aislamiento y soledad en el espacio del hogar y contar con un espacio social para hablar, compartir tristezas y alegrías, contar sus problemas y recibir apoyo.

---

[5] Para más detalle sobre estas asociaciones, consultar Wanderley (2014b).

La producción asociada además les permite la continuidad de relaciones de trabajo y formas de vida que conocen y valoran. El control del proceso de producción, los acuerdos mutuos de respeto, la distribución de responsabilidades y de los ingresos, son parte de una forma de organización del trabajo muy apreciada. Son recurrentes las experiencias en otras "asociaciones" o en micro/pequeña empresa donde su trabajo no era adecuadamente remunerado y donde la relación de autoridad les oprimía y desvalorizaba su trabajo.

Ellas consideran que la asociación es un espacio de aprendizaje integral y constante a través de apoyos brindados por otras asociaciones e instituciones. Relatan que la asociación les facilitó el acceso a cursos de formación y capacitación en diversas áreas, y abrió la posibilidad de aprender sobre sus derechos y perfeccionar conocimientos técnicos y de mercadeo. La mayoría de las mujeres pasaron cursos de capacitación y formación con el apoyo de ONGs, la alcaldía, prefectura e instancias del gobierno central. Entienden que la asociación les brindó la oportunidad de desarrollar nuevas habilidades, como expresarse mejor, perder el miedo de hablar, conocer nuevas instancias y perfeccionarse técnicamente.

Para las mujeres migrantes de primera generación, la participación en este tipo de asociación también les permite la integración al nuevo espacio urbano, la generación de una comunidad entre iguales, que les otorga pertenencia y les facilita una red de relaciones con otras asociaciones e instituciones. De este modo, la asociación se convierte en un medio para fortalecer las redes de relaciones personales entre mujeres productoras, a la vez que les permite expandir los contactos externos con instituciones y organizaciones públicas, privadas, no gubernamentales y otras asociaciones de productores. La participación en la asociación significa, por lo tanto, el acceso a nuevos recursos materiales (monetarios) y no materiales (conocimientos, habilidades y destrezas) y la ampliación de los espacios de circulación social y física en las ciudades.

La red externa de las asociaciones incluye varias instituciones gubernamentales (nacional y subnacionales), no gubernamentales e instituciones privadas. Los principales contactos de las asociaciones estudiadas son con ONGs, parroquias eclesiásticas y otras asociaciones de productoras. Las alcaldías y prefecturas fueron mencionadas principalmente por la promoción de ferias, de cursos de capacitación y formación y, en último lugar, para el acceso a crédito.

Sobresale la importancia de las parroquias eclesiásticas en la formación de las asociaciones y en la oferta de cursos de capacitación en la ciudad de El Alto. Muchas de las asociaciones se fortalecen con el apoyo de Iglesias que abren cursos de capacitación en los barrios de esta ciudad. Estos cursos permiten la aproximación de vecinas, su familiarización y la generación de confianza mutua. Sin embargo, estos refuerzan la naturalización de las relaciones desiguales entre hombres y mujeres.

Pese a que la mayoría de las entrevistadas encuentran que sus vidas mejoraron en relación a las vivencias de sus padres, se observa un alto grado de vulnerabilidad para enfrentar situaciones de riesgo como la subida de precios, la pérdida de empleo, accidentes, enfermedades y muerte. En situaciones de enfermedad o accidente estas trabajadoras acuden, principalmente, a la medicina natural y a los servicios de curanderos debido al fácil acceso y costos reducidos. Cuando la situación es grave y la visita a un médico o la internación en el hospital o clínica son ineludibles, estas familias enfrentan momentos de gran angustia y sufrimiento frente a las cuentas de hospitales y la necesidad de comprar medicinas. En general, ellas dependen de la ayuda de familiares y de vecinos/amigas, así como de la colaboración de las clínicas y hospitales para bajar las deudas.

En situaciones de muerte, las redes de relaciones personales son también importantes, específicamente el apoyo de las familias, vecinos, amigos y compañeras de la asociación para pagar los gastos del entierro. La iglesia surge como una organización accesible para apoyarlas en estas situaciones. La situación de vejez es, una vez más, enfrentada con el apoyo de la familia y con recursos propios dado que muy pocas cuentan con seguridad social de largo plazo (acceden vía el empleo formal del esposo). Por lo que las personas en la tercera edad se ven obligadas a seguir desarrollando actividades de generación de ingreso.

Como se puede ver, la familia y las redes de relaciones personales son la esfera principal de la provisión de servicios y bienes de primera necesidad en la vida cotidiana y en situaciones de crisis. Es en esta esfera que funcionan la solidaridad de proximidad y el intercambio no monetizado y es, también, el principal espacio de préstamo de dinero para solventar gastos corrientes o excepcionales.

Sin embargo, esta solidaridad de proximidad más allá del circulo familiar funciona principalmente para emergencias. En los casos de enfermedades crónicas que requieren atención continua y de mediano y largo plazo como, por ejemplo, cáncer, enfermedades pulmonares y otras asociadas a la vejez, estas mujeres no pueden apoyarse sobre la solidaridad de proximidad y al no contar con seguros de salud simplemente no tienen ningún tipo de atención. No es exagerado afirmar que estas mujeres que despliegan iniciativas de ayuda mutua y de cooperación en redes sociales con limitado acceso a recursos no tienen derecho a enfermarse y a envejecer. En ambos casos, ellas se encuentran en una situación de total desprotección.

Una de las estrategias centrales para garantizar la provisión de alimentos en el hogar de las mujeres que generan sus propias fuentes de ingreso es la manutención de chacras en sus comunidades y la cría de animales tanto en la ciudad como en el campo. Ellas viajan periódicamente para sembrar y cosechar y, con esto, garantizan la provisión de chuño y papa en el hogar que, en los momentos de escasez de ingresos, se convierten en la base alimentaria de la familia.

Las redes familiares y de vecindad también son importantes para la provisión de alimentos cuando los ingresos no alcanzan. El préstamo de plata o productos de los padres, madres, tíos, sobrinos, suegros, primos, vecinos o de la tienda, es una práctica continua. El ahorro en los periodos de mayor ingreso es otra estrategia para solventar los períodos de escasez. La diversificación de actividades es otra maniobra importante, principalmente para las mujeres que no logran sostener las ventas de sus productos a lo largo del año.

Esta estrategia de diversificación de actividades requiere un enorme despliegue de energía física, emocional y psicológica debido a la continua incertidumbre cotidiana sobre la reproducción de sus hogares. Además, no les permite superar la situación de precariedad y pobreza en que ellas están y en la mayoría de los casos tampoco de sus hijos e hijas. Lo que queremos enfatizar en este análisis es la importancia de comprender las prácticas de solidaridad de proximidad en el marco más amplio de la reproducción de las desigualdades sociales, económicas y políticas.

En relación a la reproducción de las desigualdades entre generaciones, es importante mencionar la presión que viven las mujeres para solventar los gastos relacionados a la educación de los hijos·as. Pese a que la mayoría tienen hijos·as en escuelas públicas, su permanencia requiere de recursos propios para la compra de material y vestimenta, el pago de celebraciones o eventos, así como de los recreos y el transporte. Ellas indican que la política de transferencia monetaria a los estudiantes del nivel primario (Bono Juancito Pinto) es un apoyo importante en sus presupuestos.

La ausencia de medidas de seguridad laboral es común entre las asociaciones estudiadas. En el caso específico de la producción de prendas en lana de alpaca, se advierten problemas de salud ocasionados por la ausencia de mascarilla para prevenir la inhalación de los polvos de la lana. Algunas asociaciones manifestaron la necesidad de implementar medidas de seguridad laboral y que para esto requieren, en primer lugar, infraestructura adecuada, capacitación sobre estas medidas y, finalmente, recursos para implementarlas.

Como se mencionó anteriormente, la mayoría de las productoras no cuentan con ningún tipo de seguro social propio de salud o de vejez. La posibilidad de contar con el apoyo de las asociadas se convierte en una modalidad parcial de protección social dado que la ayuda de sus compañeras es limitada. Estos testimonios indican la importancia de políticas sociales (solidaridad sistémica) en complementación con la solidaridad de proximidad para una transformación estructural de la situación de precariedad y vulnerabilidad de las mujeres.

Otro aspecto importante se refiere a la emancipación de las mujeres de las relaciones de subordinación en el ámbito privado y público. Pese a que el trabajo remunerado de la mayoría de las mujeres es vital para la sostenibilidad de las familias, ellas no reconocen su rol de proveedoras de recursos externos al hogar identificando sus ingresos como "ayuda" a los esposos. La participación en actividades remuneradas no cambia su identidad y tampoco es suficiente para promover cambios en la división del trabajo al interior de las familias.

Se confirma que la división tradicional de roles, donde el varón es el proveedor financiero y la esposa la proveedora de cuidado, está muy arraigada incluso cuando en realidad las mujeres asumen ambas responsabilidades y trabajos. Para la mayoría de las entrevistadas, mujeres aymaras y quechuas, la responsabilidad del cuidado al interior de la familia es parte de la condición natural de ser mujer y su participación en la provisión de recursos monetarios para la familia sólo se justifica como ayuda al esposo o como obligación en caso de su ausencia.

También es muy frecuente la práctica de violencia física, emocional y psicológica intra y extrafamiliar en la sociedad boliviana. El feminicidio es un problema público de primer orden en la sociedad boliviana al inicio del siglo XXI. Pese a las normativas progresistas a favor de la equidad de género y de los derechos civiles, políticos y sociales de las mujeres promulgadas en las últimas décadas, este es un problema que no se ha podido superar. No menos importante es la dificultad de ampliar la participación de las mujeres en los cargos representativos de las organizaciones mixtas así como la priorización de las demandas de las mujeres en los pliegos petitorios presentados al gobierno. La cultura patriarcal y las prácticas de subordinación y vulneración de derechos son temas centrales en todas las esferas sociales y económicas de las sociedades latinoamericanas y, en específico, en la economía popular.

Estas evidencias empíricas nos permiten comprender que la naturalización del cuidado y de la solidaridad de proximidad, como inherentes a la condición femenina en el seno de las familias, las comunidades y la economía popular, está en la base de la reproducción de las desigualdades y relaciones de poder entre hombres y mujeres, y entre mujeres de diferentes clases sociales. Además, corrobora las conclusiones de los estudios feministas de que las diferencias socioeconómicas no permiten a todas las familias cuidar a sus dependientes como desearían. Esto constituye un mecanismo fundamental de reproducción de las desigualdades socioeconómicas entre generaciones. Las familias de estratos altos tienen alternativas para conciliar la vida laboral y familiar mediante, por ejemplo, la compra del servicio de cuidado, ya sea el servicio de la trabajadora del hogar o sea servicios institucionalizados de cuidado infantil o de servicios extraescolares. Mientras, la mayoría de familias de estratos de bajos ingresos y que están insertas en la economía popular no pueden comprar esos servicios y tampoco cuentan con servicios públicos accesibles y de calidad para el cuidado de sus hijos e hijas.

En otras palabras, la ausencia de corresponsabilidad en el cuidado, entre familia, sociedad y Estado a través de políticas sociales (solidaridad sistémica), tiene resultados inequitativos al no apoyar a las familias más pobres para garantizar que sus hijos e hijas estén bien cuidados mientras desarrollan sus actividades extra-familiares como trabajos remunerados, formación y participación pública.

La tensión entre cuidado y trabajo remunerado deriva, además, en que muchas familias no tengan otra salida que delegar las responsabilidades de cuidado a los propios niños, niñas y adolescentes. Arreglos precarios de cuidado y protección que someten a la mayoría de niños, niñas y adolescentes a una mayor exposición a riesgos de todo tipo, incluidas actividades delictivas, consumo de drogas, ingreso temprano al mercado laboral en detrimento de su educación, inseguridad física y emocional – como la violencia sexual intra y extrafamiliar – además de problemas de salud por su presencia en espacios públicos inadecuados. Otros riesgos son también las deficiencias nutricionales, de estímulos cognitivos, físicos y sociales, embarazo adolescente y abandono familiar, que podrían ser prevenidos con servicios públicos brindados en centros de atención infantil o de actividades extraescolares complementarias a la escuela.[6]

Las cuestiones concretas que derivan de esta reflexión académica y política y que plantean las feministas y los estudios de género son : ¿Quiénes deben responsabilizarse de la provisión del cuidado a las personas dependientes – especialmente niños, niñas y adolescentes – frente a los cambios que están viviendo las familias, los mercados de trabajo y la sociedad en conjunto ? ¿Cómo superar la organización mercantilista y familista del cuidado para evitar los vacíos o desigualdades de resguardo y protección entre los y las ciudadanas ? ¿Cómo distribuir las responsabilidades y el trabajo de cuidado y protección social para no generar desigualdades de género y generacionales ? Y, dado que esta problemática se encuentra en el corazón de una conceptualización amplia de la economía y el trabajo ¿qué relación tienen la división del trabajo y las relaciones de dominación entre hombres y mujeres con el movimiento político de la economía solidaria ?

La respuesta dada por las feministas no admite dudas : la responsabilidad del cuidado debe ser compartida entre Estado, sociedad y familias. Si bien las familias y las comunidades seguirán siendo el núcleo primario del cuidado, este núcleo debe contar con condiciones y apoyos de servicios públicos o públicos-privados accesibles y de calidad para realizar el trabajo de cuidado y protección a los niños, niñas y adolescentes. Solo de este modo se puede garantizar que ciudadanos y ciudadanas ejerzan su derecho al cuidado y protección sin distinciones de condición socioeconómica, étnica o genera-

[6] Para más detalle sobre la discusión del cuidado como derecho social en Bolivia, consultar Salazar *et al.* (2012) y Salazar (2011).

cional y/o de su capacidad de compra de estos servicios en el mercado. Esto es, el movimiento feminista insiste en la importancia de la solidaridad sistémica en articulación con la solidaridad de proximidad para la emancipación de las mujeres.

La anterior reflexión fundamenta el concepto de cuidado como un derecho social que debe ser reconocido, nombrado y explicitado para poder transformar las condiciones institucionales y sociales actualmente vigentes, de cara al efectivo ejercicio de los derechos humanos y ciudadanos ya establecidos (a la educación, la salud, nutrición, al trabajo, a la igualdad, a la protección e integridad física, emocional y psicológica). Ello exige ir más allá de políticas sociales segmentadas y avanzar hacia políticas integrales para enfrentar los problemas de discriminación, a la vez que de desigualdad social y pobreza.

Este concepto de cuidado articula los derechos de la infancia con los de las mujeres para poder replantear las políticas de bienestar social en el siglo XXI bajo principios de solidaridad, justicia, cooperación y equidad. La noción de solidaridad parte del importante papel del Estado como proveedor de bienestar social a todos ciudadanos y ciudadanas, y es una noción que resurge como valor central en la constitución de nuevos ordenes sociales que garanticen una coexistencia horizontal y equitativa entre seres humanos y entre estos y la naturaleza. Además de posibilitar la superación de las injusticias que pesan sobre las mujeres y la infancia, mediante la reconfiguración de un sistema de bienestar que articule los principios señalados en el diseño y gestión de las políticas públicas en las sociedades que todavía no disponen del mismo, el cuidado abre también un nuevo campo al trabajo, a la "otra economía" que tiene en la solidaridad un valor central para su organización.

Consideraciones finales : feminismo y economía solidaria

El movimiento feminista se articula con el movimiento de economía solidaria estableciendo diferentes niveles de desafíos para unos y para otros. Desde el feminismo está el desafío de articular las luchas por la superación del sistema patriarcal con las luchas de los movimientos sociales indigenistas, clasistas, biopolíticos de la sexualidad y, a la vez, con luchas más amplias, como las ambientalistas, antiglobalización y anticapitalistas ; que incluyen – estas últimas al menos – la búsqueda y/o fortalecimiento de "otra economía" que, hoy por hoy, enrola a una mayoría de mujeres. También está la propuesta de repensar las alternativas de políticas sociales (solidaridad sistémica) que efectivamente incorporen las potencialidades de la solidaridad de proximidad presentes en la sociedad para generar protección y bienestar social.

Desde la economía solidaria está la problematización de la insuficiencia de las propuestas para desmercantilizar; es decir, disminuir el rol del mercado en la protección social para promover equidad de género; si estas no están acompañadas de propuestas de desfamiliarización de las responsabilidades reproductivas y de cuidado. En otras palabras, la inclusión del objetivo de desnaturalización – vía la democratización – de la división sexual del trabajo en la esfera reproductiva y productiva es central para prevenir los efectos negativos, directos e indirectos, sobre las mujeres que pueden tener tanto posiciones conservadoras como posiciones políticas progresistas. Al mismo tiempo, es también central para avanzar en los cimientos de organización de "otra economía".

Esto nos lleva al desafío de articular la organización de la solidaridad sistémica y de proximidad desde el prisma de la equidad de género. Esto pasa por la incorporación del análisis de las asimetrías de género y generacional al interior de la economía popular; postura que demanda considerar las relaciones de poder entre los individuos que componen las familias, las comunidades y las asociaciones que buscan transitar hacia la economía solidaria.

Para esto, es fundamental abandonar el supuesto de que la economía popular conlleva necesariamente vínculos de reciprocidad a todos los niveles. La construcción de asociación, de complementariedades, de cooperación activa y directa entre personas y actividades económicas en relaciones horizontales, equitativas e inclusivas consiste de problemas teóricos y empíricos complejos. Son muchas las evidencias de la presencia de mecanismos asimétricos de asignación de recursos, responsabilidades y trabajo entre los individuos al interior de las organizaciones económicas y sociales. Estas situaciones generan relaciones desiguales de poder y de dominación de género e intragenéricas no democráticas. Este enfoque nos lleva a la necesidad de comprender el desafío político de transitar de economías populares a economías solidarias en que la equidad de género es un elemento central.

La crítica feminista alerta sobre los desafíos que enfrentan los movimientos de democratización de la economía y la sociedad para no reproducir el status quo del orden patriarcal de género. En ese propósito, es fundamental incluir la pluralidad de principios económicos inherentes a la producción y distribución de bienes y servicios – mercantil y no mercantil, familista y estatista, individualista y asociacionista, egoísta y solidaria – para visualizar la diversidad de contradicciones y relaciones de poder vigentes en todos los tejidos socioeconómicos.

Ese alcance involucra también la tensión entre la lucha por el ejercicio pleno de los derechos individuales de las mujeres y la lucha por los derechos colectivos de los pueblos y comunidades indígenas cuyas prácticas y costumbres no están exentas de relaciones de poder, desigualdad y discriminación contra las mujeres. Tensión que se expresa principalmente en Bolivia,

Ecuador y Guatemala donde la aproximación entre feminismo y movimiento indígena desafía las prácticas patriarcales naturalizadas al interior de este último.

Bibliografía

Anderson, J. 1991. El sueño de la casa sin cocina. En *Una Nueva lectura : género en el desarrollo*. V. Guzmán, P. Portocarrero y V. Vargas (Ed.). 273-302. Lima : Entre Mujeres.

Arriagada, I. 1990. Participación desigual de la mujer en el mundo del trabajo. *Revista de la CEPAL*. 40 : 87-104.

Becker, G. S. 1991. *A Treatise on the Family*. Cambridge, MA : Harvard University Press.

Benería, L. y M. Roldán. 1987. *The Crossroads of Class and Gender : Industrial Homework, Subcontracting, and Household Dynamics in Mexico City*. Women in Culture and Society. Chicago/Londres : University of Chicago Press.

Borderías, C., C. Carrasco, y C. Alemany (Eds.). 1994. *Las mujeres y el trabajo : rupturas conceptuales*. Economía crítica. Barcelona : ICARIA.

Coraggio, J. L. 2009. Economia do Trabalho. En *Diccionario Internacional de Outra Economia*. A. D. Cattani, J.-L. Laville, L. I. Gaiger, y P. Hespanha (Eds.). Coimbra : Edições Almedina S.A.

Farah, I. 2002. *Familias bolivianas y trabajo de hombres y mujeres*. La Paz : CIDES-UMSA/INE.

Hillenkamp, I. 2009. Formes d'intégration de l'économie dans les démocraties de marché : une théorie substantive à partir de l'étude du mouvement d'économie solidaire dans la ville d'El Alto (Bolivie). Tesis de doctorado. Ginebra : Graduate Institute of International and Development Studies.

Laville, J.-L. 2004. El marco conceptual de la economía solidaria. En *Economia social y solidaria. Una vision europea*. J.-L. Laville (Ed.). 207-36 (1-25). Buenos Aires : Editorial Altamira.

——. 2009. *Crisis capitalista y economía solidaria*. Barcelona : Icaria.

Mauss, M. 1954. *The Gift : Forms and Functions of Exchange in Archaic Societies*. North library. New York : W.W. Norton.

Polanyi, K. 2003. *La Gran Transformación. Los orígenes políticos y económicos de nuestro tiempo*. Buenos Aires : Fondo de cultura económica.

Razeto, L. 1996. *Los caminos de la economía de solidaridad*. Buenos Aires : Lumen-Humanitas.

Salazar, C. 2011. Ética del cuidado y desarrollo para todos : desafíos desde la diferencia. En *El desarrollo en cuestión. Reflexiones desde América Latina*. F. Wanderley (Ed.). La Paz : CIDES-UMSA.

Salazar, C., F. Sostre, F. Wanderley, y I. Farah. 2012. *Hacia una política municipal de cuidado – integrando los derechos de las mujeres y la infancia*. La Paz : CIDES-UMSA/Oxfam.

Santos, B. de S. (Ed.). 2011. *Producir para vivir. Los caminos de la producción no capitalista*. México : Fondo de Cultura Económica.

Wanderley, F. 1995. *Discriminación ocupacional y de ingreso por género*. La Paz : Subsecretaría de Asuntos de Género.

—. 2003. *Trabajo no mercantil e inserción laboral : un abordaje de género desde los hogares*. La Paz : CIDES-UMSA.

—. 2014a. Mercado, solidaridad y democracia : modelos alternativos de desarrollo. En *Guía sobre postdesarrollo y nuevos horizontes utópicos*. P. H. Martins, M. de Araújo Silva, É. Lira de Souza, y B. Freire Lira. Buenos Aires : Estudios Sociológicos Editora.

—. 2014b. El autoempleo y la asociatividad en Bolivia. Vías asociativas para la inserción laboral de mujeres en el area urbana. *Revista de economía solidaria*. 7: 65-99.

Exploring conceptions of the social and solidarity economy: informal financial groups in Kenya

Susan Johnson

Introduction

While the term social and solidarity economy (SSE) is now increasingly used, definitions present a spectrum of conceptualisations. These range from those that describe and seek to understand the social dimensions of collective economic activity as non-market activity to those that examine how forms of collective action are a response to the rise of capitalism involving transformations that seek to "resist the growing commodification of social life" (Laville 2010a, 81). This latter definition suggests a notion of economic democratisation as a counter-movement (in the Polanyian sense) re-embedding the economy through a political principle. This implies a degree of agency and political intention in the development of these responses which also therefore poses particular challenges for the processes through which equitable gender relations are worked out both within the forms of solidarity economy and the processes through which they are transformed.

These perspectives on solidarity raise questions as to the actual nature of mutualistic organisational forms of economic action in developing countries which have strong social elements and how they are to be understood and ultimately theorised. This requires a dedicated enquiry into their forms and

Johnson, S. 2015. Exploring conceptions of the social and solidarity economy: informal financial groups in Kenya. In *« Homo œconomicus, mulier solidaria. » Une économie solidaire peut-elle être féministe ?* (Dir.) C. Verschuur, I. Guérin et I. Hillenkamp. 95-122. Paris: L'Harmattan, collection Genre et développement. Rencontres.

practices. Most recently the literature on SSE has referred to community-based savings groups as a space which allows for financial intermediation in an alternative frame outside of the mainstream capitalist financial system (UNRISD 2013). This paper therefore examines the case of informal groups in Kenya in order to evaluate how they relate to conceptions of SSE and its gender dimensions. Informal groups are probably the most prevalent form of collective economic activity in Kenya, with 34 % of women and 21 % of men belonging to them (FSD Kenya and Central Bank of Kenya 2013). While NGOs do promote and support them, it is the broad swathe of self-organised groups which is the focus here.

The paper therefore addresses the following questions: first, how does the form and nature of informal financial groups in Kenya correspond to the range of definitions of social and solidarity economy that have been proposed? Second, how can their actual nature be explained? Third, what does an analysis of them contribute to our understanding of the SSE and its gender relations?

The paper proceeds as follows. I first review conceptions of the SSE, and its relationship to the informal economy, also raising key points on the discussion of gender relations within it. Second, I present an overview of literature and evidence on informal financial groups in Kenya. Third, I then assess solidarity in these groups by examining this evidence with respect to the definitions of SSE previously reviewed. This assessment suggests that these groups present little in the way of solidaristic activity that can be viewed as a re-regulation of the economy through democratic principles. However, this approach neglects a perspective on their activity within the wider social, economic and political context. I therefore then present this context in order to re-evaluate their role. I conclude that this enables an understanding of their pro-social nature within the challenging context of a wider moral political economy which involves corruption, malpractice, and opportunism.

Conceptions of social and solidarity economy and the informal sector

Conceptions of SSE are many. Here I do not seek to review the extensive variety of definitions or to critique them in terms of their definitional usefulness but to give an idea of the range, in particular with respect to the issue of the nature of solidaristic activity. This is particularly important in order to use them as a basis for discussing the nature of informal financial groups in Kenya.

Many definitions seek to establish the principles on which SSE activity is based. The SSE Reader suggests that SSE entities have an objective of producing goods and services though not with the primary objective of maximising profits even though surplus is an essential feature of sustainability (Fonteneau *et al.* 2011, 7-8). Common operating principles of the SSE are then: first, democratic and participatory leadership. Second is solidarity and innovation in which operating methods are based on the solidarity principle aiming to include rather than exclude with goals that are not limited to accumulating capital or generating profits but include using resources to achieve objectives that will benefit the initiators as well as the workers and the users/beneficiaries involved, this in turn allowing for constant adaptation to respond to needs of users. Third is voluntary involvement and autonomy of the individual. Fourth is a collective dimension in which it operates to meet members' own needs or those of others.

In this quite broad definition solidarity appears to involve a more social than political dynamic. By contrast Dacheux and Goujon (2011) bring out a more political dimension. Principles that they cite arising from discussion in "Globalisation of Solidarity" meetings are – similarly to the above – the link between productive activity and social needs rather than profitability; and the role of participation (both men and women) in the production of goods and services. But going beyond these, this approach highlights the building of local national and international social networks based on consensus and co-operation, and working towards the democratic regulation of economic activity. This then takes us into the wider view of its political dimension. It identifies going beyond separate activities to a wider movement and identifies the joint agenda of such action as being the re-regulation of the economy – the re-embedding of the economy in the political principle of democracy and the way in which this results in particular character of regulation of the economy. The elements of an enterprise that are seen as underpinning these principles are: the indivisible collective ownership of property; the distribution of wealth to meet the needs of people rather than capital; freedom of association and democratic management and, finally, autonomous decision making and management in relation to the state. These elements do not however identify or go beyond the individual enterprise to the nature of the politics and re-embedding, that is, whether such re-regulation is the result solely of the immanent process of solidaristic enterprise and its networking, or of a policy project of change generated by the collective action of these organisations themselves to affect an alternative regulatory structure of the economy as a whole.

Moulaert and Ailenei (2005) on the other hand also pursue a more empirical and context specific approach suggesting that there is no specific definition but a family of hybrids which are sited between market, state and civil society. In this case the phenomenon under scrutiny must be analysed within the context of specific forms of capitalist development and interpreted within their own social, economic and political contexts. "Social economy develops as a permanent stream of inventions of various social mechanisms, mixing market exchange, state intervention, collective civil sector organisation based on social movements driven by solidarity and reciprocity" (Moulaert and Ailenei 2005, 2049). This allows for a much more nuanced analysis which suspends an externally imposed vision and instead requires analysis of the ways in which the organisations and forms that manifest themselves may be in their own terms responding to local dynamics.

Laville (2010a; 2010b) takes a Polanyian approach which recognises the plural dimensions of economic activity as not just based in the market principle, but also in redistribution and reciprocity. This allows for empirical enquiry and an inductive approach into the way in which these principles have combined in actually existing economies across space and time. It also engages the political dynamic through the relationship between these initiatives and public authority in terms of both non-institutional politics – the freedom for action –, and institutional politics – how power is exercised.

This context specificity is particularly important for the analysis of social and solidarity activity in developing countries where the informal sector is a major part of the economy as a whole and in particular of poor people's economic activity. Informality raises particular issues for SSE analysis as solidarity within the informal sector is frequently a "reaction against specific risks and based on the possibility of developing relations of mutual aid at family and community levels, within informal organisations and sometimes in relation with governmental policies or support provided by NGOs" (Hillenkamp, Lapeyre and Lemaître 2013, 11). As Favreau (2000, 184) points out, the "informal sector is not a real development mechanism. It is mainly a survival mechanism". By contrast he also suggests the intentional nature of social economy as a "definite development strategy rooted within a long term development project and in which stakeholders become fully conscious participants" noting that in the South this is mainly due to development NGOs. This seems to raise a new set of questions – especially in the context of African development with the extensive role of NGOs (many of whom originate externally) – as to the underlying intentionality involved, its nature and origin and how the role of the mutualistic forms of economic organisation that are present may be understood.

Rather more critically, Hillenkamp, Lapeyre and Lemaître's (2013) neo-Polanyian approach brings a vital focus on the analysis of power with a concern for the way it is patterned through embedded social and cultural rules and norms. This they argue requires a focus on interdependencies between human beings and with the environment such that a neo-Polanyian framework "should carefully distinguish between different types of interdependence from the point of view of domination and emancipation" (Hillenkamp, Lapeyre and Lemaître 2013, 11), since power dynamics in these forms can be hierarchical and exclusionary in a multitude of ways.

Feminist economists have long pointed out the way in which such power relations and social and cultural norms discriminate against women and position them in the economy. Its agenda is to make women's contributions visible and valued recognising that mainstream economics fails to do this. It analyses extensively the causes of these invisibilities and seeks approaches which validate women's work, especially in the reproductive sphere. However, Guérin and Nobre (2014) point out that solidarity economy approaches have largely failed to recognise these dimensions. Even within Polanyian analysis, reciprocity is favoured rather than the householding dimension which is rarely engaged with. They argue that solidarity economy has the potential to first, help to redefine the productive and reproductive spheres citing how local feminisms see the reproductive sphere as a development resource in terms of its potential for emancipation and development. Second, they point out that the debates within feminist movements often see local action as insufficiently radical or transformatory, and failing to adequately engage with strategic interests (Molyneux 1985), while local feminist initiatives strive to emphasise the importance of operating within context and may resist in more subtle ways. Third, the means through which organising and action takes place frequently involves action which links the reproductive sphere to political struggle, for example, through demonstrations about food prices. But they point out the constraints of these engagements and the time they take to develop, their risks of reinforcing gender inequalities due to their interaction with class, caste and so on; in their attempts to reappropriate means of production; and in being appropriated by interventions of larger organisations, networks and so on. This recognition of the complex and potentially contradictory nature of feminist solidaristic activity raises specific questions for feminist analysis of the solidarity economy regarding how reproduction is made visible; what are the dynamics of local feminisms involved and what are the risks faced.

As this brief overview shows, there are core elements that definitions of social and solidarity economy contain regarding the motivation to serve members and needs rather than generate profit, the nature of participation, and the degree of autonomy and voluntaristic involvement. However, such lists of principles do not adequately capture a deeper discussion of the nature of the transformatory intention that such initiatives might have in relation to a wider political landscape. The idea of a plural economy (Laville 2010a) seeks to address this in a deeper way and to recognise the multiple dimensions of economy. It recognises what exists rather than an abstract and ideal definition and also enables the question of the political dynamic of their engagement in non-institutional or institutional politics to be raised.

The discussion of solidarity economy is clearly seen as particularly problematic by some authors in relation to the nature of mutual aid and co-operation within the informal economy. This seems to itself run counter to the idea of the plural economy. In this context, survival and risk management as a motivation for solidarity is not seen as enough and lacks the intentionality of wider development or transformation.

Context and Methodology

In this paper, I use the term informal financial groups to refer primarily to two basic forms of financial organisation. Rotating Savings and Credit Associations (ROSCAs) are groups in which funds are pooled and given to members on a periodic basis (eg daily, weekly, monthly, etc.) until all the members have received a payout. In this form, funds are not accumulated in a central pot. In Kenya, these are often referred to by the English term "merry-go-round". A further version is the Accumulating Savings and Credit Associations (ASCAs) which involve a central pot of funds and is an informal and small-scale version of a savings and credit co-operative in which members borrow from the pot at interest and the pot grows as a result and dividends may be paid. While laying out these two basic forms, the variations are many and varied as they are used to flexibly respond to different purposes and needs (Malkamaki 2011). ROSCAs may co-exist in the same groups as ASCAs and may also go as far as having an investment function in which funds are jointly collected and allocated to a particular investment purpose. Group assets may simply consist of chairs or tents which are hired out for events such as weddings and funerals; or may go as far as buying company shares on the stock market or collective land acquisition – an issue I will discuss further below. A further type of group is the welfare group, which makes a payout in cases of severe illness or death. These groups are not included in the core of the analysis, but ROSCAs and ASCAs usually also have a welfare dimension to their operation.

Groups were promoted by the British Colonial government from the 1930s and more broadly have become the subject of some enchantment in the wide anthropological literature, both in Kenya and across the developing world (Ardener and Burman 1995). Their widespread presence also fuelled the development of the microcredit movement, which saw them as a community foundation for group-based microfinance schemes. However, the mainstream micro-credit model has largely moved away from seeking to lend to them as autonomous entities, rather using groups as a means to cost-effectively access individuals and seek peer lending guarantees. Even the more recent approach of promoting savings groups funded by internal rather than external funds[1] does not necessarily seek out indigenous groups as a starting point, often preferring to start new groups that may find it easier to adopt a pre-determined methodology.

1 See www.savings-revolution.org.

This paper is based on both secondary and primary data. Secondary material encompasses the wide range of studies in economics and anthropology of informal groups since colonial anthropological studies of the 1920s and 1930s and extending to recent national surveys of their prevalence. It is also based on the author's own extensive primary research on these groups, in Kenya, over 15 years, in the context of wider research into the development of the financial sector.[2] This research has gone beyond a focus on micro-credit driven largely by NGOs and the now commercial microfinance institution sector to examine the whole range of financial services in use, and has therefore not been linked to any particular NGO or micro-credit scheme. Since this extensive primary research involving hundreds of in-depth interviews has been primarily focussed on rural and low-income people, this material has been supplemented by a small number of focused in-depth interviews using a convenience sample in order to give insight into a middle-class perspective of professional and urban Kenyans.

The paper focuses on the financial dimension of the groups, even though these may co-exist with a range of other development activities in the form of self-help group activities, because groups that have finance at their heart are extremely widespread. These interviews have not therefore systematically enquired into a wider range of self-help group activity undertaken for community development and organisation.

The next sections therefore first, use evidence from national surveys and this extensive primary research to describe the motivations for people's engagement in these groups, along with evidence of their dynamics and their visions for the future. It also discusses the underlying features and dynamics of gender-based solidarity that they involve.

Informal financial groups in Kenya

Historical context

Financial groups have their social and economic origins in patrilocal marriage and the gender division of labour. Women worked jointly on each other's farms in turn using them to set up a basic system of reciprocal working. With gendered patterns of labour migration arising under colonial policies, in which women were left on the farm, the colonial government encouraged women to "hide" a little money out of what they were given by their

2 Some of this research has been funded by the Financial Sector Deepening Trust, Kenya, a multi-donor body concerned with increasing financial inclusion for poor and low-income people through all types of financial institutions and services.

husbands so that they would not be "short" in the house when the husband was away, as one elderly woman reported.

Anthropological sources offer evidence of the social and economic role that groups have played in Kenyan society in the past. There is extensive evidence of the role of work groups of either sex involved in agricultural and other tasks in the central highlands (Fisher 1954; Stamp 1975). Stamp also notes the existence of women's lodges, involving an age-grade system which gave women power "apart from" men rather than over men, and Robertson argues that their functions both legitimised and perpetuated patriarchal values while also defining a women's sphere and forbidding male entry (Robertson 1997, 243). But in reviewing changing patterns of women's collective action over 70 years, Robertson argues that these groups have moved away from the role of "producing properly socialized adults to a more class-based women's solidarity involved with promoting women's economic activities" (Robertson 1997, 240). It was after independence that ROSCAs clearly became one of the activities of these groups and in the 1970s and 1980s that women's groups expanded hugely. This expansion was in part spurred by the broader ideology and practice of *Harambee* (Kiswahili for "pulling together") promoted by the government and often supported by donors (Mwaniki 1986; Udvardy 1998). These groups undertook a wide range of activities: joint farming, or joint selling of their labour in agriculture; water projects; accumulation of funds to buy land for cultivation or building; setting up their own cooperatives and so on. Savings funds and ROSCA activities were often a core activity or necessary feature to enable the projects to take place (Maas 1986; Nelson 1995; Robertson 1997).

Contemporary use and dynamics

Recent national surveys of financial service use have captured the extensive use of these groups. As table 1 shows, some 24% of the adult population were using either a ROSCA or an ASCA in 2013. Women are the predominant users of ROSCAs while the proportion of men using them appears to have dropped. ROSCAs are both an urban and rural phenomenon. For ASCAs the proportions are similarly biased towards women, and again they appear to be both rural and urban though with some rise in the urban figure since 2006.

Table 1 also charts the substantial increase in the use of banks during the period since 2006, and the rapid rise of the mobile phone based money transfer service, but also shows how informal group use has remained strong[3] in the face of these changes suggesting that they have an enduring attraction.

[3] The drop between 2009 and 2013 is likely exaggerated because the timing of the 2012/13 survey at the end of the year coincides with a time when many people finish their ROSCA

Regression analysis on socio-economic variables shows that women are significantly more likely to use ROSCAs than men and men are more likely to use bank accounts ((Johnson and Arnold 2012).

Table 1 : Informal group and formal financial service use in Kenya

Financial service % of adult pop (weighted)		FinAccess 2006 (n=4418)	FinAccess 2009 (n=6343)	FinAccess 2013 (n=5849)
Informal financial groups		**31.1**	**36.0**	**24.1**
ROSCA		**29.3**	**31.7**	**21.4**
	Women	36	39.6	27.9
	Men	22.2	14.8	14.5
	Rural	30.4	31.4	21.0
	Urban	26.2	32.7	22.1
ASCA		**5.7**	**8.0**	**5.8**
	Women	5.9	8.2	7.2
	Men	4.9	3.9	4.4
	Rural	6.1	8	5.5
	Urban	3.2	7.7	6.6
Bank		17.8	21.5	29.2
Mobile money transfer (registered users)		—	27.9	61.6

Source : FSD Kenya and Central Bank of Kenya, FinAccess surveys 2006, 2009, 2013.

Moreover 54 % of users of banks in the 2013 survey were also users of groups, showing how these are by no means mutually exclusively used. This points to one of the key motivations for belonging to groups, that is the ease of access to funds. Whereas getting a loan from a bank can be like trying to "milk an elephant" (Johnson 2004b ; 2013) the ease with which payouts are received from ROSCAs and loans from ASCAs makes them a ready source of finance. Even though the discipline of such groups is important and often lauded (Gugerty 2007), this frequently comes with extensive built-in flexibility in terms of access to liquidity – either for the need or emergency to be heard in the group and funds allocated accordingly or because the group gives access to others of similar status with whom side borrowing arrangements can be made. The groups therefore enable both men and women to turn small income streams into useful lump sums available when they need them. However their gendered use can also be explained through the differences in gendered incomes involved. Women

in November and resume in February. Since the questionnaire asks for "currently using" this has probably therefore resulted in significant under-reporting. It is notable that the figures for 2009 are rather high, but the ASCA figure for 2013 is close to the 2006 figure.

often receive very small but more regular incomes whereas men's participation in larger enterprises – both agricultural and off-farm – often lead to the demand for quite large loans for investment as well as lumpy income streams which are often seasonally co-variant. This in turn makes men's demands on group funds co-variant and these forms therefore more difficult to participate in (Johnson 2004a).

For women, access to funds through these groups enables them to accumulate funds to dress appropriately and to be able to provide utensils and household goods for the house ranging from cooking pots to bedsheets as these are their responsibility: "Men just need to see the woman in the house... so its upon her to get the way to dress and manage the house. Beyond this, the long history of women in business means that these also offer places to save and accumulate funds for women's businesses" (Robertson 1997).

However the social as well as economic dimension of gendered relations matters. As discussed above, women's groups have and still are a form of socialisation that can teach younger women to "become" women (Johnson 2004a), through the opportunity to ask for and receive advice and guidance from other older women. Whereas historically men lack norms of co-operation: "Helpful agemates become rival householders" (Lonsdale 1992, cited in Johnson 2004a). But in recent years men report how they recognise what women are achieving through belonging to these groups and feel they are losing out so are keen to join.

The difficult task for their members is to find a group that functions well over time. Their functioning has been over-idealised in some of the anthropological literature which has taken claims of no default at face value, failing to probe them further. Groups do fail as a result of non-payment, but research is often focused on those that have survived and hence by definition operate reasonably well. Deeper investigation has shown that the enduring nature of relationships means that default is only recognised when someone refuses to pay, not when they delay payment, even though this might be for a very long time, such that funds are effectively lost. Indeed the flexibility that is their strength is also one of their key weaknesses as it makes them open to internal power dynamics.

This means that the process of arriving at what might be claimed as fully democratic decisions is one that requires a process of "institutionalising suspicion" This phrase is taken from Ronald Dore's analysis of co-operatives (1971) cited in (Johnson and Sharma 2007): co-operatives are expected to work well because of the extent to which people know each other in a local context and have relationships of solidarity and co-operation. However, this traditional solidarity at the same time faces patterns of traditional authority, and while such societies may be cohesive they are not necessarily egalitarian. It is the tension between this solidarity and authority that lies at the heart of the problem. Attempts to strictly enforce the rules are likely to create discord while if the rules are overtly flouted then the organisation can no longer function. Groups cannot be expected to effortlessly be able to "institutionalise" the "modern" notions of accountability and transparency that are embedded in NGO training for example. For Dore, "the trick lies in retaining these elements [the sense of mutual trust between members and the sense of loyalty to the group] while at the same time introducing the rationalized accounting methods...[which allow] a strict apportionment of benefits to contributions and...the devices of institutionalised suspicion which prevent the abuse of leadership powers. The trick is an immensely difficult one..." (cited in Johnson and Sharma 2007, 58).

The idea of supporting group-run businesses or investments was very popular in development projects in the 1980s especially among women's groups (Mwaniki 1986). But joint projects are difficult to manage and require a lot of technical and organisational capacity and hence while groups may attempt them they frequently fail leaving the financial function to become the core activity. Indeed it is because of these difficulties and the attempt to give credit to develop such projects that credit came to be directed at individuals within groups in microfinance interventions rather than groups as collective entities. Joint projects are often now therefore those that require minimal joint organisation. An example is the purchase of tents and chairs which can be hired out to members or other community members for social functions, a business that requires no ongoing maintenance and very simple management. Even so, groups offer visions of the future in particular for accumulation and shared prosperity and in the last decade joint investments have become a mode of operation mainly among better off and more urban based groups. Two main investment functions are shares in the stock exchange – partly as a result of the very widely publicised sale of the government's stake in the telecoms operator Safaricom – and land purchase both for individuals to build homes on or simply as an appreciating asset in the context of high population growth and inflation. However, such investments are keenly recognised as being divisible amongst members.

I have mentioned above that ROSCA and ASCA groups frequently involve a social welfare dimension. These usually offer payouts in the case of serious illness, involving hospitalisation, and death. They operate with varying degrees of flexibility, for example, either on a pay as you go basis where individuals agree on a certain payment on each occasion and contribute at the time, or with contributions on a regular basis which is then used to pay out, often with predefined payout rates for members, their spouses and children. Among the self-employed in urban areas this support can go even further covering loss of earnings due to sickness or other hazards. For example, a small group of business women would contribute 500 Kenyan shilling day to a member if she was sick as she would otherwise not be able to cater for the needs of the family that day. Or a taxi driver whose group members would help him to get out of jail by helping to pay the fine if he were arrested for a traffic offence, with an interesting difference that, if it was the vehicle that was impounded, he would have to take a loan from the group to sort out the situation.

While this can be treated as an insurance function, this would be to overlook the importance of the social dynamics of the support that accompanies these functions. Apart from the financial component, group members attend funerals and provide moral support; they assist with weddings and other social events of their members either with labour or simply attendance. The social support of showing up is highly valued. Moreover, where these relationships are well developed and especially in smaller groups, fictive kin labels may be used to describe other members as eg. brother. In one example, the daughter of a member called her mother's fellow group member as "mum" due to the level of social connection established.

The role of advice and guidance from other members of the group is then also much valued and can be trusted as genuine, whether this is again to do with how to operate businesses or manage one's social relationships with family and friends. Psychological support is part of this with the sick or bereaved or those going through difficult times being visited and cared for. For urban dwellers these connections become intimate friends as the group coheres and develops its material as well as its social functions over time. It becomes a locally available source of social and psychological support in the absence of family locally and this was found to be the case for some men's groups as well as women's groups. There are also contrasts in how these work in terms of urban and rural dynamics and class. Urban groups of better off people have strong aspirations for collaboration and a vision of accumulation and are more able to articulate these aspirations in the mode of Appadurai's "capacity to aspire" (Appadurai 2004).

Assessing solidarity

With this overview we can return to the criteria in the section above to consider to what extent these groups fit the principles for social and solidaristic activity laid out.

Starting with the criteria of Fonteneau *et al.* (2011) first is the criteria of democratic and participatory leadership. The formal structures of power are avowedly democratic but nevertheless suffer the embedded and nuanced power relations of gender, age, social status, seniority and so on, which makes the "institutionalising (of) suspicion" an ongoing challenge. Involvement is voluntary although these embedded power dimensions frequently infuse how groups are formed. They operate independently of the state, other than the fact that many are registered with the Ministry of Social Services, as this is (i) needed if the group wishes to operate a bank account; (ii) aids their ability to either access support from the local government administration in the event of group conflicts, and (iii) enables them to access government or NGO support if the opportunity arises. In terms of their goals, it is certainly not limited to generating profit – although ASCAs offer a dividend on shares which is very much valued –, which is generated from members own interest payments, but the social welfare contributions certainly have no profit-making dimension to them. They clearly operate to support the needs of members though less frequently to serve the needs of others.

With respect to the principles of Dacheux and Goujon (2011), clearly their members are involved in the production of the services, and while some groups may perform a very basic and minimalist financial intermediation function, more often than not they are responding to social needs even if this is the minimal extent of re-allocating the payout to the person who is most in need of it at a particular time, but the above account shows how this activity goes beyond this. However, there is usually little attempt to build connections between groups (apart from where this is inspired and facilitated by a NGO) or participate in a wider platform, and it would be very hard to suggest that there was any conscious political project for economic democratisation or re-regulation involved here.

Further Dacheux and Goujon (2011) cite four principles underpinning the enterprise, first, the existence of indivisible property. This is the case where there are joint businesses, but as pointed out above these do not tend to be a norm due to the difficulties of collective operation and management. Where investments are made these are usually reasonably easily divisible and that is often the purpose – as is now frequently the case with shares or land purchase. However, while savings in ASCAs are frequently called "shares" and clearly identifiable in terms of ownership, it is important to note that in ROSCAs that "contributions" are made to the pot which have a greater sense of collective ownership (Johnson and Krijtenburg 2014; Shipton 2007), and this raises the issue of how ownership and property rights are understood across cultures.

Second, is the distribution of wealth to meet the needs of people rather than capital. Certainly the primary objective of these groups is to provide access to liquidity for their members and they clearly go beyond this to support them at times of need. However, it is also clear that accumulation is still a core driving force especially in urban groups that are now getting involved in land speculation. In this sense these groups appear to be participating in quite the opposite of a democratic re-regulation of the economy but rather contributing to the rampant demand for land and its use as a speculative investment in the context of Kenya's growing economy.

Finally, the last two principles of freedom of association and democratic management and, autonomous decision making and management in relation to the state have already been discussed.

Turning to the gender dimensions, it can be seen that, as a means of obtaining payouts or loans, these support women in their investment in productive enterprises as well as offering networks of contacts and support through which these enterprises can operate. The use of funds to obtain household assets such as bedding, utensils and furniture enables them to fulfil their reproductive roles. The social support – both financial and moral – of group members at weddings, childbirth, illness, funerals and so on also consolidates and supports reproductive roles. Overall where these groups involve women, they are not usually part of wider collective action for women's rights (see further discussion below) and they can be seen as supporting practical gender interests rather than a strategic realignment of gender interests (Molyneux 1985).

This leaves us with the issue of whether these groups, as part of the informal economy, are predominantly about survival. In many senses they are, though there are clearly elements in which groups have visions of development which involve accumulation. To the extent that they go beyond the survival economy, they may not be seen as developmental in an alternative sense of promoting norms and values that offer new routes to a democratic economy.

Overall, there are clearly a variety of forms. The nature of embedded-ness in wider economic relations varies. There are clearly groups that are still strongly embedded in rural social relations and gender roles while those in urban areas may operate with more accumulative oriented motives with the pressures of market engagement. This may lead them to become stricter and more business-like in their operations and seek to serve their members with timely payouts in order that they can survive in a very competitive economy.

Where groups have invested in public share offerings or land, this requires new levels of registration and organisation, for example as a land buying company, so bringing new levels of formality. At the same time those in towns in particular find the social connections very important, and even though they have a strong dynamic of intended accumulation which fits with this, it was notable how important the fictive kin and wider aspects of social relations and the aspects of reciprocity they engage were.

Overall therefore, it appears that they certainly contribute to survival. There is a large element of social economy in the operation of these groups but it is not clear that they tend to promote solidarity in the sense of promoting a democratising alternative to the dominant model of capitalist development. Indeed where groups are speculating on land they seem to be contributing to the worst of such a model.

However, this assessment has taken the principles of these two definitions of SSE at face value and not challenged them in terms of the contextual dynamics involved. It would seem problematic to stop here and conclude that because these groups do not exhibit the criteria of seeking a clearly political agenda defined above they do not have any relevance to the discussion of the solidarity economy. Two questions arise, taking a Polanyian view of the always embedded economy: how and in what ways are these groups embedded in social relations and how are their current forms – especially those among the emerging urban middle classes – seeking a combination of financial and social dimensions? For these people, these groups seem at one level to seek to recreate the social dynamics of the village in the urban context, especially in terms of support at times of crisis and emergence of fictive kin relations such that while they are subject to the wider forces of a competitive economy which fragments kin relations through migration they are also re-embedding themselves in new social dynamics.

These questions lead us to the perspectives of Laville (2010a; 2010b) and Moulaert and Ailenai (2005) that the phenomenon must be analysed with the dynamics of the process of capitalist development in a particular context and its social, economic and political dynamics. Addressing this question of what it is embedded in requires a description of the political economy context and in particular a review of the past history of group and solidaristic activity in Kenya.

Self-help and the political economy context

This section discusses three important contexts within which the use of informal financial groups needs to be viewed. The first is the history of self-help and its articulation to the state which addresses the underlying context for principles of voluntarism and autonomy. Second, I specifically focus on self-help and the activity of the women's movement in Kenya as a further dimension. Third, is the impact political liberalisation has had over the last twenty years and the backdrop this offers for an understanding of the scope for action at the grassroots level. Fourth, I discuss the impact of economic liberalisation and the implications this has had for self-help activities. These together present the wider context for understanding informal group activity and in particular I draw on the idea that liberalisation has had an impact on the underlying moral economy. This presents a case for seeing informal group activity as seeking to preserve spaces in which moral norms can be pursued and defended against processes that are more broadly undermining collaborative activity in the face of rampant corruption, deceit and malpractice. Of course informal financial groups are not un-problematically situated in this wider scenario and are subject to these same pathologies, but where groups are formed and work well they offer a collective vision which is both different – in the sense that there is a sense of collective endeavour and support – in the face of the undermining of moral norms in the public sphere.

Self-help in historical political context

Collective action in the community in Kenya has a long history with a strong political resonance. "Self-help" has been both a tool of resistance, and used by both colonial and independence governments for their own agendas.

In the 1920s, self-help in the form of the establishment of independent schools was a form of protest. It had close links to the Kikuyu Central Association which was a mass political movement, and in this sense was its educational and cultural wing. As a result, the schools were closed down by the colonial authorities in the 1950s, when their association with Kikuyu political opposition and the Mau Mau struggle was very strong. The colonial state then used self-help in the form of community development schemes as a way of winning over opposition and Holmquist (1984, 75) argues that these establish the "double-edged political sword of self-help" with an indigenous oppositional variety and a state dependent variety such that is was a vehicle of opposition as well as a vehicle for state control.

After independence, the State evolved its own variety in the 1960s and 1970s termed *Harambee* – meaning "lets pull together" in Swahili – which was a combination of self-reliance and state support. Community initiatives for the development of local infrastructure for example, such as schools, would involve communities organising themselves and mobilising resources which would then also receive external support if not be ultimately controlled. More technically complex projects were more likely to come from the outside and be initiated by administrative officials or MPs. Holmquist (1984, 73) argues that this has a confused character that he calls "half-way" neither full self-reliant nor fully initiated by the state. Over time, the approach came to be synonymised with corruption and loss of money to the leadership, and local efforts being co-opted by politicians for their own purposes. The success of projects was dependent on having good outside links to politicians and government resources. Projects were popular because they appealed to "personal morality of community identity, service and obligation. While one should not exaggerate the element of altruism that may exist, it is also apparent that time, effort and personal financial contribution cannot be understood solely in terms of crass calculation of personal political advantage " (Holmquist 1984, 80).

By the 1980s *harambee* became a means through which the president could access the peasantry in large fundraising meetings which operated as political platforms (Kanyinga 1994) while also a means of receiving funds from wealthy politicians. Indeed Holmquist (1984) argues that with this contradictory character in which people were competing for its control and as an arena of both class collaboration and conflict as well as state intervention, the state dedicated more resources to the peasantry than might otherwise have been the case. He concludes that self-help contains within it the contradictions of Kenya's political economy in that it was not only a tool of the peasantry but also of the leadership and politicians. The politician J. M. Kariuki who used it to voice a set of populist protest politics and build a network of alliances was assassinated in 1975. Ngau (1987, 534) argues that it became a vehicle for larger scale and more costly projects that were further from the grassroots support and that it led to "departicipation or disempowerment at the grassroots level".

As Moi closed down political space after the coup attempt of 1982, self-help of this variety was increasingly seen as a tool of the state. *Harambee* fundraising events became the site of displays of political support and the corruption involved in contributions increasingly problematic. Later commentators argue that the political elite became increasingly divorced from the need to initiate projects and develop resources in this way, instead seeking ways to compete for resources in the context of Kenya's ethnically divided politics without actually channelling any of them back to their local constituencies or poor supporters (Ogachi 1999).

Self-help and the women's movement

Earlier commentators have indicated that the women's movement in Kenya is difficult to identify as a coherent ongoing force (Oduol and Kabira 1995). The origins of women's collective activity outlined above were the basis of extensive self-organisation in the rural areas in pursuit of improvements to their own welfare. This included breaking gender norms through involvement in business activities and the accumulation of individually owned assets such as land. It is only at particular moments that a more concerted single cause has led to its greater cohesion and identity (Oduol and Kabira 1995). Oduol and Kabira identify three strands: first, this myriad of spontaneously self-organised activity based mainly in rural areas; second, more formalised organisations and associations that have historically been urban based such as Kenya Finance Trust (original name), the National Council of Women of Kenya, the Kenya chapter of the International Federation of Women Lawyers, and the heroic deeds and campaigns of individual women.

The contradictory dynamics of community collective organisation and its articulation with the state discussed above has similarly been the case for the women's movement. What became the largest women's organisation – Maendeleo ya Wanawake Organisation (MYWO, in Swahili, literally, Progress for Women) – was founded in 1952 by the wives of colonial settlers and administrators with the intention of bringing Western values as a means of supporting them (Oduol and Kabira 1995). By the 1980s, it had a nationwide network of 20,000 women's groups undertaking self-help projects and was essentially co-opted into becoming the women's wing of the ruling political party KANU by 1987, espousing the domestic role of women as childcare, domestic care, handicrafts, literacy, agricultural techniques and sports (Tripp 2001). Tripp explains that – as happened in a number of African countries – the Maedeleo ya Wanawake women's movements was taken over by the placing of individual elite women in positions of power and especially the female relatives of politicians thus engaging them into their patronage networks, such that self-help community projects became increasingly the subject of clientelistic manipulation (Tripp 2001, 42) in which resources were given in return for political backing.

Tripp argues that by the end of the 1990s women's movements were challenging these neo-patrimonial politics in Africa. This as a result of the opening up of politics but also of the economic decline and women's position in labour markets (Tripp 2001, 51) which led them to have to cope with these changes. In Kenya, the Green Belt Movement led by Wangari Maathai was the clearest example of the challenge and one of the moments at which the women's movement as a whole came into greater visibility. It focused on planting trees and encouraged women to set up tree nurseries to generate income as well as improve the environment. Maathai remained autonomous and independent and her outspokenness was a thorn in the politicians' side during the 1980s when, as head of the National Council of Women of Kenya, she challenged in court Moi's attempt to introduce queue voting (Oduol and Kabira 1995). She was arrested on numerous occasions and the movement's activities were severely curtailed as the Government made it hard for her to get external funding and support (Maathai 2007).

Tripp (2001) reports that in the mid-1990s, 40% of all human rights groups operating in Kenya were women's organisations. Drawing parallels with the earlier struggles of *Mau Mau,* Brownhill and Turner (2004) term these challenges of the late 1990s "feminism within the *Mau Mau* resurgence". Pointing out that the earlier *Mau Mau* was not homogeneous but containing a wide range of class and social forces, they argue that the opposition to the Moi regime similarly contained a wide range of forces. Born of increasing economic austerity, women's claims to land in the face of rampant land grabbing and appropriation by elites were part of this. Their use of the terminology of *Mau Mau* is also to link the ethnic origins of past and present struggles since *Mau Mau* was an ethnically Kikuyu led movement based in and around Mount Kenya and Central Province. Kikuyu-based opposition to the Moi regime also surged in the late 1990s after two multi-party elections which Moi was able to win, not least by dividing and ruling the opposition. Wangari Maathai was herself part of this Kikuyu opposition and stood in the 2002 election and became the Environment Minister in the new government.

Women's organisations have played a role in negotiations over the 2010 constitution where women's rights to land and property were a controversial focus of debate (Cooper 2012). The inheritance of land by women is a deeply controversial issue since many communities fear that allowing daughters to inherit would mean that ancestral land could find its way into the hands of outsiders. Despite seeking to entrench a principle of non-discrimination, an early draft had a "claw back" clause. This allowed for customary law to be applied in cases of adoption, marriage, divorce, burial, devolution of property on death and other matters of personal law and hence provide exceptions to non-discrimination. When the draft for the 2005 referendum was being prepared, the "claw-back" clause was removed and this was used – amidst increasingly divisive politics – to derail the draft which was defeated in the 2005 referendum. Subsequently, the constitution passed in 2010 has ultimately enshrined non-discrimination, Alongside the National Land Policy (2009) and a landmark legal case of 2008 (Ntutu) which affirmed land inheritance by daughters against tradition (UN Office of the High Commissioner for Human Rights and UN Women 2013), these reflect an underlying shifting environment regarding women's treatment in property rights in part brought about by extensive campaigning and pressure from women's groups.

Political and economic liberalisation

The trajectory of International Monetary Fund (IMF) and World Bank supported economic reform in Kenya, through the 1980s and 1990s, was a fraught one. While a range of liberalisation and privatisation measures were implemented, the Kenyan government was far from being a compliant reformer – it frequently promised reform without implementing it (O'Brien and Ryan 2001) and privatised on the one hand while creating parastatals on the other.

Pressure for political liberalisation grew internally in response to the increasing grip of Moi on power while also becoming a call of the international community. The Constitutional Amendment (passed in 1982) banning other political parties was repealed in late 1991, paving the way for a multiparty election a year later. This change produced a "winner takes all logic" to elections which raised their cost (Branch and Cheeseman 2009) and made access to State resources central to the contest. Moi was able to win the subsequent two elections through his deft politics and access to the resources of the state. This period saw a rampant rise in corruption and looting by politicians and government officials – "eating" is the popular metaphor (see Wrong 2009) – leading Southall (1999) to describe it as a kleptocracy. At the national level there was a run of major financial scandals (Goldenberg; Anglo-Leasing) that were traced to the top of politics while these actors remained immune from prosecution.

The election of late 2002 saw an opposition alliance under Kibaki win power. This appeared to herald a new dawn with euphoria that Moi had finally left power and with many looted assets actually being returned to the State. Kibaki appointed the ex-director of Transparency International, John Githongo as his anti-corruption "Tsar" based in State House. However, Githongo found that the Anglo-Leasing scandal penetrated to the very top and to the President himself resulting in him fleeing to London in 2005 (Wrong 2009), and demonstrating that the underlying nature of the political economy was in fact little changed.

The subsequent election of late December 2007 led in early 2008 to the worst violence in Kenya's post-independence history. Branch and Cheeseman (2009) explain that long trends in the fragmentation of the elites, the processes of political liberalisation and informalisation of the state were the underlying ingredients of this crisis. Constitutional reform was finally undertaken in 2010, after an almost twenty year process, which restructured some of the powers of the Presidency. Nevertheless Uhuru Kenyatta gained the Presidency in the 2012 election despite his indictment by the International Criminal Court for alleged crimes against humanity conducted during the 2008 post-election violence – a case that has now been dropped.

This brief overview of the wider political economy may appear somewhat distant from the activities of informal groups but it sets a vital background for the context of further enquiry into the effects of economic liberalisation over the past 25 years at the grassroots.

Economic liberalisation and the culture of the market

Against the environment of corruption and the process of political liberalisation outlined above, we can consider the impact of liberalisation on the culture of the market and its underlying moral economy as a means to better understand the space and potential for its democratic re-regulation.

"Soko huru" (free market in Swahili) was the rallying cry of the reforms of the late 1980s and early 1990s and the removal of a range of state controls. In my own experience of living and working in Kenya at that time, this appeared to be understood as meaning that there were now no rules and that opportunism was the order of the day. However, this was not a result of an interpretation or aspiration to unregulated economies but of replication of the behaviour that was evident among politicians and elites as they grabbed land and resources.

Liberalisation affected the viability of core agricultural markets such as tea, coffee and milk. Omosa (Omosa 2004) discusses compliance failure in the liberalised tea market in western Kenya noting how free market brokers collected tea and then did not pay farmers changing their collection routes to avoid them and leaving the farmers with no means of recourse. In my own research in central Kenya in the late 1990s, similar practices could be found in the milk sector. Liberalisation of the milk market led to traders coming to collect raw milk and offering high prices to entice farmers away from the co-operatives and existing traders only to drop the price or fail to pay after a few weeks. This undermined the viability of a vital source of income in the area, especially once the national dairy co-operative (KCC) had collapsed. Coffee and tea markets were similarly disrupted as leaders of coffee co-operatives were involved in corrupt deals with millers. In Nyeri a coffee war broke out as small farmers contested with those in control of their co-operatives which millers they should sell their coffee to (Branch 2011, 233). In Meru in the 1990s the *soko huru* discourse was appropriated by young men, whose broking activities had previously been illicit, to justify their roles (Lamont 1999). In this way *soko huru* was used to legitimate activity that was opportunistic and self-interested. Lamont (1999) points out how there was a debate within the coffee co-operatives of Meru to seek to ameliorate the transition to *soko huru* and to legitimate the role of the vertical co-operative system in the face of these activities, although they had many corrupt practices within them. Thus presenting the difficult and contradictory process that liberalisation set off in practices and in discourses regarding market activity. The moral framework of maintaining a co-operative system – which offered some degree of greater benefit both individually (through eg access to inputs and credit) and collectively for the community – was at stake in these transitions.

In a study of agricultural market liberalisation in eastern Uganda (just over the border from Kenya and strongly linked in cross-border trade relationships), Wiegratz (2012) examines the underpinning practices of the market through its norms, values, orientations and practices (NVOPs). This approach sees market behaviour as "shaped by prevailing social institutions, which in turn reflect the dominant political orientation of society. What counts as acceptable behaviour is related to political decisions about dominant social institutions in a society in which the market is embedded" (Watson 2005, 179 as quoted in Wiegratz 2012). Hence the moral economy and their norms are part of the wider political economy and it is necessary to study the combination of actors, relationships, NVOPs, structures, relationships and distribution of power, structures of inequality of welfare and harm and so on. In an analytical context moral norms are not only those that are seen as "good" or "positive" but can be understood more broadly as those standards of interaction concerning others' welfare (Watson 2005, 179 as quoted in Wiegratz 2012, 58) which can also be about the legitimation of harm and exploitation being pro self-interest rather than pro-social. In the context of Uganda, Watson shows how market practices have been fuelled by opportunism and deceit as the moral norms of the neo-liberal economy have become institutionalised.

The implications of a moral economy perspective

With this wider perspective on the existing political moral economy we can re-examine the solidarity economy principle espoused by Dacheux and Goujon (2011) regarding the endeavour to work towards the democratic regulation of the economy.

The above review has explained the history of self-help as problematically situated "half-way" between civil society and the state. It has shown how the wider political economy has developed over the last 25 years, such that it institutionalised corruption, with the perpetrators of grand corruption being the elites and highest echelons of government. Market restructuring led to the proliferation of malpractice, deceit and compliance failure in core sectors of the agricultural economy. In this context it seems important to pay attention to those forms of action which are pro-social in the face of this onslaught and which are actually feasible at the grassroots level.

In this light, the behaviours evident in these groups reflect a set of more pro-social norms in which people support each other both to survive and thrive through the facilitation of financial intermediation and the sharing of resources. This contrasts to the proliferation of pro self-interest norms in the wider market. What seems most important to their members is not simply that they enable them to access funds but that they operate as a source of support at times of need, of advice and guidance from others you can trust, of relationships that recreate the altruism expected among kin. The importance of social and affective dimensions of support is very clear (see also Johnson 2014) – especially the sharing of material resources and psychological support in times of crisis. This is not to deny that groups themselves can and do fail as a result of pro-self-interested behaviour, malpractice and deceit in their midst. While this leads to disillusion for some, the search for groups that can effectively operate remains.

As pointed out some of the groups are investing to accumulate, eg. through land speculation, which is a behaviour that is highly pro self-interested in this neo-liberalised market context. The approach of investing through groups is a means of accessing information (eg about the availability of plots for sale and areas where future infrastructure development might take place which will raise land prices) as well as mobilising adequate capital to be able to access resources that may be otherwise out of reach. In this sense, these groups appear to echo Holmquist's earlier analysis of self-help as "half-way" between self-reliant and dependent on the state, instead suggesting a "half-way" between a more pro-social form among group members while being collectively pro-self interest in order to thrive in this hazardous economy.

The wider national debate regarding the nature of the political economy and its pro-social or pro-self-interested behaviour is rarely discussed. The relatively rare case of food protests in Kenya in the wake of the food price spikes of 2011 failed to change policy but demonstrate the concern for fairness (Hossain and Kalita 2014). On the other hand, while corruption scandals in Kenya are extensively discussed in the media and frequently censured, the prevailing political institutions are under great stress as the political representatives of different ethnic communities contest access to office and resources. Bachelard (2010) explains for example how in the case of the Anglo-Leasing corruption scandal the dismissal of top politicians was followed by their re-instatement as the counter-pressures of domestic political alliances for the 2007 election were upper most in the calculation. Despite being elected on a wave of concern to reject Moi's corrupt economy and politics and the initial return of many looted public assets after the 2002 election, Kibaki reappointed politicians doing the looting. Indeed we can also ask how the neo-liberal policy era has not just shaped the terms of the debate but how this has affected the capacity to aspire (Appadurai 2004) and how this is constrained not just by poverty but also by these wider ideological structures.

Collective action in the economy is a gendered space, and men dominate in its more formal areas such as producer co-operatives and savings and credit co-operatives. Women have historically dominated in the space of informal groups and through these make their reproductive work more visible to themselves as well as to men who have increasingly recognised and valued the support they provide to their households. This has been a long process supported no doubt by the wider contributions of the women's movement and NGO activities, as well as the crises of economic restructuring and austerity which increased the necessity for women to make effective economic and financial contributions. While this also brought them into tension with husbands, many also recognise that they would wish to collaborate in such activity themselves, but they frequently lack the associational norms that enable them to do this.

The risks and "half-way" nature of women's collective action is also evident in that local feminisms are diverse and far from coherent at a national level in a transformational intent. However, key moments of change are identifiable in particular legal challenges and change, but the new non-discrimination clause and the absence of the "claw-back" clause would be unlikely had not imminent change through small everyday challenges accumulated a wider consensus.

Conclusion

This paper has sought to examine the relationship between concepts of the social and solidarity economy and the empirical case of widespread use of informal financial groups in Kenya especially by women. This focus is also justified given the frequent emphasis on savings and credit groups as characteristic of the SSE. It used two sets of SSE principles as a means through which to discuss the characteristics of these groups concluding that, while they conform to a number of features of the social economy, there is little empirical evidence to suggest that they are part of more solidaristic agenda which is seeking to contribute to the re-regulation of the economy in any overt or conscious way. Indeed some of them also practice economic activity that is highly market oriented.

However, the use of these criteria neglects a deeper understanding of the context and its specific political, economic and social conditions and how this group activity relates to it. Laying out some of the wider political economy context offered a deeper perspective against which the concern for solidarity as moves to democratic regulation of the economy could be examined. It demonstrated the highly problematic nature of self-help in the historical political economy as one that came to be increasingly dominated by the state such that some forms of it became corrupted and redundant. With the trajectory of political and economic liberalisation, the paper showed how political contestation under conditions of economic liberalisation had led to rampant corruption and an increasingly divided ethnic politics. In this, links between elites and citizens have become less coherent in terms of the channelling of resources while perpetuating ethnic division. This was also seen to affect the women's movement which similarly has little overall coherence, hence this has not been a consistent or progressive platform through which attempts for gendered re-regulation of the economy could be carried out.

From a feminist point of view the process through which informal financial groups have made women's reproductive provisioning more visible – both to their men-folk and more widely – has in the main been a long slow and subtle one with moments at which wider agendas could be articulated and embraced by the women's movement. Moreover, in this context they can be seen as preserving and developing spaces for more pro-social interaction, both for social and economic survival.

Viewed together with a discussion of how market liberalisation led to interpretations of *soko huru* as a space for opportunism and a significant degree of "compliance failure", malpractice, deceit and corruption, I outlined the importance of analysing the moral economy within this political economy. In order to be able to analyse it in a more nuanced way the nature and extent of more pro-social or pro self-interested norms can be seen alongside their embeddedness in this wider level of social and political institutional restructuring. This leads us to view this apparent failure of solidaristic activity in the light of these deeper influences and offers an alternative framing of what solidarity and the pursuit of pro-social norms in fact means.

References

Appadurai, A. 2004. The capacity to aspire : culture and the terms of recognition. In *Culture and Publi Action*. (Eds.) V. Rao and M. Walton. Stanford : Stanford University Press.

Ardener, S. and S. Burman (Eds). 1995. *Money-Go-Rounds : The Importance of Rotating Savings and Credit Associations for Women*. Oxford/ Washington DC : Berg.

Bachelard, J. Y. 2010. The Anglo-Leasing corruption scandal in Kenya : the politics of international and domestic pressures and counter-pressures, *Review of African Political Economy*. 37(124): 187-200.

Branch, D. 2011. *Kenya : Between Hope and Despair, 1963-2011*. New Haven and London : Yale University Press.

Branch, D. and N. Cheeseman. 2009. Democratization, sequencing, and state failure in Africa : Lessons from Kenya, *African Affairs*. 108(430): 1-26.

Brownhill, L. S. and T. E. Turner. 2004. Feminism in the Mau Mau Resurgence, *Journal of Asian and African Studies*. 39(1-2): 95-117.

Cooper, E. 2012. Women and Inheritance in Sub-Saharan Africa : What Can Change ?, *Development Policy Review*. 30(5): 641-657.

Dacheux, E. and D. Goujon. 2011. The solidarity economy : an alternative development strategy ?' *International Social Science Journal*. 62(203-204): 205-215.

Dore, R. F. 1971. Modern cooperatives in traditional communities. In *Two blades of grass : Rural cooperatives in agricultural modernization*. P. Worsley (Ed.), Manchester : Manchester University Press.

Favreau, L. 2000. Globalisation and the Social Economy : A North-South Perspective. In *Social Economy : International Debates and Perspectives*. E. Shragge and J.-M. Fontan (Eds.), Montreal/New York : Black Rose Books.

Fisher, J. M. 1954. *The Anatomy of Kikuyu Domesticity and Husbandry*. Nairobi : Overseas Development Administration.

Fonteneau, B., N. Neamtan, F. Wanyama, L. P. Morais, M. D. Poorter, C. Borzaga, G. Galera, T. Fox and N. Ojong. 2011. The Reader 2011: « Social and Solidarity Economy : Our common road towards Decent Work ». Reader for the ILO Academy on Social And Solidarity Academy 2011. Turin : International Training Centre of the International Labour Organization.

FSD Kenya and Central Bank of Kenya. 2013. FinAccess National Survey 2013: Profiling developments in financial access and usage in Kenya, Nairobi : FSD Kenya and Central Bank of Kenya.

Guérin, I. and M. Nobre. 2014. Solidarity economy revisited in the light of gender : a tool for social change or reproducing the subordination of women ? In *Under development, gender ?* C. Verschuur, I. Guérin and H. Guétat-Bernard (Eds.). London : Palgrave Macmillan.

Gugerty, M. K. 2007. You Can't Save Alone: Commitment in Rotating Savings and Credit Associations in Kenya, *Economic Development and Cultural Change*. 55(2): 251-282.

Hillenkamp, I., F. Lapeyre and A. Lemaître. 2013. Solidarity Economy as Part of Popular Security Enhancing Practices: A Neo-Polanyian Conceptual Framework. Geneva: UNRISD. http://www.unrisd.org/sse.

Holmquist, F. 1984. Self-Help: The State and Peasant Leverage in Kenya, *Africa*. 54(3): 72-91.

Hossain, N. and D. Kalita. 2014. Moral economy in a global era: the politics of provisions during contemporary food price spikes, *The Journal of Peasant Studies*. 41(5): 815-831.

Johnson, S. 2004a. Gender norms in financial markets: evidence from Kenya, *World Development*. 32(8): 1355-1374.

—. 2004b. «Milking the Elephant»: financial markets as real markets in Kenya, *Development and Change*. 35(2): 249-275.

—. 2013. Competing visions of financial inclusion in Kenya: the rift revealed by mobile money transfer, Bath: http://www.bath.ac.uk/publications:Centre for Development Studies Working Paper No. 30. www.bath.ac.uk/publications

—. 2014. Informal financial practices and social networks: transaction genealogies. Nairobi: FSD Kenya. http://www.fsdkenya.org/new/publications/136-social-networks-report.html.

Johnson, S. and Arnold, S. 2012. Inclusive financial markets: is transformation under way in Kenya?, *Development Policy Review*. 30(6): 719-748.

Johnson, S. and Krijtenburg, F. 2014. What do low-income people know about money? Indigenous financial concepts and practices and their implications for financial inclusion *FSD Insights*, Issue 7. Nairobi: FSD Kenya: http://www.fsdkenya.org/insights/14-04-23_FSD_Insights_07_ Social _Networks.pdf

Johnson, S. and N. Sharma. 2007. «Institutionalizing suspicion»: The management and governance challenge in user-owned microfinance groups. In *What's wrong with microfinance*. T. Dichter and M. Harper (Eds.). Rugby: Intermediate Technology Publications Ltd.

Kanyinga, K. 1994. Ethnicity, Patronage and Class in a Local Arena: High and Low Politics in Kiambu, Kenya, 1982-92. In *The New Local Level Politics in East Africa*. Nordic African Institute Research Report No 95. P. Gibbon (Ed.). Uppsala, Sweden: Nordic African Institute.

Lamont, M. 1999. Not Yet *Soko Huru*: The Local Appropriation of 'Free Market Discourse in the Coffee Industry of Rural Kenya, Meru District (1998)', Vol. MA Social Anthropology: Concordia University, Monteal.

Laville, J.-L. 2010a. Plural Economy. In *The human economy: a citizen's guide*. K. Hart, J.-L. Laville and A. D. Cattani (Eds.). Cambridge: Polity.

—. 2010b. Solidarity Economy. In *The human economy : a citizen's guide*. K. Hart, J.-L. Laville and A. D. Cattani (Eds.). Cambridge : Polity.

Maas, M. 1986 *Women's groups in Kiambu, Kenya. « It is always a good thing to have land »*, Leiden.

Maathai, W. 2007. *Unbowed : One Woman's Story*. London : Heinemann.

Malkamaki, M. 2011. Informality and market developing in Kenya's financial sector. In *Financial Inclusion in Kenya : Survey results and analysis from FinAccess 2009*. Nairobi : FSD Kenya/Central Bank of Kenya.

Molyneux, M. 1985. Mobilization without Emancipation? Women's Interests, the State, and Revolution in Nicaragua, *Feminist Studies*. 11(2): 227-254.

Moulaert, F. and O. Ailenei. 2005. Social economy, third sector and solidarity relations : A conceptual synthesis from history to present, *Urban Studies (Routledge)*. 42(11): 2037-2054.

Mwaniki, N. 1986. Against Many Odds : The Dilemmas of Women's Self-Help Groups in Mbeere, Kenya, *Africa*. 56(2): 210-227.

Nelson, N. 1995. The Kiambu Group : A Successful Women's ROSCA in Mathare Valley, Nairobi (1971 to 1990). In *Money-Go-Rounds : The importance of Rotating Savings and Credit Associations for Women*. S. Ardener and S. Burman (Eds.). Oxford/Washington DC : Berg.

Ngau, P. M. 1987. Tensions in Empowerment : The Experience of the Harambee (Self-Help) Movement in Kenya, *Economic Development & Cultural Change*. 35(3): 523.

O'Brien, F. S. and T. C. I. Ryan. 2001. Kenya. In *Aid and Reform in Africa : Lessons from Ten Case Studies*. S. Devarajan, D. Dollar and T. Holmgren (Eds.) Washington DC : World Bank.

Oduol, W. and W. M. Kabira. 1995. The Mother of Warriors and Her Daughters : The women's movement in Kenya. In *The Challenge of Local Feminisms*. A. Basu (Ed.), Boulder, Colorado : Westview Press

Ogachi, O. 1999. Economic Reform, Political Liberalization and Economic Ethnic Conflict in Kenya, *Afrique et developpement*. XXIV(1 and 2) : 83-107.

Omosa, M. 2004. The *Soko Huru* Trade : Network Building, Informal Contracts and Compliance Failure in the Market of Green Leaf Tea in Rural Kenya, Working Paper No. 540. Nairobi : Institue of Development Studies, University of Nairobi.

Robertson, C. 1997. *Trouble Showed the Way : Women, Men and Trade in the Nairobi Area 1890-1990*. Bloomington and Indianapolis : Indiana University Press.

Shipton, P. 2007. *The Nature of Entrustment : Intimacy, Exchange and the Sacred in Africa*. New Haven & London : Yale University Press.

Southall, R. 1999. Re-forming the State? Kleptocracy and the Political Transition in Kenya, *Review of African Political Economy*. 79 : 93-108.

Stamp, P. 1975. Perceptions of change and economic strategy among Kikuyu women of Mitero. *Rural Africana*. 29: 19-44.

Tripp, A. M. 2001. Women's Movements and Challenges to Neopatrimonial Rule: Preliminary Observations from Africa, *Development & Change*. 32(1).

Udvardy, M. L. 1998 Theorizing Past and Present Women's Organizations in Kenya. *World Development*. 26(9): 1747-1761.

UN Office of the High Commissioner for Human Rights and UN Women 2013. Realizing women's rights to land and other productive resource, New York and Geneva: United Nations.

UNRISD (United Nations Research Institute for Social Development). 2013. Social and Solidarity Economy and the Challenge of Sustainable Development: A Position Paper by the United Nations Inter-Agency Task Force on Social and Solidarity Economy (TFSSE).

Wiegratz, J. 2012. The neoliberal harvest: The proliferation and normalisation of economic fraud in market society, In *New Directsion in Crime and Deviancy*. S. Winlow and R.Atkinson (Eds.), London and New York: Routledge.

Wrong, M. 2009. *It's our turn to eat: the story of a Kenyan whistleblower*: Fourth Estate.

Organising, gender, and solidarity: some reflections on Indian experience

Ratna M. Sudarshan

This paper[1] reflects on the role of organising efforts in creating feminist solidarity in a developing economy context i.e. in India. A solidarity economy is understood to be one that prioritises collective interest and solidarity over profit. It is thus entirely different from a neoliberal economy associated with a reduction of welfare benefits and an ever-increasing role of the market. In countries like India a neoliberalist stance since the 1980s has been characterised, not by a rolling back of the welfare state, but rather by a new development strategy that rejects both a command economy and import-substitution based industrialisation (Connell 2014). In a democratic society committed to economic development with increasing emphasis on market-based strategies, the presence of citizen groups that are grounded in solidarity (between generations, rich and poor, men and women, between territories), around causes that likely reflect local realities, could appear as an obstacle to change. However, solidarity groups have not, in general, questioned the need for development. The state has supported the formation of women's groups seeing this as a strategy to ensure inclusion of the marginalised and to help in the implementation of constitutional commitments.

1 I would like to acknowledge useful discussions with Prof A. Mathew and Dr Lalit Pande, and the helpful comments of Isabelle Guérin, Christine Verschuur and Isabelle Hillenkamp, with all usual disclaimers.

Sudarshan, R. 2015. Organising, gender, and solidarity: some reflections on Indian experience. In *« Homo œconomicus, mulier solidaria. » Une économie solidaire peut-elle être féministe ?* (Dir.) C. Verschuur, I. Guérin et I. Hillenkamp. 123-138. Paris: L'Harmattan, collection Genre et développement. Rencontres.

In brief, this paper argues that the formation of women's groups has been encouraged by the state (seeking to meet development goals – "growth with equity"), as well as supported by feminists (seeking gender equality and progressive modernisation), in the belief that both sets of goals are mutually reinforcing and follow the same pathways of change. Drawing on recent assessments of two large-scale programmes, it is then suggested that in actual practice, trajectories of change can differ from what was expected. We see that planned change is preferred by policy makers over unplanned changes, and that development goals dominate over feminist ones. A brief discussion of non-government initiatives suggests that these too grapple with similar difficulties in meeting gender equality goals along with development targets. This opens two related but distinct questions, one relating to the limits of what has been described as "State feminism", and the second about the assumptions underlying the concept of "progressive modernity".

The first section provides a context for the discussion that follows and reviews briefly the development of feminist thinking in India as well as the widespread support for encouraging formation of women's groups. The second section discusses two large-scale national government programmes that were built upon solidarity groups and that were expected to be transformative in their impact, as well as some non-government initiatives. The third section concludes with some reflections on the limitations of jointly addressing feminist and development aspirations.

Context

Feminist philosophy originating from the experience of Western countries has seen consciousness-raising of the individual and collective action for systemic change as the integral parts of a process of change towards equality and progressive modernity. One follows upon the other. The emergence of women's collectives in India, however, has had a very different history from that of women's groups or movements in the West. The Constitution guarantees rights to women far beyond those that are socially recognised. The implementation of these rights and the required negotiation within society then becomes the focus of much of women's activism.

Gender equality and progressive modernisation

One of the most striking facts about India is the simultaneous presence of several different world views, not only because of high levels of income inequality, but also because of the cultural, religious, geographic differences across regions. The debate on the extent to which there is a clear universality of women's rights, or whether local cultural values need to be carefully negotiated, is far from over. Research suggests that there has been no wholesale or uncritical acceptance of what is understood as "progressive modernity" by women themselves (Belliappa 2013 ; Desai 2014a ; Vijayakumar 2013). In the context of a traditional society with deep rooted gendered norms that is also engaged in a project of development and nation building, the meaning of "progressive modernity" is itself the subject of constant debate. Traditional gender norms continue to hold sway. As Desai (2014b) in a recent study concluded, "We see a growing assimilation with global culture through television and social media, but this seems to have little impact on social norms". In a recent study of Hazara women in Afghanistan, Kabeer and Khan (2014) suggest that while on the surface little change may be evident, many different views about society and gendered roles have come to be present and some women, for example, use their resources to invest in a better/different future for their daughters, or in an "intergenerational pathway of empowerment". What they do not find evidence of is the willingness to exercise greater collective voice in the community. Individual women negotiate in various ways within their homes and families, but the motivation to come together as a group possibly requires some further catalyst.

The project of development implemented with a "feminist" perspective has tried to homogenise the many different world views into a shared thinking, drawing upon the Constitution and getting reflected in practical projects aiming at the achievement of national goals. There is a tendency, as noted in other countries too, to see women as housewives and mothers, recipients of welfare, while men are seen as household heads and productive agents, and this shapes the way in which women are brought into development policies and programmes (Kabeer 1994). When women's productive roles are taken note of, this tends to be done in the context of poverty alleviation programmes. It is accepted that investing in women's work is one strategy to take a household out of poverty. The approach to women's empowerment in India as expressed in official programmes is similarly characterised by a sense of women as being primarily mothers, while also recognising that all poor women need to work. The term "economic development" places its focus on material aspects of well-being ; but implicit within it is the idea of social change in the direction of gender equality and progressive modernisation. Modernisation itself is often taken to be a linear process of change with a shift away from social roles resting on ascriptive status to one where individually achieved status determines actions and decisions. Modernisation has also been associated with the liberating role of the market, seen as a space in which individuals were impersonally rewarded on the basis of objective results, and in which patronage networks or "ascribed" characteristics such as sex, caste or race did not influence the outcomes (Kabeer 1994). To ensure that women benefit from the potential of the market and modernisation, the favoured strategy was to enhance women's access to the market, and see women as agents of development. Progressive modernity for women, interpreted within the development frame, can thus be measured in indicators of achieved status, market participation and public presence: education, employment, political participation, and so on. These in turn are all seen as creating pathways to empowerment. The fact that the underlying social reality of women's lives (and people's lives in general) continues to place an emphasis on traditional gendered norms and expectations, and that there is a persisting presence of ascribed status in observed outcomes, is only seen as a hurdle, a temporary constraint, in the process of change and modernisation, to be overcome by the use of law and persuasion, or small financial incentives that would influence behaviour.

Organising women as a strategy for change

The beginning of a focused surge of activism for women's equality is often dated to the publication in 1974 of the report *Towards equality* by the Commission on the Status of Women set up by the Government of India. The Committee had pointed to very low mobilisation of women by political parties as being a primary reason for their limited political impact. But there are other mobilisations. As Sharma and Sujaya note:,

> Issues on which women have been traditionally mobilised by "social organisations" relate to their everyday life problems centering around family problems, personal laws, struggles for education, issues of work and wage, maternal and child health, etc which are seen as non-political issues, issues that come under the broad banner of social activity or even social welfare or social development... But, the myriad problems that women contend with in everyday life are related to the larger issue of gender discrimination, which is as much a political issue as it is a social one (Sharma and Sujaya 2012: xxxi).

If the present "phase" of feminism is dated back to the 1970s, this is a period in which feminists placed considerable faith in the ability of development and feminism to progress in tandem. To meet the stated goals, it is necessary to bring about changes on a large scale, and working with the government enables scale. Thus recognition of the numerous forms of gender disparity in the 1970s was followed by many examples of joint action with government and feminists working together. A strategy that developed quite early was that of group formation. The presence of women's collectives is very widespread in India as organising women into groups is a part of almost every initiative for women's empowerment. For the government, such organising of women is a practical way to engage a large number of women and to fast-track the implementation of development projects. For feminists, formation of groups offers the possibility of collective action for change towards equality, by creating a sense of solidarity among women and enabling resistance to patriarchal structures. Women in many communities face high levels of mobility constraints imposed by traditional norms. Girls and women are not able to move about freely in public spaces on their own, however if they are part of a group there is less control and greater acceptability.

Self-help groups (SHGs) are a mandatory part of various government schemes offering training or credit for women's "empowerment"; several NGOs and membership-based organisations also organise women into self-help groups as a first step usually with a focus on savings, credit and enterprise. SHGs continue to be at the core of programmes for women, despite increasing evidence of the complexity in evaluating outcomes (see for example Baily 2011; Guérin 2014; Guérin, Kumar and Agier 2013). Pre-dating the SHG model, similar collective women's groups or *sanghas* were formed as the base for the Mahila Samakhya programme of "education for women's equality". The question is whether such groups, formed with economic, or educational, goals, display the active citizenship and political awareness associated with the idea of solidarity, as well as a commitment to equality and modernisation associated with the spirit of feminism. In her analysis of women's groups Baily points out that while being part of a group gives strength, it also confers anonymity and allows men to feel that while a woman on her own cannot achieve much, as a group much more becomes possible (Baily 2011, 111). So collective organising is a practical way of drawing women out of their homes and developing the basis for any collective action, but may or may not be associated with a "feminist" consciousness.

Feminist solidarity spaces have to find ways to negotiate both within society and with formal structures of governance. Women's groups stand apart from broader citizen-based groups because of their central concern with issues that concern women in their daily lives, as well as their strategic ambitions. Women's groups may be sub-sets of larger groups (such as women's cells within a trade union), or may be largely independent with some degree of overlap of concerns with other groups (women workers seeking implementation of labour laws), or may be in opposition to other citizen-based groups (women making claims to traditionally male sites). When women's collectives are present, then, one might assume the existence of "feminist solidarity" and expect to find evidence of collective action and engagement with patriarchal structures or institutions.

The organising of women around practical needs does not mean that gender injustices are not recognised or contested (for some examples, see Kabeer, Sudarshan and Millward 2013). This paper looks at the experiences of some collective organisations of women to explore the question of whether such women's solidarity groups achieve success in their dual objectives of furthering development and empowering women. Women's collective initiatives have developed with a social, educational, political or economic focus. Whatever the stated and original goal and strategies, subsequent trajectories will be influenced by many factors; collectives may degenerate, disband, or develop into a sustained presence; goals may get narrowed or may expand into questioning the macro structures and ideologies of the economy. There are differences in experience between organising that is itself a matter of policy, or what could be called "policy-dictated organising", and organically evolving collectives. Two well-known examples of women's organising, self-help groups formed during the Literacy campaign, and women's *sanghas* of the Mahila Samakhya programme, are briefly discussed below.

Women's organising

The Literacy movement and formation of women self-help groups (1988-1994)

The National Literacy Mission (NLM) was launched in 1988. It was conceived as having three phases, Total Literacy Campaigns (TLCs), a Post Literacy phase, and a Continuing Education phase. The first phase of the TLCs relied heavily on social mobilisation, that is, the voluntary involvement and support of all sections of society towards meeting the Mission goals. To enable these, several pre-existing activist groups (in particular the people's science movement, which aims to popularise science) came together to form the Bhartiya Gyan Vigyan Samiti (BGVS), which itself became the umbrella for the literacy movement, providing energy and leadership. There was an overwhelming response from women. Women saw a status in being literate. Women might not ever have had the opportunity of schooling (while more of the illiterate men were school dropouts), the social mobilisation of the literacy campaign linked literacy to immediate needs, and there was a social acceptance of the programme. All factors combined to make women between 60-70 per cent of learners and volunteers (Sundararaman 1996). BGVS accordingly aligned its strategies to be in consonance with women's needs. A core strategy was the formation of self-help groups, first formed within the literacy movement by the Mahalir Association for Literacy, Awareness and Rights (MALAR) in Kanyakumari and extended with BGVS support through other states. SHGs were seen as being crucial for sustained life-long learning. Each group included literate and non-literate women and was organised around both literacy and "self-help for livelihood" objectives. They were formed among the poorest women and could be successfully organised even against the background of communal conflict as in Dharmapuri; confirming, perhaps, that "[d]eprivation is a cementing factor for solidarity" (A. Mathew[2]). A large number of such groups were formed, many of which were formed as a result of the *Samata Jatha* of 1993, a *jatha*[3] of women for education, equality and peace which

2 Personal communication

3 Referring to processions used for mobilisation.

reached out to over two hundred thousand women. Livelihood objectives were dominant and in some cases the thrift groups followed the formation of production co-operatives (Sundararaman 1996). With facilitation from BGVS volunteers, the groups discussed and mobilised to address a range of social issues, including alcoholism, education, health, and minimum wages. Monthly bulletins of discussion sessions were widely distributed.

It has been pointed out that there was very little attention given to gender issues in the planning and design of the literacy campaign. The combination of information, consciousness raising cultural activities, group formation, and regular meetings, however, encouraged women's organising, solidarity and political action. Perhaps the best known example is of the anti-arrack[4] agitation in Andhra Pradesh (Mishra 2012 ; Dighe 2012). In the village of Doobagunte, Nellore district, two men died after a bout of drinking, and this triggered an agitation in the village led by the women, to stop arrack vending. Prior to this incident there had been a lot of discussions in the village on the evils of drinking, facilitated by NLM volunteers. News of the agitation spread across the state, helped by the fact that it became part of a post-literacy primer. The spread of the agitation was partly spontaneous, partly planned by a core of progressive NGO activists (Sundararaman 1996). There were agitations all over the state, which all opposition parties, voluntary organisations, women's groups, etc, joined. The agitation started in a literacy centre in Nellore and forced the government of the day to go in for total prohibition on October 2, 1992. By the late 1990s however this decision was reversed by the new government which had favoured prohibition when out of office. Other examples of women taking bold strides include women learning karate for self-defence as an outcome of participation in the literacy campaign in Sivagangai and cycling for better mobility in Pudokottai.

Ghosh (1997) in describing the experience in Nellore writes that "facilitative factors of a volunteer based and loosely structured programme provided the space to think and act freely". Literacy became an opportunity to reflect collectively and use the organisational structure of the TLC for political action (Goetz 2004). At the same time, the spaces so created turned out to be transient : the entire literacy movement could only be described as "a brief flicker", a "five year wonder" (Sundararaman 1996). Assertion by the deprived to get their rights was seen to be an integral part of the NLM and was initially tolerated by the government. However when social mobilisation led to people taking on wider economic or political issues, there was strong opposition from the government of the day. This led to removal of the NGO activists or transfer of district officials. For example, mobilisation by volunteers meant that people were able to access local facilities without having to go through political brokers, simply by asserting their rights with the support of

---

4 Arrack is a local alcohol brewed and sold locally.

the group. This was observed especially in some of the states in South India. As Sundararaman puts it:

> The fact that volunteers would do mobilisational work – which till then needed money or influence of the patrons – and the people could get services on their own – which was their right but so far had needed mediation by political brokers – was a threat that could not be tolerated. It was not a political party that was threatened or was threatening. It was a way of doing politics that was threatened and that was threatening. (Sundararaman 1996: 1195).

Regular evaluations were carried out of the programme. However these evaluations came to focus more and more on literacy outcomes as narrowly defined or the 3Rs – reading, writing, arithmetic. Qualitative aspects, in particular the social mobilisation taking place and its impacts, were missed. The success of the effort was judged by the increase in number of persons who were literate. As a result the other outcomes that were also an impact of mobilisation were missed and devalued[5]. Moreover the view that came to prevail was that the focus needs to be on schooling for all, so that the "stock" of illiterates does not keep on growing. With no great commitment to adult education, and the withdrawal of funds from the BGVS movement (starting in 1996-1997, and fully in 2000), the experiment ended. The failure to provide funds on a regular basis for the Continuing Education programme meant that the transformatory potential of the programme was kept in check. Pruning the wings of the BGVS and the TLC, so to say, could be seen as a way in which the state kept control over what could have become a radical churning within society.

Mahila Samakhya (MS) and women's sanghas

The MS programme was started in 1989, so that it developed in parallel with the NLM. Unlike the latter however MS continues to receive funds and is an accepted component of the package of education programmes of the central government. The MS programme was visualised as a programme of "education for women's equality". It brought together feminist experts and the education bureaucracy to provide the frame within which the programme could develop. Feminist movements have to confront deep-rooted patriarchal social norms, and the MS architects believed that a progressive state is an ally in the change process. It was believed that the collaboration between bureaucrats and feminists could create a "State feminism" with no compromises on basic principles on either side. Reflecting the feminist understanding of empowerment as a

[5] A. Mathew and others during the colloquium on "Evaluation with special focus on educational programmes and incorporating a gender and equity lens" held at National University of Educational Planning and Administration (NUEPA), New Delhi, May 27, 2014.

process "with no short-cuts and no predetermined routes", the MS project document talks of a "journey without maps" (Menon-Sen 2012).

MS started as a pilot project in three states, and has since been expanded. It is now operational in ten states. The programme was developed on the understanding that education plays a central role in empowering women to achieve equality and is housed in the Education Department. MS societies have been set up at state level, and the programme staff consists of women recruited for this work, and who are not career civil servants. A National Resource Group plays an advisory role and seeks to support the programme as well as strengthen the feminist understanding of the programme team. Thus MS is a government programme that works very closely with women activists at field level as well as at the national advisory level. Programme activists help to mobilise women from marginalised groups in the village and bring them together as members of groups known as *sanghas*. Village level *sanghas* are federated into larger networks. According to the programme agenda, "[t]he *Mahila Sangha* or *Mahila Samooh* is the focal point in each village, that will provide the space where women can meet, be together, and begin the process of reflecting, asking questions, speaking fearlessly, thinking, analysing and above all feeling confident to articulate their needs through this collective" (Government of India 2013). Each group would have a small number of women as members. Once women had articulated their needs and aspirations, the programme could respond to these with a range of interventions. These included training on gender, legal literacy, learning centres for young children, residential centres for out of school girls and young women, and many others.

The project document stated that women and women's groups would set the "pace, priorities, form and content" of project activities.

In evaluating the experience of Mahila Samakhya after twenty years, Menon-Sen (2012) finds that there have been many small changes in particular contexts or as she puts it, "songs of change in a minor key". These include confronting abusive husbands ; negotiating with the family to be allowed to work outside the home ; keeping daughters in school. MS has made some impact on the education sector :

> Access to education has been a major area of intervention for sanghas in all states. Apart from enhancement of enrolment rates in most if not all areas where it is working, there is little doubt that MS has made a significant difference to the quality of education and the functioning of schools. It has definitely created spaces for girls education within the system, although it is not certain to what extent these spaces can be sustained without constant surveillance and interventions by sanghas. (Menon-Sen 2012, 458)

MS has piloted initiatives subsequently replicated in mainstream education programmes, such as accelerated learning in residential schools for dropout girls.

However, over the years, the expectation that MS will help to fulfil education goals appears to have become stronger than the more elusive aims of facilitating open-ended journeys taken by women. It had been expected that women would seek education for themselves and their children, as they came to recognise the role it could play in many diverse aspects of life. But this process came to be seen as too slow.

At a macro level, this solidarity network has possibly not led to systemic changes within the education system that impact the understanding of gender issues, although the programme has contributed to new administrative modalities that are used more widely now (Ramachandran 2013). Unfortunately, despite its "progressive feminist aspirations", the routine management tasks of allocating and monitoring budgets and work plans have led to the "strait jacketing of a women's empowerment programme into a linear and reductionist expansion course typical to government approaches" (Gurumurthy and Batliwala 2012, 462). Menon-Sen finds that *sanghas* that have been able to challenge and influence informal institutions (such as women's families and traditional bodies such as caste *panchayats*) and even the informal/local fringe elements or formal institutions in their immediate environment (such as local schools or local *panchayats*), have hesitated or floundered in their engagements with formal institutions (Menon-Sen 2012).

MS has been described as "a radical feminist strategy within quasi-state organizational forms" (Gurumurthy and Batliwala 2012, 457). Another researcher suggests that

> [T]he "idea" itself makes visible the "solidarity" network that is politically invested in the product-technology, especially its success in rural marketplaces. Education as a product-technology can co-exist with micro-finance as another product-technology because both are important modalities of governing the poor with their consent within a political democracy. (Sharma 2011, 127)

MS feminists have had to resolve the difficult question of how far the programme has been "a middleman for the government" or "a middleman for the women" (Sharma 2011, 168).

The experience of MS suggests that even though there has been the creation of spaces for solidarity by the programme, this has been matched by the imposition of administrative controls, guidelines, and expectations that limit the possibility of transformative change. The programme is ever more strongly linked to other educational programmes and encouraged to enhance the synergy between them, thus diluting the other and the feminist goals of MS.

Both the literacy mission and the Mahila Samkhya programme sought to build a synergy between volunteers/activists/NGOs and the government. While NLM was not a woman-focused programme, some of its biggest successes came about as a result of women's mobilisation and action. MS, which is a woman-focused programme, hoped to build a structure where feminist activists could have enough space within a national government programme to bring about empowerment of women on a large scale. It is being argued here that the development imperative (of literacy and education in the examples discussed here) translates into clear targets for state departments, who seek linear progression towards meeting these targets ; while feminist goals of individual and collective consciousness raising are rarely, if ever, met by linear trajectories of change.

Non-government women's groups

The examples discussed above are large in scale as a result of their being supported by the State as national programmes. The question that might be asked is whether other forms of organising that are wholly independent of the ongoing government programmes have a different experience with the difficult articulation of both a development agenda and feminist aspirations. Briefly, what is suggested here is that non-government initiatives have to grapple with this issue in much the same way, albeit their area of operation may be much smaller. The difference is that they may have greater flexibility in pursuing a feminist agenda, but this does require an explicit recognition that slow and meandering trajectories of change are acceptable, on the part of both the mobilisers as well as the funders of such initiatives. Self-help groups are a popular strategy of mobilisation among NGOs. Among those that are larger in scale and well established, PRADAN, a voluntary organisation that works in more than five thousand villages across seven of the poorest states in India, describes itself as one of the pioneers in the promotion of self-help groups in India, having formed its first SHG in Alwar, Rajasthan, in 1987 and as on March 2013, PRADAN worked with 18,736 SHGs across 7 states.[6] Generally, the primary focus of SHGs remains savings, credit, and livelihood initiatives, although other interventions may also be made to support activities of SHGs and hence address wider issues. PRADAN, for example, is implementing a project in partnership with Jagori and UN Women for women's empowerment through the medium of SHG mobilisation[7]. Among the globally known examples of organising women is SEWA, the Self-Employed Women's Association, a trade union registered in 1972, working now in thirteen states, and having as its members poor, self-employed women workers who earn a living through their own labour or small businesses. While SEWA members are part of a wide range of activities, SHGs are formed by SEWA to enable livelihood security. In both cases, spaces of solidarity have surely emerged ; in the case of PRADAN the development (livelihood) focus, so far, has been dominant ;

6 http://www.pradan.net/index.php?option=com_content&task=view&id=33&Itemid=19

7 http://www.wfsnews.org/pradan-jagori-wfs%20inside-2012.html

SEWA's analysis of women's needs is contextual and pragmatic and there is considerable evidence of SEWA organising having been able to improve economic, health and other outcomes.

Within a village there can be several SHGs as each one has between 10-20 members. There are many axes of difference within a village – caste, class, religion, occupation – and bringing together women whose life experiences are very different is not easy. It is necessary to find a common concern around which women can come together despite other differences. Two organisations that have developed village level women's groups in two different contexts are the Uttarakhand Mahila Parishad (UMP) in Uttarakhand[8], an informal federation of over 400 village women's groups in hill districts of Uttarakhand, and Sneha in Nagapattinam, Tamil Nadu, which brings together women from coastal fishing communities (Kabeer, Sudarshan and Milwards 2013). By forming village level women's groups, a solidarity space is created that is premised on mediating differences resulting from class, caste, or other axes of difference among the women in the village and building a common approach to resource management and other needs. In the case of the UMP, village level organising is possible because of the relatively small size of villages (population being in a few hundreds) and the relatively strong community bonds (encouraged for example by land distribution being more equitable in the hilly areas). These village level groups are connected through a network which provides the possibility of communication and support much beyond what any single group could provide – the decision of the UMP to put forward a candidate in the State Assembly elections is an example of this. The experience of the older and more experienced of these groups suggests that there is no male opposition to activities clearly bringing common benefit – such as better protection of forests – but conflict emerges when women question decisions taken by men for example on the use of land for a road versus grazing. Looking specifically at the issue of feminist enquiry and whether critique of dominant patriarchy is emerging, what we do see is the emergence of questioning and of negotiations, not necessarily or always reflected in changed forms of behaviour or decisions. This experience draws attention to the fact that feminist organising needs space and time to negotiate within society (for more on the UMP experience, see Pande 2013 ; Sharma and Sudarshan 2010). There can be no quick leaps to gender equality in contexts where deeply entrenched social norms need to change. Small changes such as "a woman's group making efforts to tackle superstitious practices which harm the health of a new-born could begin by re-examining a traditional custom such as the one that prohibits the mother from breast feeding the baby until every family member has come home in the evening" (Sudarshan and Sharma 2012, 311).

---

8 http://www.ueec.org.in/women.htm

This very brief discussion of non-government initiatives brings out some parallels with the government programmes, in that "development" or meeting practical daily needs is an intrinsic part of these initiatives. Mobilising women is also integral to the strategies followed. However letting women set the pace of change and identify their own priorities requires, in practice, being willing to accept setbacks as groups may collapse, facing local resistances and conflicts, and not measuring success by the usual indicators (how many women educated, working, in active politics). The greater the control of pre-specified project log frames and budgets on the actions of these initiatives, the weaker are likely to be the feminist empowerment outcomes.

Conclusions

Cornwall and Coelho (2007) suggest that there is a "participatory sphere" created by spaces that are situated at the interface between state and society which hold out promise of a different kind of interface of citizens with policy processes. People can exercise political agency only when they see themselves as citizens able to influence political discourse and action, rather than clients or beneficiaries of analysis done by others, and these new spaces offer the opportunity for creating a sense of citizenship by letting people acquire skills of active participation. Self-help groups in the literacy movement, as much as women's *sanghas* and federations, could be seen as examples of a new "participatory sphere" created by state actions. In both cases, however, any large-scale transformative potential of the original idea has been constrained into inaction. This is not surprising, as government-initiated organising efforts are intended to strengthen women's presence in the economy and polity as it exists; any confrontation or questioning of these frameworks, even if it emerges, would be entirely coincidental, and is not anticipated by the programme.

To a limited extent, citizen solidarity groups do have the potential to influence public policies, assuming that there is present both an active citizenship and what might be called responsive politics or the ability of those in power to listen and not repress critique. It could be suggested that the brand of state feminism that developed hoped to create a form of "rightful resistance" (O'Brien 2013) where marginalised groups, especially women, are able to draw upon elite allies (feminists) and the government (committed to implement constitutional rights) in order to combat local oppressions – such as unequal wages, violence against women, child marriage, corruption, caste discrimination, access to entitlements under government programmes – leading to a stronger presence within education, and deeper understanding and commitment to gender issues across mainstream institutions. Because these claims are against rights enshrined in the Constitution, it is a within-system reform, not a revolution or transformation.

In practice, the development objectives (improve education indicators) have proved far stronger in the case of Mahila Samakhya than the feminist one of letting women articulate issues and choose their own trajectories of change (and perhaps, coming to education only after addressing violence). In the case of the literacy campaigns, the political clashes overtook the developmental objective (literacy) leading eventually to an end of the experiment. In both the examples discussed above, it is poor women who have been organised into groups, facilitated by persons themselves coming from a different class (as defined by education, income, work, and/or geographic location). Adding to this the conviction of project managers that within a period of a few years, groups can sustain themselves and do not need further hand holding, the result is only a transient interaction with the women. This is not enough for a sustained change in individual consciousness, leave alone building a sustained collective – it may be enough to impart information about particular projects or activities.

Women's collectives can develop and create spaces for feminist solidarity, even in a context of poverty, geographic remoteness and embedded patriarchy. The message of the above examples is not that mobilising women is not required or is unsuccessful : it is, rather, that solidarity that is embedded in development programming finds itself guided into the development objectives over-riding other concerns. Women's groups do seek to find ways to negotiate within society. If there is limited evidence of groups going beyond this to challenge formal structures, this may also be the result of women themselves setting boundaries to their actions. There are underlying assumptions of the ways in which "feminist" solidarity will play out, expectations about linear progression towards modernisation, that do not match the observed reality. Feminist groups need to be able to progress slowly, to meander, to deal with reverse movements and backlash, and to determine what progression is relevant and suitable to each context. Not all groups are equipped to manage and facilitate such processes. Through trial and error, given enough time, and given a minimal facilitation to ensure that questions stay alive, the process of negotiation within society would yield results. Attempting to match this to development programming appears destined to failure.

References

Baily, S. 2011. Speaking up : contextualizing women's voices and gatekeepers' reactions in promoting women's empowerment in rural India. *Research in Comparative and International Education*. 6(1).

Belliappa, J. L. 2013. *Gender, class and reflexive modernity in India*. Basingstoke : Palgrave Macmillan.

Connell, R. 2014. Global tides : market and gender dynamics on a world scale. *Social Currents*. 1(1) 5-12.

Cornwall, A. and V. Schattan Coelho. 2007. Spaces for change? The politics of participation in new democratic arenas. In *Spaces for change? The politics of participation in new democratic arenas*. Published online on http://www.drc-citizenship.org/system/assets/1052734500/original/1052734500-cornwall_etal.2007-spaces.pdf?1289508570

Desai, S. 2014a. Doing gender vs doing modernity : the dilemma of Indian middle classes. India Human Development Survey Working Paper No. 2014-1, presented at the International Seminar on Locating Gender in the New Middle Class in India, IIAS Shimla, 11-13 March 2014.

—–. 2014b. The New Young. *Indian Express*. August 27. Published online on http://indianexpress.com/article/opinion/columns/the-new-young/2/ [28.8.2014]

Dighe, A. 2012. Women, literacy and empowerment. In *Indian Adult Education Association. Two decades of National Literacy Mission : some perspectives*. 136-157. New Delhi : National Literacy Mission Authority, Government of India.

Ghosh, A. 1997. Adult education : looking beyond literacy campaigns. *Economic and Political Weekly*. Dec 20. 3246-8.

Goetz, A. M. 2004. Women's education and political participation. Background Paper for the Education For All Report. Paris : UNESCO.

Government of India, Ministry of Human Resource Development, Department of School Education and Literacy. 2013. Women's mobilisation and programme agendas. Online document on http://mhrd.gov.in/sites/upload_files/mhrd/files/upload_document/Mobilisation.pdf

Guérin, I. 2014. Juggling with debt, social ties, and values : the everyday use of microcredit in rural South India. *Current Anthropology*. 55(supplement 9) : S1-S12.

Guérin, I., S. Kumar and I. Agier. 2013. Women's empowerment : power to act or power over other women? Lessons from Indian microfinance. *Oxford Development Studies*. 41(Supplement 1):1-19.

Gurumurthy, A. and S. Batliwala, 2012. Revisiting an idea called "empowerment" : a reconnaissance of the *Mahila Samakhya* experience. In *Cartographies of empowerment : The story of Mahila Samakhya*. V. Ramachandran and K. Jandhyala. 438-474. New Delhi : Zubaan Books.

Kabeer, N. 1994. Reversed realities : gender hierarchies in development thought. London : Verso.

Kabeer, N. and A. Khan. 2014. Cultural values or universal rights? Women's narratives of compliance and contestation in urban Afghanistan. *Feminist Economics*. 20(3): 1-24.

Kabeer, N., R. Sudarshan and K. Millward (Eds.). 2013. Organising women workers in the informal economy. London : Zed Books

Menon-Sen, K. 2012, Mahila Samakhya: songs of change in a minor key. In *Cartographies of empowerment: the story of Mahila Samakhya*. V. Ramachandran and K. Jandhyala. 438-474. New Delhi: Zubaan Books.

Mishra, L. 2012. National Literacy Mission: genesis and the first decade. In *Indian Adult Education Association. Two decades of National Literacy Mission: some perspectives*. 22-56. New Delhi: National Literacy Mission Authority, Government of India.

O'Brien, K. J. 2013. Rightful Resistance revisited. *The Journal of Peasant Studies*. 40(6): 1051-1062.

Pande, A. 2013. Organising for life and livelihoods in the mountains of Uttarakhand: the experience of Uttarakhand Mahila Parishad. In *Organising women workers in the informal economy*. N. Kabeer, R. Sudarshan and K. Milward (Eds). 100-127. London: Zed Books.

Ramachandran, V. 2013. Exploring the legacy of three innovative programmes: What mainstream educational policy and practice learnt from Lok Jumbish, Shiksha Karmi and Mahila Samakhya. Paper presented at Anil Bordia Memorial Policy Seminar on "Education and Social Empowerment: Policies and Practices" at NUEPA, New Delhi on 16-17 December.

Sharma, D. and R. M. Sudarshan. 2010. Towards a politics of collective empowerment: Learning from hill women in rural Uttarakhand, India. *IDS Bulletin*. 41(5): 43-51.

Sharma, K. and C. P. Sujaya. 2012. Introducing Towards Equality. In *Towards Equality by the Committee on the Status of Women in India (Department of Social Welfare, Government of India)*. K. Sharma and C. P. Sujaya (Eds). xxiii-xl. New Delhi: Pearson Education.

Sharma, S. 2011. *"Neoliberalization" as betrayal: state, feminism, and a women's education program in India*. New York: Palgrave Macmillan.

Sudarshan, R. M and D. Sharma, 2012. Gendering evaluations: reflections on the role of the evaluator in enabling a participatory process. *Indian Journal of Gender Studies*. 19 (2): 303-320.

Sundararaman, S. 1996. Literacy campaigns: lessons for women's movement. *Economic and Political Weekly*. May 18. 1193- 1197.

Vijayakumar, G. 2013. "I'll be like water": gender, class, and flexible aspirations at the edge of India's knowledge economy. *Gender and Society*. August 26.

Un douteux retour du partage et de la gratuité

Jean-Michel Servet

> Dans ces académies ou collèges, les professeurs avaient trouvé de nouvelles méthodes pour l'agriculture et l'architecture, et de nouveaux instruments et outils pour tous les métiers et manufactures, par le moyen desquels un homme seul pourrait travailler autant que dix, et un palais pourrait être bâti en une semaine de matières si solides qu'il durerait éternellement sans avoir besoin de réparation ; tous les fruits de la terre devaient naître dans toutes les saisons, plus gros cent fois qu'à présent, avec une infinité d'autres projets admirables. [...] L'ingénieur qui logeait dans cette chambre était le plus ancien de l'académie. [...] Son occupation, depuis son entrée à l'académie, avait été de tâcher de faire retourner les excréments humains à la nature des aliments dont ils étaient tirés. Par la séparation des parties diverses et par la dépuration de la teinture que l'excrément reçoit du fiel, il faisait évaporer la mauvaise odeur et séparait la salive.
>
> Jonathan Swift, *Les Voyages de Gulliver*, Troisième partie, Chapitres 4, 5.

Les organisatrices du colloque *Homo Œconomicus, Mulier Solidaria*[1] m'avaient encouragé à présenter une contribution intitulée : « L'économie collaborative : contestation et récupération du partage ». Je proposais de

---

1 Que soient remerciés ici Vincent Bergeot, Pierre Calame, Hervé Le Crosnier et Isabelle Hillenkamp pour leur lecture d'une première mouture de ce texte ainsi que les participant·e·s au colloque *Homo Œconomicus, Mulier Solidaria*.

Servet, J.-M. 2015. Un douteux retour du partage et de la gratuité. In *« Homo œconomicus, mulier solidaria. » Une économie solidaire peut-elle être féministe ?* (Dir.) C. Verschuur, I. Guérin et I. Hillenkamp. 139-153. Paris : L'Harmattan, collection Genre et développement. Rencontres.

m'appuyer sur les premières réflexions menées (Servet 2014)[2] tout en préparant une future contribution aux *Temps modernes*. Je souhaitais ainsi synthétiser cette première recherche diffusée par l'Institut Veblen en juin dernier tout en en renforçant la dimension théorique en m'appuyant sur les recherches récentes analysant les communs au-delà des questions environnementales, en particulier dans l'ouvrage de Pierre Dardot et Christian Laval (2014) et dans une livraison de la *Revue de la Régulation*. Je voulais développer l'argument selon lequel de nombreuses pratiques dites «collaboratives» mettant en avant le partage peuvent être éloignées de l'économie solidaire fondée sur le principe de réciprocité et mobiliser fortement le principe de concurrence et la recherche de lucrativité. Les questions posées par les économistes féministes interrogent tant les pratiques solidaires de l'économie que celles de l'économie du partage, compte tenu des positions variables occupées par les femmes et par les hommes dans chacune d'elles.

La prise en compte des mutations introduites par l'économie du partage peut contribuer, comme l'économie féministe ou l'économie solidaire, à la déconstruction (de fait, car elle est plus rarement pensée théoriquement par les acteurs) des catégories et de leurs frontières habituelles fondant les discours orthodoxes (et pas seulement) sur l'économique, et ainsi favoriser un renouvellement de sa définition en dépassant des oppositions constituant des paradigmes dominants. Les concepts et les champs impliqués sont multiples: valeur d'usage/valeur d'échange, gratuit/payant, improductif/productif, altruisme/individualisme, collectif/privé, bien public/commun, accès/propriété, espace public/espace privé, réciprocité/profit, coopération/concurrence, intérieur/extérieur des organisations, domestique/citoyen, politique/économique, pauvreté/richesse, besoin/subsistance, consommer/accumuler, etc., autant de dépassements d'oppositions qui sont au cœur de la déconstruction de l'économie et de la construction de la socioéconomie. Cette remise en cause de ce qui passe généralement pour des évidences est un défi théorique. En cela les préoccupations théoriques des études de genre et de l'économie solidaire se rejoignent, tout comme celles des approches environnementalistes; même si chacune des expériences pratiques de partage n'interpelle pas toutes ces questions simultanément.

Le fait que la question du partage soit venue sur le devant de la scène médiatique au cours des dernières semaines, à travers les interventions de Jeremy Rifkin à la suite de la publication de *The zero marginal cost society* (Rifkin 2014a; 2014b)[3], a bouleversé ce que j'avais l'intention de présenter.

2 Au cours de la rédaction de cette nouvelle intervention, j'ai pris connaissance de l'analyse de Juliet Schor (2014) dont les arguments critiques à partir d'exemples nord-américains sont convergents avec ceux que j'avais mis en avant à partir d'exemples principalement français.

3 Parmi les critiques publiées depuis sa parution, une des plus percutantes est celle de Jean Gadrey (2014) sur son blog d'*Alternatives économiques*.

La référence que je fais à Jeremy Rifkin ne tient pas à ce que cet économiste américain dit explicitement en matière de genre. Car il y a bien peu de choses à tirer de son ouvrage en ce domaine. Il ne développe pas cette dimension et son silence est éloquent pour le détour critique que ce colloque veut mener sur les pratiques et la pensée de l'économie. Dans une de ses nombreuses interviews, on lit par exemple :

> Actuellement, on équipe des villages africains ou asiatiques avec des panneaux solaires. Il y a des *start-up* dans ces régions, souvent fondées et dirigées par des femmes. Les femmes ont intérêt à cette révolution d'internet et de l'énergie, ça va contribuer à les libérer. Comme en Occident où l'électricité a contribué à la libération des femmes. Mon activité concerne toutes les zones du monde, pas seulement l'Occident. (Rifkin 2014c)[4]

Les thèses de son ouvrage paru en français sous le titre *La nouvelle société du coût marginal zéro* (Rifkin 2014b)[5] ne sont pas vraiment inédites, comme l'indiquent les nombreuses références bibliographiques de l'ouvrage sur lesquelles l'auteur s'appuie. Mais la médiatisation de la synthèse qu'il présente de biens et services partagés a, en quelque sorte, déplacé la question du partage et de la solidarité en y adjoignant un fort substrat technique et, de ce fait, déterministe, par l'« infrastructure » matérielle des sociétés. On le remarque d'ailleurs dans la citation que je viens de faire : ces techniques sont supposées libérer les femmes.

Le champ couvert par l'ouvrage de Jeremy Rifkin prend différents visages selon les analyses et la présentation qu'il fait de nouveaux rapports à la consommation, des formes innovantes d'organisation de la production et de la distribution et des modes de financement originaux appréhendés à partir d'expressions comme « économie collaborative », « économie circulaire », « économie participative », « économie de la fonctionnalité », « économie de l'usage », « mouvement des colibris » ou « économie du partage ». Beaucoup des expressions utilisées, dont le champ se recouvre plus ou moins, sont directement traduites de l'anglais ; ainsi celle d'« économie du partage » qui correspond à la « sharing economy »[6].

De nombreux noms de sites utilisent des expressions anglo-saxonnes, y compris quand leur cible n'est pas anglophone. Celle d'« économie positive », du fait de son flou, sans doute volontaire pour s'approprier des idées à

---

4 Dans l'ouvrage aucun chapitre ou élément n'est dévolu spécifiquement à une dimension genre.

5 L'ouvrage a paru en anglais en avril 2014 et été très rapidement traduit en français pour paraître le 24 septembre suivant. Remarquer l'ajout de « nouvelle » dans le titre français. Un site lui est consacré : http://thezeromarginalcostsociety.com/.

6 L'expression « sharing economy » offre plus d'un demi-million d'entrées sur Google (sites en anglais) ; « économie du partage » 153 000 en juin 2014 et sept fois plus en octobre (tous sites confondus).

la mode sans innovation remarquable et rassembler très largement[7] sans contester les intérêts des plus puissants (qui financent ses réunions), récupère quelques idées critiques acceptables. Les rencontres régulièrement organisées autour de cette expression contribuent ainsi également à médiatiser certaines de ces nouveautés, parmi d'autres.

L'hypothèse centrale de Jeremy Rifkin quant à l'économie du partage peut être résumée ainsi : le capitalisme se meurt du fait de l'apparition de « communaux collaboratifs »[8] à travers des pratiques comme l'auto-partage, le financement participatif *(crowdfunding)*, l'offre réciproque d'hébergement chez l'habitant *(couchsurfing)*, la production par des particuliers d'énergies vertes, la fabrication d'objets par des imprimantes 3D à domicile, dans des lieux autogérés ou communaux, la création de monnaies complémentaires solidaires, les enseignements à distance gratuits ou quasi-gratuits des universités ou encore l'échange d'informations par les malades sur leur traitement. Ils sont caractérisés par des formes de production à coût décroissant[9], par le partage et par le fait que, pour leurs promoteurs, la valeur d'usage par l'accès prime sur leur détention par la propriété ; la durabilité l'emporte sur le consumérisme y compris par le recyclage et l'utilisation élargie des biens disponibles ; la coopération subsumerait la concurrence. Leurs consommateurs sont devenus des producteurs contributifs (des « prosommateurs »). Jeremy Rifkin annonce une société future du pique-nique[10], ou pour parler anglais du *free lunch*.

Ce nouveau paradigme du « demain on rase gratis » promu par Rifkin s'opposerait ainsi radicalement :

---

7 Sa troisième rencontre à l'automne 2014 a réuni près de 6000 personnes au Havre (France) [http://positiveeconomy.co/fr/].

8 Dardot et Laval (2014) parlent de « commun » au singulier et de façon générale alors que Françoise et Paul Chemla, les traducteurs de Rifkin, en note d'édition (Rifkin 2014b, 9) indiquent traduire *commons* par « communal » ou « communaux » en référence aux terres gérées collectivement dans l'ancienne Europe. Il est à noter que si l'emploi de l'expression « communaux collaboratifs » ne pose pas beaucoup de problèmes quand elle s'applique à l'auto-partage, au *crowdfunding*, au *couchsurfing*, à la production d'énergie par exemple, elle devient ambiguë dans d'autres domaines où ces communaux pourraient être confondus avec la propriété de commune, et l'emploi d'une expression nouvelle comme « commun » ou celle de pratique de « partage » est plus adéquate.

9 Rifkin (2014b) affirme à « coût marginal zéro » dans le titre et dans plusieurs passages mais page 208 il évoque des coûts marginaux « quasi nuls ». Il conviendrait ici de bien distinguer d'une part le coût d'usage de ces biens et services et d'autre part le coût de production des machines permettant de les diffuser. L'argument d'un coût quasi nul a été fortement critiqué, notamment par Raymond (2014) et par Gadrey (2014) et en raison du coût des ingrédients nécessaires à la fabrication de ces outils de communication et ou de production d'énergie à faible coût, et aussi de la faible part actuelle (10 % en France) de la consommation de ce type de produits dans la consommation globale des ménages.

10 Voir la critique de ce type d'hypothèse par Walras dans Dockès (1996).

- d'une part, aux valeurs fondatrices du capitalisme car il est porté par des réseaux reliant les participant·e·s grâce à l'internet ; cela veut dire que le capital relationnel de chacun·e devient plus important que sa dotation financière ; ce qui peut impliquer aussi que, à côté de l'État et du marché, la société civile exerce un rôle essentiel dans le fonctionnement des sociétés pour s'approprier et gérer ces communs (Rifkin 2014 b, 295).
- d'autre part, au fonctionnement technique dominant actuellement les sociétés quand on le resitue dans une perspective historique.

La première révolution économique (confondue ici avec celle de l'industrie) était celle de la machine à vapeur, des hauts fourneaux et des chemins de fer. La deuxième, celle de l'automobile et de la production à la chaîne. Dans ces productions, les coûts sont croissants et les rendements décroissants au fur et à mesure que la production augmente. Ces deux premières révolutions poussent donc à réaliser des économies d'échelle par la concentration (géographique) et centralisation (de gestion) des activités et l'intégration verticale des activités, de la production à la distribution. La troisième révolution que Rifkin analyse est caractérisée par une déconcentration et décentralisation des activités grâce à des relations collaboratives de pair à pair en position latérale, donc d'abord horizontales, alors que simultanément l'usage des réseaux internet[11] rend les coûts de production décroissants. Ceci doit permettre de multiplier le nombre de producteurs et d'utilisateurs et de ne pas lutter contre la rareté mais de promouvoir l'abondance (en particulier du fait de sources d'énergie renouvelables, de produits réutilisables et d'ingrédients recyclables et incorporant de grandes quantités d'éléments immatériels).

> Les grandes révolutions économiques de l'histoire sont des révolutions des infrastructures, et ce qui donne aux grandes révolutions des infrastructures leur puissance transformatrice, c'est la convergence de nouveaux médias de communication avec de nouveaux régimes énergétiques. Rifkin (2014b, 292 ; dans le même sens 87, 201, 402).

L'on assiste à chaque fois, écrit-il à la conjonction d'une révolution des communications (facilitant les échanges), d'une révolution énergétique et d'une révolution des transports et de la logistique (fluidifiant la circulation des biens à l'intérieur de cette économie). À chaque révolution, ces trois domaines convergent dans une nouvelle structure. Et l'évolution actuelle aboutirait, si ce n'est à la fin du capitalisme, pour le moins à une version hybride du fait de comportements solidaires permis par les nouvelles techniques, modèle qui serait selon lui dominant d'ici un demi-siècle. On doit

[11] Le système interactif poussant la productivité est composé de trois internets interconnectés : l'internet des transferts d'informations, l'internet de l'énergie et l'internet de la logistique (Rifkin 2014 b, 294)

relever ici que ces comportements solidaires ne changent pas la rationalité qui reste économique car fondée sur un même ajustement logique entre fins et moyens, le changement tenant à la fin supposée d'un certain type de rareté permettant une plus large satisfaction des besoins.

D'une certaine façon on pourrait retrouver à travers cette thèse du substrat technique des révolutions produisant des changements sociaux des débats qui ont eu lieu dans les années 1970 autour de la première révolution dite «industrielle» des machines à vapeur obligeant à la concentration des travailleurs (thèse classique) ou au contraire la concentration initiale des travailleurs dans les manufactures permettant l'application de cette solution technique. Cette dernière thèse est développée dans les travaux de Marglin (1974; 1975)[12] relisant *La Richesse des nations* d'Adam Smith[13]. La crise de 1973 obligeait à penser aussi des issues à la crise dite «du pétrole» et à l'absence de consensus dans la répartition profits/salaire (conflit que Joan Robinson avait traduit dans le concept de «barrière inflationniste»). L'argumentaire de ces débats sur les déterminations sociales ou techniques sont centrales chez l'économiste Pierre Dockès par exemple qui a consacré un certain nombre de travaux à la fin de l'esclavage et à l'émergence de la féodalité, ce qu'il avait appelé *La Libération médiévale* (Dockès 1979). Il a alors interrogé les dimensions sociales de la diffusion des moulins durant le Moyen-Âge européen, à travers la lutte entre les moulins à main des paysans interdits par les féodaux et les moulins à eau imposés par les seigneurs pour s'assurer au-delà de la rente foncière une rente sur leur usage obligé (Dockès 1986; 1991). Jeremy Rifkin choisit la thèse techniciste et économiste (du matérialisme historique qui est une lecture de Marx revue par Staline et beaucoup d'autres sur la détermination économique par l'infrastructure réduite aux forces productives matérielles, voir par exemple Rifkin 2014b, 64, 291) contre d'autres lectures de certains textes de Marx moins strictement évolutionnistes et technicistes[14] et accordant un poids essentiel aux rapports sociaux de production et donc aux luttes sociales dans les changements de société. Elles sont occultées ou sous-estimées dans l'évolution des socié-

---

12 Un document de travail préalable a été traduit partiellement par André Gorz (1973, 45-81), traduction complète et commentaires par Tinel (2004). Voir aussi: Sabel et Zeitlin (1985; 1997)

13 On doit remarquer qu'Adam Smith ne traite pas dans l'exemple de la manufacture d'épingles des spécificités des tâches masculines et féminines, ni celles des enfants, en supposant chacune des composantes de la production comme quasi équivalentes. Pour une description de la manufacture située à Laigle (Normandie) qui a servi de modèle à un article de Alexandre Delaire (1755) dont se sont inspirés Adam Smith mais aussi le *Dictionnaire universel du commerce et métiers* (Savary des Bruslons et Savary 1760), voir Peaucelle (1999).

14 On pense notamment ici aux premiers écrits du «jeune Marx» sur les vols de bois dans la vallée du Rhin.

tés décrites par Rifkin (2014b). Il affirme (2014b, 89) qu'au fil des XIXe et XXe siècles : « Certes, les syndicats ont combattu la puissance patronale avec acharnement, mais sans jamais rallier à leur cause la majorité des travailleurs » et il poursuit en qualifiant de « soulèvements populistes contestant la mainmise absolue des grandes entreprises sur la vie économique de la société » le mouvement Occupy Wall Street. Que ces combats aient été menés par des minorités est une chose. Mais affirmer de façon univoque que les transformations sociales sont le résultat de déterminations techniques est étonnant. La technique peut être pensée comme une condition nécessaire, un cliquet rendant les mutations possibles ou impossibles, sans être considérée comme un élément engendrant des automatismes et encore moins un élément suffisant aux transformations des modèles de société, dans la mesure où chacun des « progrès techniques » et leur diffusion sont culturellement et socialement marqués. Il ne suffit pas qu'une découverte ou une invention apparaisse pour qu'elle dépasse le champ des idées et qu'automatiquement elle donne lieu à des applications pratiques ; et encore moins à une généralisation modifiant les façons de vivre. Une approche neutre de la technique évite aussi de se poser la question de la nécessité ou non de la violence pour permettre les changements sociaux et des circonstances dans lesquelles elle devient inévitable, au risque même de pervertir l'objectif poursuivi[15]. Faisant de la technique l'acteur privilégié des changements, l'intervention de Jeremy Rifkin se situe de façon conséquente essentiellement dans une activité de conseil (grassement rémunérée) auprès de chefs d'État et de grandes entreprises et par l'écriture de *best-sellers*, et non d'une présence active auprès des mouvements sociaux et de contestation.

La façon dont des communautés promouvant le partage s'emparent des techniques existantes pour les transformer exprime l'appropriation d'une technique au double sens de l'expression puisqu'elle inclut l'adaptation d'une part de son usage et d'autre part des produits : on voit créer de nouveaux logiciels, cultiver bio, émettre des monnaies locales, etc. qui peuvent engendrer des modes de vie en quelque sorte déviants des normes dominantes actuelles. Mais Jeremy Rifkin, en privilégiant l'usage, méconnaît ces transformations et en particulier le marquage genré des techniques employées. Or, elles ne sont pas anthropologiquement neutres. L'approche promue est surtout de s'emparer de l'existant, d'avoir accès à l'existant sans remettre en cause les techniques elles-mêmes et en quelque sorte les révolutionner. Il ne s'agit pas simplement de remplacer des hommes par des femmes, mais de changer le fonctionnement des organisations et les rapports de travail et d'échange pour chaque moitié du monde, pour les unes comme pour les autres. Beaucoup des interrogations des années 1950 aux années

[15] À l'heure où nous vivons peut être un basculement de ce type, une relecture de Martin Luther King, de Gandhi ou de Lanza del Vasto serait sans nul doute nécessaire.

1970 sur les relations entre technique et société[16] pourraient être utilement relues et reliées aux préoccupations contemporaines, en y intégrant la problématique genre. Quand est mise en avant la capacité de remplacer des tâches notamment domestiques par des robots pour rendre davantage de temps disponible pour le non travail, il convient de se demander si cette substitution de services par des produits industriels ne s'accompagnera pas de la suppression d'emplois aujourd'hui principalement féminins. Ces machines resterait d'abord dans leur conception et dans leur production principalement masculines alors que les femmes se trouveraient ainsi par ce qui est désigné comme un progrès technique dépossédées d'une partie de leurs activités. Et les robots peuvent-ils sans déshumanisation remplacer l'attention portée à des enfants ou à des personnages âgées ?[17]

Rifkin a une vision en quelque sorte « progressiste » de ce rapport. Ce qui explique sa négligence ou sa dissimulation des dimensions ou contreparties négatives des évolutions qu'il présente. Or, il remarque dans une interview :

> Des compagnies comme Cisco, IBM, General Electric, ont anticipé cette connexion tous azimuts de tous les objets, et commencent à mettre des capteurs partout. Des capteurs, il y en a déjà dans les champs, pour suivre l'évolution de la récolte ; sur la route pour calculer le trafic en temps réel ; dans les entrepôts et centres de distribution, pour mesurer les problèmes de logistique à la seconde près ; dans les magasins de détail, de sorte que quand un client prend un article en main, le capteur peut dire s'il l'a essayé, reposé, au bout de combien de temps, etc. Et maintenant les capteurs connectent tous les objets de la maison, thermostats, machines à laver… (Rifkin 2014d)

Ne doit-on pas ici non pas aspirer à cette prétendue libération grâce à ces techniques de communication, pour ne pas dire de surveillance, mais plutôt redouter ce *big brother*, potentiellement bien plus efficace que les caméras de sécurité disposées actuellement dans les espaces publics ?

Apparaît aussi une négligence des conditions politiques puisque pour parvenir aux transformations nécessaires l'accent est principalement porté sur la technique[18] et ces évolutions paraissent s'imposer d'elles-mêmes. Cela rappelle encore de nombreuses lectures de Marx où l'infrastructure s'impose sur la superstructure par la force du progrès nécessaire aux sociétés humaines. Le moulin, disait Marx, donne la société féodale comme la machine à vapeur

---

16 Parmi cette abondante littérature, retenons Auzias (1965) et Axelos (1961). Pierre Calame (2009) l'aborde de façon fort innovante en lui donnant une dimension territorialisée.

17 En ce sens voir Gadrey (2013) note critique d'un précédent ouvrage de Rifkin (2012).

18 Voir l'analyse critique de l'ouvrage dans Baquiast (2014) qui souligne notamment les limites techniques et politiques à la gratuité des solutions proposées en s'appuyant sur les coûts par l'exemple de la transition allemande post nucléaire. Pour une critique technique faisant référence aux ingrédients nécessaires et coûteux pour produire les éléments nécessaires aux produits supposés à coût zéro, voir Bihouix (2014).

donne le capitalisme. Jeremy Rifkin paraît soumis au même économisme rampant caractéristique des façons de penser (en apparence opposée) mais en fait soumise à l'idéologie néolibérale. L'économisme rampant est ce qui reste aujourd'hui du marxisme affirme Pierre Bourdieu dans *Manet. Une révolution symbolique*[19].

Jeremy Rifkin évoque bien peu la question des droits de propriété[20]. Il affirme: «Les droits de propriété s'effacent devant le partage en source ouverte, la propriété est moins importante que l'accès» (Rifkin 2014b, 203). Bien évidemment de nombreux coûts de production sont décroissants en matière de production de médicament (une fois amorti le coût de la découverte), en matière d'enseignement (pour la diffusion à distance et à un très large public d'un cours enregistré), culturelle (une fois amorti le tournage d'un film, ou l'enregistrement d'un concert ou d'une chanson par exemple, ou pour un livre composé une fois mis en ligne). Il est vrai que ce type de consommation en partie immatérielle est en forte croissance dans les consommations des ménages, ce qui permettrait de les distribuer très largement à très faible prix voire gratuitement[21]. Mais cette loi de la diminution des coûts physiques dans ces activités se heurte à une loi non pas techniquement mais socialement implacable: celle des prélèvements légitimés par les droits de propriété. Certes ceux-ci sont fortement contestés par les utilisateurs et sont informellement combattus. Mais des contrôles de plus en plus sophistiqués sont mis en place pour assurer la rémunération des droits des brevets, droits de diffusion, etc. Processus technique de contrôle et de diffusion de l'information que Rifkin reconnaît mais uniquement pour en faire un élément positif d'interconnexion. Et l'on assiste à une croissance exponentielle de droits immatériels qui contre-

[19] «Le succès actuel du néolibéralisme chez les journalistes et dans une partie de l'intelligentsia pourrait avoir été favorisé par la survivance du primat marxiste accordé à l'économie» (Bourdieu 2013, 577).

[20] Il le fait pour expliquer les *enclosures* et la destruction des communaux à partir d'un commentaire de Locke (Rifkin 2014b, 93-94). Il établit page 115 un parallèle très pertinent entre ce mouvement de privatisation des communaux et l'émergence d'une pudeur privée, qui fait que l'on ne se baigne plus, que l'on n'urine plus et ne défèque plus en public, de même pour les rapports sexuels et la promiscuité des lits. Voir aussi les évolutions des façons de manger. Mais l'analyse n'est pas menée pour la période contemporaine en ce qui concerne les nouvelles *enclosures* qui naissent du renforcement des droits de propriétés et des luttes en relation avec ceux-ci.

[21] Rifkin n'est pas le premier à avoir pensé cette évolution. On lit chez Schumpeter (1942, 105-106): «En se plaçant au point de vue des foyers individuels, on pourrait raisonnablement s'attendre à ce qu'un nombre croissant de marchandises sortent de la zone des biens économiques (et donc rares) et deviennent pratiquement disponibles jusqu'à satiété. Une telle situation pourrait être réalisée par voie d'arrangements soit conclus entre des sociétés productrices et des offices publics, soit de nationalisation ou de municipalisation», ce qui à ses yeux serait une «évolution future du capitalisme.» Ce passage sur la diminution du coût marginal est commenté dans Servet (2010, 85).

disent les potentialités techniques du coût zéro par les prélèvements de rentes qu'ils permettent. Jeremy Rifkin passe largement sous silence les luttes sociales[22] et politiques requises par la généralisation de l'abondance qu'il envisage du fait du recul de la rareté physique en certains domaines.

Mais c'est une autre limite que je voudrais remarquer quant à la logique de partage et de convivialité que Rifkin et de nombreux tenants de l'économie collaborative, de l'économie du partage, mettent en avant. Le problème de cette économie du partage provient, pour ce qui est de la prétendue solidarité, de la transformation de valeurs d'usage en valeurs d'échange à un niveau domestique pour reprendre une distinction traditionnelle des économistes. Et c'est là me semble-t-il où pourrait intervenir le mieux une perspective de genre.

Si l'on fait l'hypothèse que, non pas par nature mais du fait de la répartition sexuelle dominante des activités, une majorité de ces productions domestiques sont féminines (quand le salariat est le mode de production hégémonique, y compris parce que le temps de labeur privé et public des femmes s'accroît considérablement), cette transformation interroge de nouveau les rapports de genre et les exploitations potentielles. Alors que de nombreuses économistes féministes mettent l'accent sur la propension plus grande des femmes au don, au *care*, à la générosité, etc. dans des sociétés dominées par des logiques de lucrativité et alors que les pratiques de la *sharing economy* et de l'économie collaborative mettent en avant des pratiques de partage, on peut s'étonner que Rifkin n'aborde pas cette dimension alors qu'il prétend éclairer l'avenir des formes de production, d'échange et de consommation. Cela tient en partie au primat qu'il donne à la technique, sans penser les techniques dans leurs dimensions genrées[23] et comme produit de la société dans laquelle on y recourt (elles ne sont ni extérieures, ni neutres). Or, l'économie collaborative et l'économie du partage marchandisent des activités jusque là internes aux sphères domestiques.

Je ne reprends pas ici (faute de place) d'autres interrogations sur le fait de savoir si participer au marché libère ou si, au contraire, cela entraîne exploitation et oppression.

---

[22] La référence est incidente (2014, 454) : « Les travailleurs ont dû lutter contre le patronat à toutes les étapes du parcours, en s'organisant en syndicats et en groupes de pression politiques, pour obtenir un juste retour sur le travailleur. » Cette affirmation qui néglige toute possibilité d'exploitation de la main-d'œuvre pour expliquer des processus d'accumulation capitaliste contraste par ailleurs avec le caractère minoritaire de ces luttes (2014, 89 cité plus haut dans le texte). Toutefois, ne voyant pas le mécanisme « normal » de l'exploitation, il semble penser que le prix des biens et services est en relation avec leurs coûts réels de production sans percevoir qu'une marge considérable peut être ajoutée pour rémunérer les droits de propriété.

[23] Pour cette approche faisant le lien entre genre et techniques, voir notamment la revue *Gender, Technology and Development* et Gill *et al.* (2010).

J'aborde cette question autrement. Je la détourne en quelque sorte. Cette entrée sur le marché d'activités qui y étaient extérieures permet des comportements spéculatifs, y compris au sein de la sphère domestique ainsi marchandisée et soumise à la concurrence entre producteurs privés de ces biens et services. Et donc penser que ces pratiques de partage sont par nature éloignées de la logique de lucrativité équivaut à se leurrer sur les évolutions en cours.

L'usage des sites n'exclut pas des logiques d'enrichissement et de captation de rentes. Si l'on observe la logique d'élaboration et de fonctionnement des sites, il apparaît bien que tous ne sont pas aussi conviviaux qu'ils se donnent à voir. Leur fonctionnement peut viser à un accroissement des revenus tant de ceux qui les animent que de ceux qui y recourent pour acquérir ou commercialiser certains biens ou services. La gratuité ne repose pas nécessairement sur un acte fondamentalement généreux. Par exemple les journaux mettent en libre accès une partie de leur édition en espérant que les lecteurs seront fidélisés et achèteront l'article ou s'abonneront. Le modèle économique des sites internet gratuits avec publicité n'est pas nécessairement voué à un grand avenir. Leur rentabilité future est illusoire car en fait les lecteurs chassent la publicité autant qu'ils le peuvent et surfent d'un espace gratuit à un autre sans payer. Rifkin paraît aveugle à ces comportements éloignés d'un avenir radieux de la gratuité parce qu'économiquement non soutenables pour la plupart des supports qui ne sont pas militants. Il l'est tout autant à la contribution possible des nouveaux instruments de communication à l'empire de la liquidité et aux exploitations financières qui l'animent. On le voit dans la façon dont il traite les monnaies collaboratives telles que le *bitcoin*. Il présente celui-ci comme une liberté apportée aux utilisateurs (Rifkin 2014b, 392). De façon générale, sans faire de distinction entre les différents types, les monnaies complémentaires lui paraissent « une démocratisation de la monnaie » (2014b, 402). Et à aucun moment il n'évoque le coût considérable en électricité pour produire le *bitcoin*[24]. Ce n'est pas un coût zéro mais au contraire un coût croissant pour produire de la rareté nécessaire à sa valorisation. À le lire on pourrait penser que le principal mobile de l'acquisition de *bitcoins* est l'échange alors qu'il est d'abord une spéculation sur un titre pour s'enrichir, pour autant que son cours monte. On se situe donc à l'inverse d'une diminution de la rareté, thèse centrale de son ouvrage.

L'économie du partage version Rifkin apparaît surtout comme la transformation de l'humanité en une multitude d'auto-entrepreneurs. Certains pourraient y retrouver l'idéal économique dominant chez les révolutionnaires français de 1789 et même de 1794, ainsi que Jean Jaurès l'avait bien saisi

[24] La forte proportion de *bitcoins* produits par des ordinateurs en Irlande s'explique par un bas prix local de l'électricité. Aux États-Unis, leur fabrication correspond à consommation électrique d'une ville de 70 000 habitants.

(Servet 1989), ou chez les petits producteurs associés de Pierre Joseph Proudhon (Leroy 1954). Ces producteurs privés supposés partager seraient alors aussi tout à fait conformes à l'idéal type néo-classique de l'acteur économique non spécialisé et porteur de multiples fonctions (produire, investir, épargner, consommer) à la différence de l'acteur de l'économie classique qui incarnait des fonctions sociales (travailleurs, capitalistes, rentiers, etc.) et au-delà des classes sociales. Le premier idéal répond à une définition formelle de l'économique (analysant les relations entre fins et moyens ayant des usages alternatifs) alors que le second correspond à son approche substantielle (d'un champ d'activités humaines faisant système et socialement organisées) (Godelier 1966).

Pour conclure

La lecture de l'ouvrage de Rifkin peut conduire à une double confusion d'une part entre économie collaborative et *sharing economy* avec l'usage de nouvelles techniques de communication et la prévalence de mobiles de générosité ; et d'autre part entre partage et gratuité.

Si de nouvelles techniques informatiques permettent et se font grâce à une primauté de l'accès sur la propriété, cela ne s'oppose pas nécessairement à des logiques de lucrativité. Au contraire, celles-ci peuvent constituer une extension de la marchandisation et de la chrématistique. Ceci se réalise en transcendant les frontières entre sphère domestique et sphère d'échange et c'est notamment à travers ce processus que les divisions traditionnelles entre productions masculines et productions féminines peuvent être interrogées et peuvent pratiquement se trouver mises en question.

Deuxième limite de l'approche, on ne partage pas que ce qui est gratuit. Partager ce qui est gratuit suppose des règles et des normes d'accès pour permettre la reproduction de la ressource. Mais partager ce qui est coûteux est plus difficile... et plus prometteur sans doute pour (re)construire de nouveaux rapports sociaux de production, de financement, d'échange et de consommation. Au contraire du gratuit, la reproduction et le développement de communs produits implique aussi de gérer ce qui est coûteux et de penser une répartition juste selon les besoins de chacun. À cela s'ajoute qu'un débat autour de l'imputation des charges et d'une juste répartition des richesses est au cœur de la construction d'un débat démocratique nécessaire impliquant les diverses parties prenantes.

Ceci étant dit, l'ouvrage a le mérite d'engager une réflexion sur la reconnaissance et la construction de communs au delà de communautés de base et de circuits courts. On assiste à un désenclavement du local et de ses formes de solidarité. Les nouvelles techniques de communication offrent des potentialités pour construire des communs dans de nombreux domaines qui ne se situent pas seulement à des niveaux locaux mais se trouvent à des échelons qui sont ceux de nouvelles communautés transcendant les frontières.

Références bibliographiques

Auzias, J.- M. 1965. *La Philosophie et les techniques*. Paris : PUF.

Axelos, K. 1961. *Marx, penseur de la technique*. Paris : Édition de Minuit.

Baquiast, J.- P. 2014. Jeremy Rifkin. La nouvelle société du coût marginal zéro. L'internet des objets, l'émergence des communaux collaboratifs. *Mediapart*. Publié en ligne sur http://blogs.mediapart.fr/blog/jean-paul-baquiast/071014/jeremy-rifkin-la-nouvelle-societe-du-cout-marginal-zero-linternet-des-objets-lemergence-des

Bihouix, P. 2014. Pourquoi Jeremy Rifkin fait fausse route. *Les échos*. 14 octobre. Accessible en ligne sur http://www.lesechos.fr/idees-debats/editos-analyses/0203853586626-pourquoi-rifkin-fait-fausse-route-1053347.php?xtor=RSS-2230

Bourdieu, P. 2013. *Manet, une révolution symbolique*. Paris : Seuil/Raisons d'agir.

Calame, P. 2009. *Essai sur l'économie*. Paris : Éditions Charles Léopold Mayer.

Dardot, P. et C. Laval. 2014. *Commun. Essai sur la révolution au XXIe siècle*. Paris : La Découverte.

Delaire, A. 1755. Épingles. In *L'Encyclopédie*. Tome 5. 803-807.

Dockès, P. 1979. *La Libération médiévale*. Paris : Flammarion.

—. 1986. « Grands » moulins hydrauliques, rapports sociaux et systèmes d'exploitation. *Review (Fernand Braudel Center)*. 10(2) : 348-397.

—. 1991. Formes et diffusion d'une innovation technique : le cas du moulin hydraulique. In *Forme ed evoluzione del lavoro in Europa : XIII-XVIII secc*. Atti della Tredicesima Settimana di studio, Fondazione Istituto internazionale di storia economica « Francesco Datini ». (A.) Guarducci (a cura di). 113-154. Florence : Le Monnier.

—. 1996. *La société n'est pas un pique-nique. Léon Walras et l'économie sociale*. Paris : Economica.

Gadrey, J. 2014. Jeremy Rifkin, l'Internet des objets et la société des Barbapapa. Publié en ligne sur http://alternatives-economiques.fr/blogs/gadrey/2014/09/28/jeremy-rifkin-1% E2% 80%99internet-des-objets-et-la-societe-des-barbapapa/

—. 2013. Non, Jeremy Rifkin n'est pas le sauveur de la planète. *Reporterre. Le quotidien de l'écologie*. Accessible en ligne sur http://www.reporterre.net/Non-Jeremy-Rifkin-n-est-pas-le

Gill, K., K. Brooks, J. McDougall, P. Patel et A. Kes. 2010. *Bridging the Gender Divide. How Technology can Advance Women Economically.*

Washington, D. C.: International Center for Research on Women. Accessible en ligne sur http://www.icrw.org/files/publications/Bridging-the-Gender-Divide-How-Technology-can-Advance-Women-Economically.pdf
Godelier, M. 1966. *Rationalité et irrationalité en économie*. Paris : Maspero.
Gorz, A. 1973. *Critique de la division du travail*. Paris : Éditions du Seuil.
Leroy, M. 1954. *Histoire des idées sociales en France. Tome 3 : d'Auguste Comte à P.-J. Proudhon*. Paris : Gallimard.
Marglin, S. A. 1974. What do bosses do ? The Origins and Functions of Hierarchy in Capitalist Production. Part I. *The Review of Radical Political Economics*. 6(2) : 60-112.
—. 1975. What do bosses do ? The Origins and Functions of Hierarchy in Capitalist Production. Part II. *The Review of Radical Political Economics*. 7(1) : 20-37.
Peaucelle, J.-L. 1999. La division du travail. Adam Smith et les encyclopédistes observant la fabrication des épingles en Normandie. *Gérer et comprendre*. 57 : 35-51.
Raymond, E. 2014. Zero Marginal Thinking : Jeremy Rifkin gets it all wrong. *Armed and Dangerous*. Publié en ligne sur http://esr.ibiblio.org/?p=5558
Rifkin, J. 2012. *La troisième révolution industrielle*. Paris : Les liens qui libèrent.
—. 2014a. *The Zero Marginal Cost Society. The Internet of Things, the Collaborative Commons, and the Eclipse of Capitalism*. New York : Palgrave Macmillan
—. 2014b. *La nouvelle société du coût marginal zéro. L'internet des objets, l'émergence des communaux collaboratifs et l'éclipse du capitalisme*. Paris : Les Liens qui libèrent.
—. 2014c. Interview dans *Les Inrockuptibles* par Serge Kaganski, 11 octobre. Accessible en ligne sur http://www.lesinrocks.com/2014/10/11/actualite/jeremy-rifkin-11529262/
—. 2014d. Ce qui a permis le succès inouï du capitalisme va se retourner contre lui. Propos recueillis par Olivier Pascal-Moussellard. *Télérama*. Accessible en ligne sur http://www.telerama.fr/idees/jeremy-rifkin-ce-qui-a-permis-le-succes-inoui-du-capitalisme-va-se-retourner-contre-lui,117006.php
Sabel, C. et J. Zeitlin. 1985. Historical Alternatives to Mass Production : Politics, Markets and Technology in Nineteenth-Century Industrialization. *Past & Present*. N°108 : 133-176.
— (Eds.). 1997. *World of Possibilities. Flexibility and Mass Production in Western Industrialization*. Cambridge : Cambridge University Press.
Savary des Bruslons, J et P.- L. Savary. 1760. Épingles et épinglier. In *Dictionnaire universel du commerce et métiers*. 5 volumes. Tome II : 343 à 351.

Schumpeter, J. A. 1942, *Capitalisme, socialisme et démocratie*. Paris : Payot.

Servet, J.-M. 1989. *Idées économiques sous la Révolution*. Lyon : Presses universitaires de Lyon.

—. 2007. Le principe de réciprocité chez Karl Polanyi. Une contribution à la définition de l'économie solidaire. *Revue Tiers Monde*. N°190 : 255-273.

—. 2010. *Le Grand renversement. De la crise au renouveau solidaire*. Paris : Desclée de Brouwer.

—. 2014. De nouvelles formes de partage : La solidarité au delà de l'économie collaborative. Paris : Institut Veblen pour les réformes économiques. Publié en ligne sur http://www.veblen-institute.org/De-nouvelles-formes-de-partage-la

Schor, J. 2014. *Debating the Sharing Economy*. Great Transition Initiative toward a Transformative Vision and Praxis. Accessible en ligne sur http://www.greattransition.org/publication/debating-the-sharing-economy

Tinel, B. 2004. *À quoi servent les patrons ? » Marglin et les radicaux américains*. Lyon : ENS Éditions.

Sécuriser l'existence des femmes et résister. Raisons d'agir des initiateurs et initiatrices d'organisations de l'économie sociale et solidaire

Magalie Saussey et Florence Degavre

> La résistance ne commence-t-elle pas dès lors que s'affirme, dans des gestes laissés sous silence, parce que considérés comme non significatifs au regard de l'Histoire — celle justement qui était censée aller inexorablement dans le sens de leur émancipation — un souci de dignité chez les plus fragiles, les plus stigmatisés, les plus exploités ?
>
> (Bessin et Roulleau-Berger 2002, 4)

Introduction[1]

Les femmes ont indéniablement contribué à l'expansion du mouvement pour l'association. En tant qu'initiatrices, salariées ou bénévoles, au sein d'organisations sans but lucratif productrices de biens ou de services, elles y sont

1 Cet article est issu de la recherche menée par les auteures au CIRTES (Université catholique de Louvain, Belgique) dans le cadre du financement par Belspo du Pôle d'attraction interuniversitaire (2012-2017) "If not for profit, for what and how ?". Site : http://www.iap-socent.be. Nous tenons à remercier Aurélie Damamme et Ela Callorda Fossati pour leurs commentaires très constructifs sur une version antérieure de ce texte. Les auteures restent seules responsables de ses imperfections.

Saussey, M. et F. Degavre. 2015. Sécuriser l'existence des femmes et résister. Raisons d'agir des initiateurs et initiatrices d'organisations de l'économie sociale et solidaire. In *« Homo œconomicus, mulier solidaria. » Une économie solidaire peut-elle être féministe ?* (Dir.) C. Verschuur, I. Guérin et I. Hillenkamp. 155-175. Paris : L'Harmattan, collection Genre et développement. Rencontres.

d'ailleurs souvent surreprésentées (Tabariés et Tchernonog 2007 ; Braley 2011), y compris dans les fonctions de direction. Néanmoins, étant donné le nombre important d'emplois à temps non complet ou encore les niveaux de revenus relativement faibles (Braley 2011), cette surreprésentation ne se traduit pas en termes d'égalité. Dussuet et Flahault (2012) avancent même l'hypothèse de la nécessité, pour la « soutenabilité du secteur associatif », de ces conditions de travail médiocres. Au sein de ces organisations qui se réclament des idéaux d'émancipation (Cattani 2005), les acteur·trice·s – et en premier lieu les salarié·e·s – se trouveraient finalement piégé·e·s par un système de genre œuvrant précisément à travers des pratiques concrètes *à rebours* de ces idéaux : recrutement discriminant, faiblesse des salaires, non-reconnaissance des qualifications et, surtout, sexuation des tâches.

Pourtant, la littérature montre que les organisations de l'économie sociale et solidaire (OESS) offrent également des marges de manœuvres pour atteindre une plus grande justice sociale et une meilleure reconnaissance des femmes et des minorités, et que celles-ci s'en saisissent pour résister (Fraser 2013 ; Fraser *et al.* 2015). L'hypothèse formulée dans cet article est que la participation dans une OESS pourrait donc constituer un acte de résistance aux effets hostiles du genre sur le marché du travail dans un contexte de globalisation. L'objectif n'est pas de mesurer l'égalité des sexes au sein de l'ESS, ni d'apporter une interprétation à la surreprésentation numérique des femmes, mais bien de proposer une réflexion sur les enjeux d'émancipation multiples pour les femmes qui traversent indéniablement les OESS. La première section positionne le propos au sein du courant critique en économie, et particulier celui de l'économie féministe, connue pour avoir interrogé le lien entre émancipation et accès au travail des femmes. Nous questionnerons ce lien à partir de la spécificité de l'ESS. À partir d'enquêtes réalisées dans sept OESS en Île de France (et présentées en section 2), nous tenterons de comprendre comment ces enjeux d'émancipation sont formulés par les initiateur·trice·s et s'ils structurent les pratiques des acteurs·trice·s. Nous verrons comment les OESS, à bien des égards, sont considérées comme étant des lieux qui offrent des perspectives – limitées et genrées – à une certaine catégorie de femmes, au détriment des enjeux de conditions de travail et d'autonomie financières sur lesquelles les initiateur·trice·s ont peu de prise (section 3) mais au profit de contenus d'émancipation articulés davantage avec les conditions d'existence. Les OESS seraient des lieux d'où il devient possible de « réparer » le vivant et de « résister », sans que soit nécessairement identifié l'« ennemi principal » [2] contre lequel la résistance est organisée (section 4).

[2] La formule est empruntée à Delphy (1999).

L'émancipation par l'ESS ?

Les travaux menés à partir du champ de l'ESS par les socio-économistes ont contribué à rendre moins hégémonique la pensée économique orthodoxe centrée sur l'individu rationnel et l'équilibre du marché (Gadrey et Jany-Catrice 2012 ; Hillenkamp et Laville 2013). Pour les chercheur·e·s qui travaillent dans et/ou sur ce champ, l'enjeu est de reconnaître que les pratiques socio-économiques ne se résument pas à l'échange marchand et qu'il y a production de valeur au sein de l'ESS – alors que l'économie orthodoxe se centre sur la production de valeur marchande dans l'entreprise capitaliste (Hillenkamp et Laville 2013, 21). Les travaux des socio-économistes s'inscrivent généralement dans la continuité de Karl Polanyi à qui ils·elles empruntent la définition théorique mais aussi morale de la réciprocité comme souci d'autrui (Servet 2007, 264), dépassant le simple don-contre don (Servet 2007, 263). Les travaux sur l'économie solidaire considèrent que la réciprocité est le principe premier guidant l'action économique : « L'une des originalités majeures de la perspective de l'économie solidaire réside dans l'affirmation de la prédominance du principe de réciprocité sur les principes du marché et de la redistribution » (Fraisse, Guérin et Laville 2007, 245). Pour ces auteur·e·s, la réciprocité se substitue à l'intérêt individuel et au calcul « égoïste » du sujet marchand, elle possède une vertu démocratique et émancipatrice. « La dimension politique des activités de l'économie solidaire s'ancre dans cette réciprocité et la construction d'espaces publics qui autorisent un débat entre les parties prenantes sur les demandes sociales et les finalités poursuivies » (Eme et Laville 2005, 254).

La dimension politique de l'ESS renvoie aux préoccupations d'égalité et d'émancipation portées par les organisations dont, rappelons-le, les femmes constituent les forces vives. Or trop rares sont les analyses qui opèrent un rapprochement entre ces préoccupations et la surreprésentation des femmes (voir cependant Odendahl et O'Neill 1994 ; Teasdale *et al.* 2011) et encore plus rares sont celles qui le font en termes *féministes*. Comme le constatent Hillenkamp, Guérin et Verschuur (2014, 6) : « Au mieux les acteurs et chercheurs dans ce champ se contentent d'affirmer que les différences entre les sexes doivent être prises en compte et que l'égalité de genre est un objectif de l'économie solidaire ».

L'économie féministe, de son coté, s'est très peu préoccupée de l'ESS. C'est d'autant plus surprenant qu'elle partage les interrogations de l'ESS sur la production de valeur en dehors du marché (et notamment dans l'administration domestique). L'analyse critique menée depuis les années 1980 par les *gender studies*, et plus particulièrement par le courant des *feminist economics*, a également amené à dénoncer le biais masculin du paradigme orthodoxe en économie, tant dans les modalités de construction de cette discipline – à travers le processus de légitimation de ses représentants blancs et masculins ou sa théorisation à partir de la seule expérience masculine (Folbre 1986; Elson 1991) – que dans les effets concrets de l'économie capitaliste sur les femmes (Picchio 1992) avec une attention particulière au lien travail-émancipation (considérée ici au regard de la famille). Jusque très récemment, l'ESS était considérée par les économistes féministes comme n'étant «ni État ni marché» et, par les plus radicales, comme étant les «petits doigts» opérant pour le compte de l'État (Nyland 1995). Par conséquent, à la fois dans ce qui a fait l'objet de l'effort critique de l'économie féministe et dans sa tentative de reconstruire un autre paradigme, le champ d'action et le projet économique portés par l'ESS demeurent quasiment absents de l'économie féministe. Or la crise actuelle et les politiques d'austérité sont en train de modifier profondément les conditions d'intégration des femmes dans le marché du travail. Face au potentiel d'emploi en déclin dans les entreprises à but lucratif et dans les services publics, la question de l'émancipation par et dans l'ESS mérite donc d'être posée à partir de ce qui constitue la spécificité de son fonctionnement.

En dehors de certains travaux pionniers (Guérin 2003; Hersent, Guérin et Fraisse 2011; Hillenkamp, Guérin et Verschuur 2014; Dussuet et Flahault, à paraître), c'est surtout sur le terrain de l'action que s'opère la rencontre de l'ESS et du féminisme, par exemple à l'occasion de la Marche mondiale des femmes (Guérin et Nobre 2014) ou au sein de l'ADEL (Association pour le développement local)[3]. Dans la perspective de prolonger le développement «des théories pour l'action» (Bard 2003), ces militantes féministes se sont intéressées aux OESS comme champ possible d'action et, surtout, comme lieu d'analyse critique du capitalisme. À partir d'une conception qui situe l'ESS dans le cadre d'une économie productrice de valeur au sens économique et de changement social, de nouvelles questions commencent à être posées sur l'émancipation des femmes au sein des OESS ou, au contraire, sur les normes patriarcales qui s'y perpétuent. Les OESS sont à présent considérées par les mouvements de femmes comme étant d'un intérêt certain car: 1) elles peuvent être fortement liées aux mouvements sociaux et offrent la possibilité d'un soutien à la demande sociale des femmes au-delà des organisations féministes; 2) elles peuvent créer des «espaces publics de proximité» (Fraisse 2007) où confiance en soi, conscientisation politique et capacité à négocier (avec les pouvoirs publics et/ou la famille) peuvent émerger; 3) elles peuvent offrir une réponse aux défis de justice sociale (Guérin 2003). En fait, ces espaces permettraient «de socialiser et de mutualiser la prise en charge de problèmes qui incombent jusque-là à la sphère privée, et donc essentiellement aux femmes» (Guérin 2007, 248), autrement dit

[3] On peut souligner les travaux précurseurs d'Isabelle Mahiou et de Madeleine Hersent (Mahiou et Hersent 1986) et les études réalisées par l'ADEL qui, dès les années 1980, ont eu pour objet la place des femmes dans l'économie sociale.

elles constitueraient l'incarnation du slogan féministe le « personnel est politique » (Nyland 1995, 51).

Au confluent de l'économie féministe et de l'ESS, nous posons donc la problématique de l'émancipation[4] des femmes depuis les OESS en lien avec la dimension réciprocitaire caractéristique de ces organisations. Dans cet article, il s'agira d'explorer la façon dont le potentiel émancipateur est formulé et par quelles voies il se diffuse dans les pratiques ou le discours des OESS.

Méthodologie et enquête de terrain

Dans les sections suivantes, nous explorons empiriquement le lien entre émancipation et réciprocité à partir d'une enquête de terrain menée auprès d'OESS. L'objectif est de comprendre comment les enjeux d'émancipation y sont formulés et si la réciprocité – dont on précisera les formes – est mobilisée dans le cadre précis de ces enjeux, notamment dans la phase d'impulsion.

La recherche a été menée entre 2014 et 2015 au sein d'OESS situées en Île-de-France. Après avoir réalisé une première enquête exploratoire auprès d'expert·e·s de l'ESS, nous avons repéré sept initiatives productrices de biens et/ou de services (voir tableau 1 en annexe[5]). Ces organisations sont situées sur des territoires franciliens qui bénéficient de la politique de la ville[6]. Il s'agit donc de quartiers dans lesquels une forte proportion de la population est en situation de précarité et/ou de pauvreté.

Nous avons mené notre recherche auprès d'une entreprise de nettoyage écologique d'entreprise, d'une association de troc vert (échange de semences et de plantes), d'une association de vergers urbains, d'un collectif citoyen d'occupation d'espaces libres, d'un chantier d'insertion par la culture de roses biologiques, d'une crèche coopérative et d'une association de maintien à domicile de personnes âgées et d'aide ménagère. Les OESS étudiées ont mis en œuvre un projet en cherchant à innover socialement, soit au niveau de leur produit ou service, soit dans leur processus de production. Ainsi, par exemple, dans la culture de roses biologiques, il s'agit d'ajouter de la valeur

[4] Nancy Fraser propose d'élargir la problématique du conflit central entre marchandisation et protection sociale posé par Karl Polanyi à un troisième projet qu'elle nomme « émancipation » et qui vise « à s'affranchir des formes de sujétion ancrées tant l'"économie" que dans la "société" » (Fraser 2013, 43).

[5] Les codes allant de O1 à O7 renvoient aux sept organisations étudiées dans le cadre de cette enquête.

[6] La politique de la ville consiste en un ensemble d'actions de l'État visant à revaloriser certains quartiers urbains dits « sensibles » et à réduire les inégalités sociales entre territoires.

au produit à travers ses caractéristiques alternatives (local, biologique et solidaire). Dans la crèche coopérative, il s'agit de faire participer les salariées via le système coopératif: en devenant parties prenantes de la structure, dans un secteur caractérisé par une très forte volatilité du personnel et très réglementé (alimentation, hygiène, aménagement des locaux, qualification du personnel), la co-initiatrice du projet espère faire en sorte que les salariées ne « subissent plus » le travail.

Sur le plan de la main-d'œuvre, cinq OESS étudiées comportent au moins un·e salarié·e et deux autres OESS fonctionnent exclusivement avec des bénévoles. Une seule organisation comporte une main-d'œuvre salariée et des bénévoles (voir tableau 1 en annexe). Dans toutes les OESS, les effectifs (salariés et bénévoles) sont très majoritairement féminins. Deux des organisations ont été créées par des femmes (qui sont également salariées de l'OESS), trois par des hommes (deux sont bénévoles et un est salarié) et deux conjointement par un homme et une femme (dans l'une des OESS, il et elle sont salarié·e·s et dans l'autre il et elle sont bénévoles). Nous désignons ces hommes et ces femmes comme étant les initiateur·trice·s des OESS[7]. C'est notamment leur point de vue et leur expérience qui servent de point de départ pour repérer, désigner et analyser les enjeux multiples d'émancipation au sein même des projets étudiés.

Sécuriser l'existence des femmes

La permanence de l'emploi ou le niveau d'existence

L'enquête de terrain a permis d'examiner la mission que se sont donné·e·s les initiateur·trice·s en impulsant le projet. Chez les femmes, sécuriser sa propre existence et/ou celle de ses salarié·e·s est une motivation forte. Elle doit être resituée au regard de leurs expériences professionnelles antérieures. En effet, les expériences des femmes qui ont (co-)créé les OESS de notre enquête coïncident en plusieurs points: elles ont entre 30 et 40 ans, sont célibataires ou séparées[8] et une grande majorité d'entre elles disent vivre et/ou avoir vécu le racisme. L'une d'elle a dénoncé clairement au cours de l'entretien le fonctionnement du marché du travail selon des normes sociales dominantes auxquelles elle ne correspond pas. Avant de vouloir créer leur propre emploi, ces initiatrices ont occupé des fonctions de cadres dans des structures (pri-

7 Il faut préciser que dans les OESS qui comptent des salarié·e·s, les initiateur·trice·s sont également les employeur·e·s, en revanche dans les OESS qui comptent des bénévoles, les initiateur·trice·s ne sont pas les dirigeant·e·s.

8 La co-initiatrice, O6, vivait en couple avec ces enfants au moment du montage du projet. Lors des entretiens, elle était séparée.

vées et à but lucratif), puis ont connu une longue période de chômage soit de manière volontaire (choix de cessation de contrat faute d'épanouissement personnel), soit de manière subie (fin de contrat à durée déterminée). La co-initiatrice de la crèche coopérative explique: «Pendant un an et demi, j'ai envoyé plus de 100 CV, je n'ai eu qu'une seule réponse, pas un seul entretien d'embauche, alors j'ai décidé de créer mon propre emploi, j'arrivais en fin de droits» (O6, février 2014). C'est en réaction à cette hostilité du marché du travail à son égard que s'est forgée la conviction qu'elle devait «créer son propre emploi». L'initiatrice de l'entreprise de nettoyage écologique explique ainsi ses raisons d'agir: «Comme toute femme, je voulais sécuriser mon emploi. [...] Les femmes plus que les hommes ont besoin de sécuriser leur emploi, elles ont beaucoup d'obstacles et de freins pour être sur le marché du travail et surtout pour y rester» (O1, janvier 2014). C'est cette difficulté vécue qui amène aussi les initiatrices à se préoccuper de la sécurisation des personnes qu'elles embauchent.

Les initiatrices préfèrent dès lors recruter un plus petit nombre de salarié·e·s dans l'organisation, offrir des salaires peu élevés et parfois seulement des temps partiels car le plus important, selon elles, est que l'emploi soit pérenne. Toutes les femmes salariées des OESS rencontrées sont en effet en contrat à durée indéterminée (CDI), exception faite des bénéficiaires du chantier d'insertion – ce dernier ayant la contrainte légale de ne pas embaucher des personnes pendant plus de deux ans.

L'expérience de l'emploi chez les initiateurs est différente: il s'agit de cadres supérieurs du secteur privé ou du secteur non marchand ayant choisi de quitter leur emploi pour monter le projet d'OESS. En devenant salariés de l'OESS, ils disent avoir perdu une grande partie de leur salaire[9]: «J'ai donc quitté mon emploi, j'ai signé ce qu'on appelle une rupture conventionnelle et depuis que je suis ici, j'ai perdu une grosse partie de ma rémunération sans compter les 18 mois sans salaires pour monter le projet» (O6, mars 2014). À la différence des initiatrices, ils veulent «faire de l'argent». L'un d'eux explique sa vision qui s'inscrit dans une perspective de justice sociale: «On est là pour faire des bénéfices! Je l'ai dit à A. [la co-initiatrice du projet] qui me dit que c'est pas joli de le dire mais on est là pour faire du fric, on est là pour faire de l'argent! C'est pas injuste de faire du fric, ce qui est injuste c'est de le garder et c'est la force d'une SCOP [société coopérative et participative], c'est qu'elle est juste dans la redistribution de l'argent» (O6, mars 2014). L'objectif de rentabilité de l'activité n'en reste donc pas moins primordial pour les initiateurs: «Je suis ici pour faire de la rentabilité [...], si on est pas rentable on tient pas» (O5, juillet 2014) précise l'un d'eux. En ce qui concerne le personnel, les initiateurs partagent généralement la préoccupation

---

9 Il s'agit d'une caractéristique que la littérature confirme depuis plusieurs années (Preston 1994; Braley 2011).

déjà repérée chez les initiatrices «faire quelque chose pour les femmes» (O5, juil. 2014). L'action repose ici sur une forme de bienveillance formulée à l'égard des femmes comme catégorie «essentielle» et non plus sur la perspective concrète et l'expérience partagée de difficulté dans l'emploi des initiatrices. Ainsi le fondateur du projet du chantier d'insertion s'appuie sur une volonté claire et précise: «Naturellement avec les fleurs, c'étaient elles qui étaient visées par le projet. [...] Elles sont plus en lien avec la nature» (O5, juil. 2014).

Sur le plan des conditions de travail, nos observations confirment la littérature (Boivin et Fortier 1998; Braley 2011): les salarié·e·s occupent un poste en CDI mais très souvent à temps partiel[10] et avec un faible niveau de rémunération (qu'ils·elles soient employé·e·s ou employeur·se·s). Les OESS sont même qualifiées de «ghettos féminins d'emplois» (Lamoureux 1998, 47). Cette caractéristique n'est pas niée par les personnes interrogées qui n'éludent pas la question de l'indépendance financière. Eu égard à certaines situations, notamment la monoparentalité, les initiatrice reconnaissent un véritable enjeu: «Quand on a la charge de la famille, une femme monoparentale ne demande pas ou rarement un temps partiel, je ne vois pas comment elle vivrait. Je ne vois déjà pas comment elles font pour vivre à plein temps puisque leur loyer représente la moitié de leur salaire. Alors à temps partiel... Soyons clairs, c'est pas possible» (O7, juin 2014). Mais c'est l'objectif de durabilité de l'emploi et l'effort consenti qui sont plus mis en avant. L'initiatrice de l'association de maintien à domicile explique: «Nos salaires sont peu élevés, entre un SMIC[11] et un SMIC et demi mais pourtant je peux dire que l'on paye bien car nous payons les temps de transport» (O7, juin 2014). On peut toutefois s'interroger sur la durabilité réelle des emplois

[10] En effet, 73 % des femmes salariées de l'ESS occupent un poste en CDI (contre 63 % pour les hommes, et 70 % tous sexes confondus), contre 84 % dans le privé (contre 85 % pour les hommes, et 84 % tous sexes confondus) (Tabariés et Tchernonog 2007; Braley 2011). Toutefois, seulement 56 % de salariées de l'ESS en CDI travaillent à temps complet (contre 80 % pour les hommes, par ailleurs elles sont 69 % dans le privé contre 90 % pour les hommes, elles sont 72 % dans le public contre 88 % pour les hommes). Étant donné que les femmes sont les plus nombreuses à travailler dans le secteur de l'action sociale et qu'il s'agit du secteur qui embauche le plus avec des temps non complets multiples, un grand nombre d'entre elles occupent des emplois à temps partiel (sans que l'on ne sache s'il s'agit d'un temps partiel subi ou choisi). Ainsi, le secteur d'activité qui emploie le plus grand nombre de femmes à temps non complet reste l'aide à domicile, avec un écart hommes-femmes de 27 points et à peine 19 % de femmes à temps complet dans l'ESS (Braley 2011). La littérature mentionne aussi l'ambivalence qui est liée au temps partiel dans l'ESS, et des salariées qui apprécient même la flexibilité du contrat qui peut s'ajuster selon leurs contraintes personnelles, notamment la garde des enfants à laquelle les femmes sont massivement assignées (Dussuet et Flahault, 2012, 5).

[11] Salaire minimum interprofessionnel de croissance, c'est-à-dire le salaire minimum horaire en France.

créés. Les initiatrices interrogées affirment toutes se sentir épuisées et mentionnent la difficulté à maintenir leur activité sur le long terme faute d'accompagnement, de légitimité institutionnelle et de reconnaissance politique. C'est aussi l'une des conclusions importantes des débats du colloque sur l'entrepreneuriat des femmes dans l'ESS qui s'est tenu en février 2014. Madeleine Hersent soulignait alors que « les initiatives menées dans le champ de l'économie sociale et solidaire semblent condamnées à l'expérimentation permanente » (Merlant et Alet 2014, 5).

Resserrer les liens : proximité et réciprocité dans les OESS

Ce n'est donc pas du côté financier que se situe la contribution des OESS à l'émancipation des salarié·e·s. En revanche, des cas observés se dégagent la mission que se donnent les initiateur·trice·s de ré-encastrer le travail – et les salarié·e·s – dans les liens sociaux par divers moyens. Cet objectif prend des formes différentes selon que l'OESS compte ou non des salarié·e·s. Toutefois, il n'est pas spécifiquement genré dans la mesure où il est évoqué par les initiateurs et les initiatrices et ne vise pas uniquement les femmes.

La littérature sur l'ESS désigne les OESS comme étant des « espaces publics de proximité » car intermédiaires entre les sphères publique et privée et en raison des liens sociaux qui s'y déploient (Fraisse 2007). Un des effets de ces espaces est de recréer de la proximité ressentie, tant au niveau des liens sociaux que du territoire, et de limiter les effets délétères de la concurrence, voire la concurrence elle-même (pour l'usage d'un service ou l'accès à une ressource). L'instauration de pratiques réciprocitaires dans les conduites y contribue. La réciprocité devient alors une vraie ressource dans le fonctionnement du projet. L'association du fonctionnement d'une organisation à sa ressource (ou d'une hybridation des ressources) est un phénomène déjà repéré par la littérature en socio-économie de tradition polanyienne (Polanyi, 1944 ; Gardin 2006 ; Richez-Battesti, Petrella et Vallade 2012 ; Besançon et Chochoy 2014 ; Degavre, Bourguignon et Callorda 2015). Il ressort du terrain des formes originales de ressources issues de la réciprocité, et en particulier de la forme particulière de la réciprocité qu'est l'administration domestique. La présence de ressources mobilisées grâce aux relations affectives, comme par exemple le *love money*, ou de ressources fortement encastrées dans des relations de proximité et d'affectivité[12] avec des parents, des ami·e·s, des voisin·e·s, des pratiques d'entraide et du soutien de

12 « Social relations – whether based on power or solidarity, hierarchy or equality – shape the meaning of money and, conversely, the use of money shapes social relations » (Guérin 2006, 565) « [...] Gifting and other modes of reciprocity generate affective bonds that conceal the hierarchical nature of social relationships » (Rankin 2002 cité par Guérin 2006, 559).

la famille, particulièrement pendant les périodes de chômage, mérite d'être mentionnée : « Quand on a démarré ce projet, j'étais encore avec le père de mes enfants, il pouvait assumer les charges du foyer, autrement je ne vois pas comment j'aurais fait car effectivement j'avais le droit aux indemnités de chômage, mais elles ne durent qu'un temps… […] Toute seule, je n'aurai pas pu y arriver » (co-initiatrice et co-employeuse, O6, mars 2014). L'association conjointe de ces quatre ressources est présentée par les initiateurs·trice·s comme ayant été décisive pour l'émergence de leurs organisation et servir les finalités qu'elles se donnent.

La plupart des OESS étudiées sont en outre localisées à moins de 500 mètres du lieu d'habitation des initiateurs·trice·s. « Notre idée au départ était de valoriser l'histoire de notre quartier, on a interviewé les personnes âgées du quartier pour qu'elles nous racontent l'histoire d'ici […] on a choisi le nom de l'association aussi en lien avec l'histoire du quartier où il y avait une exploitation minière au début du XXe siècle » raconte la co-initiatrice du troc vert (O2, juin 2014). L'ancrage territorial et l'attachement affectif au quartier et à ses habitant·e·s sont des caractéristiques importantes de notre terrain.

Les OESS cherchent en effet à s'ancrer dans un territoire vécu et habité par le personnel (salarié·e·s et bénévoles) et par les usager·ère·s. En cela, on peut qualifier cette proximité de *territoriale*. Il ne s'agit pas d'un territoire postulé mais bien d'un territoire marqué par les interactions et les intersubjectivités des différents acteurs et actrices présent·e·s. La proximité territoriale peut se traduire par exemple par des pratiques d'embauche du personnel dans un périmètre réduit autour de l'OESS (dans le cas de la crèche coopérative ou encore celui de l'entreprise de nettoyage écologique), ce qui revêt une grande importance pour le personnel féminin qui se trouve souvent face à des contraintes de mobilité (pas de permis de conduire, pas de possession de véhicule). Les interactions et la proximité ressentie peuvent également prendre une autre forme plus symbolique. Dans le cas des vergers urbains comme dans celui d'occupations des espaces libres, c'est l'expérience commune et partagée du regard sur les plantes qui lie les habitant·e·s. « Chaque habitant qui a une vue sur ce paysage en est le propriétaire » (initiateur, O4, juillet 2014). Le potager ou le verger urbains, dans leurs dimensions matérielles et symboliques, sont ainsi pensés comme des territoires qui rapprochent les individu·e·s. Les initiateurs de ces deux projets visent à transformer l'image négative des lieux (friche, voie de chemin de fer abandonnée, etc.) grâce à cette proximité territoriale et aux dynamiques d'innovation sociale qui s'y développent. La représentation positive de la nature et du jardin pourrait alors contrebalancer celle d'un espace « caché », « maudit », obscur (le tunnel de la voie de chemin de fer), dangereux, lieu de trafic de drogue, de violences, etc.

Les OESS visent aussi à rapprocher les bénéficiaires et/ou les usager·ère·s en associant volontairement des personnes en situation de vulnérabilité sociale et/ou économique. En cela on peut qualifier la proximité qui en résulte de *sociale*. C'est particulièrement le cas du chantier d'insertion où se côtoient des femmes exclues depuis de nombreuses années du marché du travail et/ou victimes de violences conjugales, des hommes également exclus durablement du marché du travail et/ou souffrant d'addictions (alcool, drogue), des accompagnateurs·trices du projet (travailleur·se·s socia·ux·les) et des client·e·s locaux venant acheter les roses biologiques. Producteurs, productrices et usager·ère·s discutent directement et ce lien constitue une qualité additionnelle au bien vendu. Le cas des vergers urbains illustre également le rapprochement des habitant·e·s d'un quartier (socialement très hétérogène mais majoritairement habité par des personnes en situation de très grande pauvreté) autour de la création et de l'entretien de vergers urbains dans des espaces libres de la ville (friches, balcons de fenêtre, toits d'usine, etc.) à partir de matériaux de récupération. Enfin, favoriser les liens entre individu·e·s de différentes classes sociales est une finalité particulièrement défendue par l'association de troc vert : « Échanger une plante c'est échanger un bout de vie. On n'échange pas seulement un bégonia contre un bambou, quand on échange une plante, on se raconte, on décrit sa façon d'être, de vivre [...], ce troc permet des rencontres improbables entre catégories sociales... au fond l'intérêt pour les plantes est universel » (co-initiatrice, O2, juin 2014). Ici le troc ne se déploie pas dans une vision utilitariste ni en tant qu'institution individualiste[13]. Et, bien que l'évènement soit largement ouvert à d'autres quartiers de la ville et au-delà, la plupart des participant·e·s au troc vert se (re)connaissent : c'est aussi pour eux·elles, l'occasion de se donner des nouvelles des plantes échangées et à travers, elles, se raconter soi-même. Dans ces échanges, il y a bien « quelque chose en plus » qui ressemble à cette « valeur du lien » décrite par Godbout (2007, 245) : « Le don contient toujours un au-delà, un supplément, quelque chose de plus que la gratuité essaie de nommer. C'est la valeur du lien ». Que ce soit pour les vergers urbains, le troc vert ou les espaces libres, les plantes sont des « objets intermédiaires » qui structurent les échanges au sein du groupe et l'action de celui-ci sur la forme de la réciprocité. Cette réciprocité prend une forme à la fois directe et simultanée lors de l'échange dans le troc mais également une forme indirecte à l'instar des pratiques de l'une des participantes du troc vert : « Depuis trois ans, je travaille bénévolement dans un cimetière, c'est un peu mon jardin. Il y a plein de jardinières qui sont abandonnées depuis plus de 50 ans et j'y mets des plantes nectarifères car je ne veux que des plantes qui attirent les abeilles, pour entretenir la vie » (O2, mai 2014). Ce souci de rapprocher les vivant·e·s et de transmettre le vivant de génération en génération se retrouve bien dans le concept de « réciprocité alternative directe » de

---

13 En s'appuyant sur la conception de l'échange « naturel » d'Aristote, Karl Polanyi considère le troc comme étant « enchâssé » dans l'économie (Maucourant 2005).

Mauss (1969) qui institue une solidarité qui dure à travers les générations. Autrement dit, en donnant pour ceux·celles qui viennent, on rend à ceux·celles qui sont parti·e·s. C'est bien aussi ce que nous dit l'initiateur du collectif d'occupation d'espaces libres: «Je fais ça pour rendre ce que j'ai pris» (O4, juillet 2014). À travers ces pratiques réciprocitaires, le temps joue donc un rôle de vecteur, il rapproche et lie les vivant·e·s de génération en génération.

Cependant, le risque est toujours grand d'un épuisement de la réciprocité, tout particulièrement pour les salariées qui doivent faire face aux difficultés de l'emploi qui les amènent à prioriser la sécurité de l'existence. Toutefois entre l'urgence quotidienne de faire face aux responsabilités familiales et la patience nécessaire, dans la durée, pour trouver les chemins de l'émancipation, les salarié·e·s et les bénévoles des OESS agissent, en premier lieu en mobilisant et en cherchant à développer compétences et savoir-faire et en luttant pour le sens du travail.

Des pratiques non unifiées de résistance aux effets du capitalisme

Lutter pour le sens du travail

Outre la préoccupation pour la sécurité de l'existence, la préoccupation «d'offrir un sens» (co-initiatrice et co-employeuse, O6, mars 2014) aux travailleur·se·s est forte, particulièrement du côté des initiatrices: «Je voulais aussi que mes employées aillent travailler sans se dire: "Je vais au travail pour le travail"» (initiatrice et employeuse, O1, janvier 2014). De nombreux travaux montrent l'existence d'un sens du travail propre à l'ESS qui pourrait en compenser la précarité matérielle (Preston 1994, 41; Hély et Moulévrier 2013, 200). La participation des salarié·e·s est certainement un des moyens de cette construction de sens et l'on constate une volonté d'impliquer le personnel dans les décisions de l'organisation. La participation des femmes et la reconnaissance de leur voix comme «étant une voix qui compte» est par exemple l'un des défis majeurs de la coopérative de la petite enfance comme l'explique la co-initiatrice: «Nous sommes dans un secteur où il y a une très grande volatilité du personnel, nous pensons qu'il faut des salariées qui soient impliquées, qui ont envie de venir au travail, qui ont envie de monter des projets parce qu'elles y participent, parce qu'on leur demande leur avis» (O6, mars 2014). L'implication des femmes dans la coopérative suppose cependant de nouveaux apprentissages (pour prendre la parole, comprendre le fonctionnement organisationnel et légal de l'organisation, etc.) qui ne peuvent s'acquérir que sur un temps long et qui nécessitent une confiance mutuelle entre toutes les parties prenantes, d'où la promesse d'une perspective durable dans l'emploi. La question du sens s'articule donc avec la question de la durabilité de l'emploi évoquée ci-dessus.

La reconnaissance des compétences et la valorisation des savoirs, dans le cadre d'activités qui concernent l'entretien et le maintien du vivant, constituent aussi l'un des enjeux au cœur du sens du travail évoqués lors des entretiens. Au sein de l'entreprise solidaire de nettoyage écologique, de la crèche coopérative et dans l'association de maintien à domicile, on trouve un enjeu fort à faire reconnaître les activités comme relevant de compétences professionnelles et non domestiques, même si les compétences professionnelles peuvent prendre appui sur l'expérience vécue. Les sociologues du travail comme Guilbert (1966) et Kergoat (1982) l'ont bien montré, les qualités propres à la main-d'œuvre féminine ne sont pas reconnues parce qu'elles ne sont pas considérées comme des savoir-faire mais comme des aptitudes « innées », liées à la nature féminine et parce que ces qualités des femmes ont été socialement construites dans la sphère privée. Dans certains métiers ouvriers, l'acquisition des savoir-faire (habileté, patience, dextérité) se réalise à partir de l'expérience des femmes dans l'espace familial, ce qui les amène à intérioriser l'invisibilisation et la banalisation de leur propre qualification (Kergoat 1982). Au contraire, sur le terrain étudié, l'expérience vécue est activée de façon innovante et ne mène pas nécessairement à la dévalorisation – au moins sur le plan symbolique – de ce savoir. Le cas de l'entreprise solidaire de nettoyage écologique est très intéressant de ce point de vue. Pour valoriser une activité souvent présentée comme dégradante et « typiquement féminine », l'initiatrice a voulu proposer un service qui s'inscrit dans une démarche de développement durable : « J'ai voulu donner une autre dimension à la propreté en lui donnant une dimension écologique » (O1, janvier 2014). Elle espère ainsi que le signe de qualité environnementale (considérée comme une valeur positive) lié à ce service rejaillira sur la valorisation du travail réalisé en amont. En outre, son projet a nécessité un changement dans les réflexes des salarié·e·s pour l'usage de certains produits. Afin de leur faire adopter des produits plus écologiques et moins agressifs, l'initiatrice a formé son personnel qui est très largement féminin. Ces personnes, majoritairement analphabètes, ont intégré une nouvelle connaissance sur les produits et sur leur usage conseillé. L'initiatrice a procédé grâce à la mise en place d'un code couleur sur les produits d'entretien ménager et a ainsi contribué de façon innovante à la formation d'un personnel non qualifié et réputé difficilement re-qualifiable.

Dans les OESS étudiées, il semblerait donc que l'expérience de la sphère privée ne soit pas rappelée aux femmes pour activer la dévalorisation de leurs compétences mais bien pour expliquer leur présence dans ce travail et dans ce secteur là : « Les femmes veulent être dans un secteur qu'elles connaissent, c'est ce qui leur permet de concilier vie professionnelle et vie personnelle, cela leur permet d'avoir le plus faible nombre d'obstacles » (initiatrice et employeuse, O1, nov. 2014). Cette observation confirme un argument déjà repéré dans la littérature selon lequel certaines femmes ont une forme de préférence pour l'ESS (Hakim 2000 ; Themudo 2009 ; Teasdale *et al.* 2011, 71) en raison, entre autres, de ce rapprochement possible avec leur expérience de la vie privée. Néanmoins, étant donné l'hétérogénéité du groupe des « femmes », il est impossible de s'assurer d'une préférence « librement consentie » qui ne soit pas le choix des plus faiblement dotés sur le marché du travail[14].

Enfin, l'enjeu du sens passe aussi par le fait de rendre visible la contribution de chacun·e au produit ou service rendu par l'organisation. Toutefois, les enjeux ne sont pas identiques dans chaque organisation. En effet, le type de production et la tâche à accomplir dans le processus productif induisent une division du travail qui suppose une modalité de la tâche différente. Pour certaines OESS, il s'agit davantage d'une reconnaissance collective où le processus de développement du végétal efface la trace des interventions individuelles, ce qui permet à tou·te·s de bénéficier d'une reconnaissance partagée. Dans le secteur de l'environnement où les individu·e·s impliqué·e·s sont principalement des bénévoles (espaces libres, troc vert, verger urbain), il s'agit de (ré) activer collectivement des savoirs et des liens sociaux autour de la reproduction du vivant. Pour les salarié·e·s et les usager·ère·s du chantier d'insertion professionnelle de culture de roses biologiques, la reconnaissance du travail passe par le fait d'être impliqué·e·s dans tout le processus de production des fleurs (taille des rosiers, désherbages, coupe des fleurs, fabrication et vente des bouquets). L'objectif de l'initiateur du chantier d'insertion est de rendre fièr·e·s les salarié·e·s et les usager·ère·s en ramenant le fruit de leur travail à la maison. Le bouquet de roses serait ainsi la traduction matérielle des compétences et des savoir-faire acquis par les salarié·e·s et les usager·ère·s, autrement dit il incarnerait un sens du travail tourné vers l'entretien et le soin au vivant.

Réparer le « vivant »

La contestation de l'idéologie de marché et de son hégémonie est présente dans le discours des initiateur·trice·s. Dans les organisations liées à l'environnement, le rapport que cultivent les individu·e·s avec les plantes et les semences se veut en rupture avec l'utilitarisme. Il faut avoir une « attention amicale et émue avec les plantes » (O4, juillet 2014) précise l'un des initiateurs du collectif d'occupation des espaces libres. Dans ces OESS, le rapport

[14] L'hypothèse de la préférence pro-sociale est rendue caduque par d'autres courants de la littérature féministes qui plaident pour « a sharp distinction between those theories of women's paid work experiences which emphasise structure and constraint on the one hand, and those which emphasise agency and choice on the other » (Pilcher 1999, 52).

aux plantes valorise l'expérience sensible et esthétique des individu·e·s, on choisit et on sélectionne les variétés qui tiennent, des plantes que l'on aime, des espèces que les futures générations pourront apprécier. Le lien que les individu·e·s nouent avec la terre et ce qui y pousse vise un objectif d'entretien (au sens de prendre soin de) mais aussi de réparation des effets des logiques capitalistes d'extraction et de prédation du vivant. Ces OESS sont également des espaces qui permettent de marquer sa résistance aux logiques marchandes. L'initiateur du troc vert explique : « Dans une période du business des jardins où l'on ne faisait que des pelouses pour vendre des tondeuses, ça me convenait bien de mettre le troc vert en avant [...]. Ce jour là, une fois par an dans notre rue les gens se rencontrent. La plante, c'est un moteur, une énergie pour rencontrer l'autre. Ce qui est bien c'est que la rue soit bloquée, que les plantes nous appartiennent, à l'heure où on met des brevets sur le vivant, c'est super important de revendiquer que la rue est à nous tous, que les plantes sont à nous tous » (co-initiateur, O2, mai 2014). Cet initiateur bénévole trouve dans sa participation à un projet d'OESS la possibilité de montrer une autre image de lui-même, valorisante pour son activité professionnelle qui ne lui permet pas d'afficher ses convictions éthiques et politiques.

Au sein de l'entreprise de nettoyage écologique, une forme de résistance a été mise en œuvre face aux pratiques dominantes et dangereuses pour la santé des salarié·e·s, par l'utilisation de produits jugés non toxiques pour l'organisme humain. Les salarié·e·s du secteur sont en effet particulièrement exposé·e·s à différentes substances nocives en manipulant les produits d'entretien. Prendre soin du corps des femmes, et particulièrement des « femmes dont on se soucie peu » (O1, nov. 2014), est une des principales raisons d'agir de cette initiatrice. « J'ai offert des produits écologiques aux femmes, car les produits de ménage sont habituellement toxiques, ils posent des problèmes sur la fertilité et la fécondité des femmes » (O1, nov. 2014) précise-t-elle encore. Cette initiatrice présente son action comme un don, qui relève finalement d'une pratique réciprocitaire, pour ses salarié·e·s dont elle dit beaucoup se soucier des conditions de travail, de la santé et du bien-être. Sa position peut être analysée à la fois comme cherchant à être « bienfaitrice » pour le corps des femmes et comme relevant du « sacrifice » puisqu'elle est avant tout attentive à la santé de ses salarié·e·s et renonce à l'être pour la sienne propre.

En écho au soin du corps des femmes dans l'entreprise de nettoyage écologique, la culture des roses est présentée comme une activité ancrée dans « le beau ». Ce rapport à l'esthétique, pensé d'ailleurs comme universellement partagé, aurait des effets positifs auprès des salarié·e·s et des usager·ère·s sur leur propre image et sur leur estime d'eux·elles-mêmes. Pour l'initiateur du chantier d'insertion, la culture des fleurs permet de « faire du bien à des gens à qui ont a fait du mal. On propose un travail noble, ce qui change beaucoup des boulots qu'on propose dans l'ESS qui ne sont que des boulots de m… et que personne ne veut faire. Mais moi je pense qu'on ne reconstruit pas les gens avec de l'argent. Il faut autre chose» (O5, février 2015). Pour lui, la démarche biologique constitue une véritable «recette réparatoire» qui doit être appliquée aux salarié·e·s et aux usager·ère·s du chantier d'insertion car «pour réparer les gens comme pour réparer la nature et les fleurs, il faut comprendre la source du problème, le bio c'est un alibi, une recette réparatoire pour réparer les gens» (O5, février 2015)

Conclusion

Cet article examine les enjeux multiples d'émancipation au sein de sept OESS sous l'angle de ses initiateur·trice·s. Les voies de l'émancipation, dont on sait qu'elles s'inscrivent dans un temps long, se traduisent principalement dans les OESS étudiées par des pratiques de résistances non unifiées aux effets du capitalisme sur les salarié·e·s, mais elles sont en premier lieu mises en place par les initiateur·rice·s de ces organisations «pour les femmes». Le point de vue adopté ici suggère par ailleurs que la préoccupation des initiatrices pour leurs salarié·e·s est induite par un vécu professionnel propre et qu'il se formule en rapport avec ce dernier. Observer et comprendre les OESS de leur point de vue – qui ne peut se réduire à celui du patronat paternaliste envers ses employé·e·s classiques – semble ouvrir une dimension nouvelle de l'émancipation, plus large et à la fois décentrée par rapport à son interprétation allant dans un sens d'autonomie financière. Cela revient aussi à prendre quelques distances avec les analyses féministes de l'industrialisation et de l'histoire du salariat selon lesquelles l'accès à l'emploi ou aux transferts sociaux était en soi source d'émancipation pour les femmes. Alors que cette vision d'accès au revenu est plutôt privilégiée dans une perspective d'économie féministe, elle s'efface ici au profit d'une considération pour la requalification de compétences dévalorisées ou la reconnaissance de la contribution de chacun·e au produit ou service, objectifs quasi absents des entreprises à but lucratif. Or ils comptent pour la construction de l'identité individuelle et collective des femmes dans leur rapport au travail, au moins au même titre que l'accès au revenu. Ce sont la sécurité et les conditions d'existence toutes entières qui sont visées dans les préoccupations formulées pour un travail ancré dans une proximité territoriale et sociale. Ce serait en visant au-delà du seul cadre de travail que l'OESS pourrait avoir une action émancipatrice. Autrement dit, dans les OESS, l'émancipation des femmes ne se situerait pas tant dans un changement des rapports sociaux de sexe (les «intérêts stratégiques» des femmes voir Molyneux 1985) que dans la prise en compte d'«intérêts pratiques» (Molyneux 1985) compris à partir de leurs conditions d'existence (et plus uniquement de leurs conditions de travail ou de rémunération pour lesquelles les OESS ne sont pas favorablement positionnées). L'avantage, pour les initiateur·trice·s de resituer « l'intérêt des femmes » dans une perspective de réparation et de rapprochement des vivant·e·s, est d'élargir sur un temps potentiellement plus long l'horizon d'impact sous-tendu par leur initiative. Plus que l'émancipation, ces initiatives viseraient une forme de rédemption. C'est particulièrement fort dans les OESS qui intègrent la préoccupation écologique.

Au-delà de la cette reformulation, notre recherche révèle aussi que le principe de « parité participative » comme objectif d'émancipation dont parle Fraser (2013, 54) et dont l'ESS serait le terrain d'intervention privilégié ne semble pas appliqué ici, ou difficilement. La question de l'absence de dispositifs participatifs ou l'échec de leur mise en place, constatés dans les OESS étudiées, est frappante. Elle laisse penser que les personnes salariées elles-mêmes ne prennent pas véritablement part à la formulation de cette vision de l'émancipation recueillie auprès des initiateur·trice·s. Il semble pour l'instant qu'il revienne aux initiateur·trice·s de poser les conditions et les normes de l'émancipation de leur personnel. En outre, si les politiques publiques ont encouragé l'émergence de ces initiatives, elles ont été peu présentes au niveau du suivi et de l'accompagnement. De ce point de vue, la question de savoir si « les armes des faibles » sont « de faibles armes » (Bessin et Roulleau-Berger 2002) reçoit ici une forme de réponse. Les OESS seules ne sauraient relever le défi de l'émancipation et à la réciprocité, déjà présente et menacée d'épuisement, doivent s'ajouter les ressources redistributives de l'État.

Références bibliographiques

Bard, C. 2003. Jalons pour une histoire des études féministes en France (1970-2002). *Nouvelles Questions Féministes*. (22)1 : 14-30.

Besançon, E. et N. Chochoy. 2014. Les marqueurs de l'innovation sociale : un exemple de recherche partenariale contribuant à l'amorce de nouvelles trajectoires d'innovation. Communication présentée à la 4e edition du colloque international du CRISES.

Bessin, M. et L. Roulleau-Berger. 2002. Les armes du faible sont-elles de faibles armes ? *L'Homme et la société*. 143-144(1) : 3-11.

Boivin, L. et M. Fortier (dir.) 1998. *L'économie sociale, l'avenir d'une illusion*. Québec : Fides.

Braley, E. 2014. Des chiffres et des analyses. Que disent les chiffres *? L'ESS au féminin. Et si tout le monde y gagnait ? Retour sur la rencontre du 16 novembre 2011*. 6-10. Accessible en ligne sur http://www.oress-bretagne.fr/index. php ?rawdata=1&ore_documents=19289&view=download_file

Cattani, A. D. 2006. Émancipation sociale. In *Dictionnaire de l'autre économie*. (Dir.) J.-L. Laville et A. D. Cattani. 271-277. Paris : Desclée de Brouwer.

Degavre, F., M. Bourguignon, et E. Callorda. À paraître (2015). À la recherche de marges pour innover, L'hybridation des ressources dans les organisations d'aide et de soins aux personnes âgées en Wallonie. *Sociologies pratiques*. 31.

Delphy, C. 1999. *L'ennemi principal. I, Économie politique du patriarcat*. Paris : Éditions Syllepse, Collection Nouvelles questions féministes.

Dussuet, A. et E. Flahault. 2012. Des emplois soutenables dans les associations ? la part du genre. Travail, organisations et politiques publiques : quelle « soutenabilité » à l'heure de la mondialisation ? *Cahiers du Cirtes* (Presses Universitaires de Louvain). Hors série 2., 159-172,

—. (À paraître) Working Within Within Associations : A Specific Access To Public Space for Women ? In *CSOs and Women's Emancipation*. C. Schwabenland, C. Lange, S. Nakagawa, J. Onyx (Eds.). Bristol : Policy Press.

Elson, D. 1991. *Male bias in the development process*. Manchester : Manchester University Press.

Eme, B. et J.-L. Laville. 2005. Économie solidaire. In : *Dictionnaire de l'autre économie*. (Dir.) J.-L. Laville et A. D. Cattani. 253-259. Paris : Desclée de Brouwer.

Fraisse, L. 2007. La dimension politique de l'économie solidaire. In : *L'économie solidaire. Une perspective internationale*. (Dir.) J.-L. Laville. 215-244. Paris : Hachette Littératures.

Fraisse, L., I. Guérin et J.-L. Laville. 2007. Économie solidaire : des initiatives locales à l'action publique. *Revue Tiers Monde*. 190 : 245-253.

Fraser, N. 2013. Marchandisation, protection sociale, émancipation : vers une conception néo-polanyienne de la crise capitaliste. In : *Socioéconomie et démocratie. L'actualité de Karl Polanyi*. (Dir.) I. Hillenkamp et J.-L. Laville. 39-64. Paris : Erès.

Fraser, N., M. Hersent, J.-L. Laville et M. Saussey. 2015. Entretien avec Nancy Fraser, *Revue Française de socio-économie*. 15 : 253-259.

Folbre, N. 1986. Hearts and Spades : Paradigms of Household Economics. *World Development*. 14(2) : 245-255.

Gadrey, J. et F. Jany-Catrice. 2012. *Les nouveaux indicateurs de richesse*. Paris : La Découverte, collection Repères.

Gardin, L. 2006. *Les initiatives solidaires. La réciprocité face au marché et à l'État*. Paris : Erès.

Guérin, I. et M. Nobre 2014. Solidarity Economy Revisited in the Light of Gender : A Tool for Social Change or Reproducing the Subordination of Women ? In *Under Developement : Gender*. C. Verschuur, I. Guérin et H. Guétat-Bernard (Eds.). 286-305. Londres : Palgrave Macmillan.

Guérin, I. 2006. *Women and Money: Lessons from Senegal*. Development and Change, 37, 549–570.

——. 2007. Économie solidaire et rapports de genre In *L'Économie solidaire. Une perspective internationale*. J.-L. Laville (Dir.). 245-276. Paris: Hachettes littératures.

——. 2003. *Femmes et économie solidaire*. Paris : La Découverte.

Guilbert, M. 1966. *La fonction des femmes dans l'industrie*. Paris : Mouton.

Godbout, J. T. 2007. *L'esprit du don*. Paris : La Découverte.

Hakim, C. 2000. *Work-lifestyle choices in the 21st century: Preference theory*, Oxford : Oxford University Press.

Hély, M. et P. Moulévrier. 2013. *L'économie sociale et solidaire : de l'utopie aux pratiques*. Paris : La Dispute.

Hersent, M., I. Guérin, et L. Fraisse. 2011. Pour conclure: comment passer de la résistance à la transformation sociale? In *Femmes, économie et développement. De la résistance à la justice sociale*. (Dir.) I. Guérin, M. Hersent et L. Fraisse. 313-337. Paris : Erès, IRD.

Hillenkamp, I., I. Guérin, et C. Verschurr. 2014. Économie solidaire et théories féministes: pistes pour une convergence nécessaire. *Revue d'économie solidaire*. 7 : 5-43.

Hillenkamp, I. et J.-L. Laville. 2013. Introduction. In *Socioéconomie et démocratie. L'actualité de Karl Polanyi*. (Dir.) I. Hillenkamp et J.-L. Laville. 9-36. Paris : Erès.

Kergoat, D. 1982. *Les ouvrières*. Paris : Syros.

Lamoureux, D. 1998. La panacée de l'économie sociale: un placébo pour les femmes ? In *L'économie sociale, l'avenir d'une illusion*. (Dir.) L. Boivin et M. Fortier. 26-53. Québec : Fides.

Mahiou, I. et M. Hersent. 1986. Les femmes dans les Scop: emploi et participation. *Recma (Revue internationale de l'économie sociale)*. 20 : 14-21.

Maucourant, J. 2005. Le troc et la monnaie dans la pensée de Polanyi, In: *Autour de Polanyi : vocabulaires, théories et modalités des échanges*. (Dir.) P. Rouillard, P. Clancier et F. Joannès. 33-43. Paris: Éditions De Boccard.

Mauss, M. 1969. *Œuvres*. Tome III. Paris : Minuit.

Merlant, P. et C. Alet. 2014. Entreprendre au Pluri'elles: femmes actrices de l'économie sociale et solidaire, note de synthèse du colloque du 3 février 2014. Mouvement de l'économie solidaire, le Labo de l'ESS, l'Agence pour le développement de l'économie locale et le Centre interdisciplinaire de Recherche Travail, État et Société.

Molyneux, M. 1985. Mobilization without emancipation ? Women's interest, the State and Revolution in Nicaragua. *Feminist Studies*. 11(2) : 227-254.

Odendahl, T. et M. O'Neill Michael (Eds.) 1994. *Women and power in the nonprofit sector*. San Francisco : Jossey-Bass Publishers.

Nyland, J. 1995. Like ships in the night: feminism and third sector theory. *Third Sector Review*. 1 : 39-53.

Polanyi, K. 1983. *La grande transformation. Aux origines politiques et économiques de notre temps*. Paris : Gallimard. Parution originale 1944.

Picchio, A. 1992. *Social Reproduction : The Political Economy of the Labour market*, Cambridge University Press.

Pilcher, J. 1999. *Women in contemporary Britain*. London : Routledge.

Preston, A. 1994. Women in the Nonprofit Labor Market, In *Women and power in the nonprofit sector.* T. Odendahl et M. O'Neill Michael (Eds.). 39-77. San Francisco : Jossey-Bass Publishers.

Richez-Battesti N., F. Petrella et D. Vallade. 2012. L'innovation sociale, une notion aux usages pluriels : quels enjeux et défis pour l'analyse ? Innovations (Cahiers d'économie de l'innovation). 3(2) : 15-36.

Servet, J.-M. 2007. Le principe de réciprocité chez Karl Polanyi, contribution à une définition de l'économie solidaire. *Revue Tiers Monde*. 190(2) : 255-273.

Tabariés, M. et V. Tchernonog, 2007. La montée des femmes dirigeantes dans les associations : évolutions structurelles, évolutions sociétales, *Recma (Revue internationale de l'économie sociale)*. 303 : 10-29.

Themudo, N. 2009. Gender and the nonprofit sector. *Nonprofit and Voluntary Sector Quarterly*. 38(4) : 663-683.

Teasdale, S., S. McKay, J. Phillimore et N. Teasdale, 2011. Exploring gender and social entrepreneurship : women's leadership, employment and participation in the third sector and social enterprises. Voluntary Sector Review. 1(2) : 57-76.

Annexe 1 : Les organisations d'économie sociale et solidaire étudiées

	Organisation	Date de création	Type de production	Personnel						N=
				Initiateur·rice		Salarié·e·s		Bénévoles		
				♀	♂	♀	♂	♀	♂	
O1	Entreprise solidaire de nettoyage écologique	2009	Service de nettoyage écologique	1		8	3			12
O2	Association de troc vert	2001	Échange de plantes et de semences locales	1	1			8	4	14
O3	Association de verger urbain	2012	Création de vergers urbains		1	1		8	3	13
O4	Collectif citoyen d'occupation des espaces libres	2013	Création de potagers urbains et échanges de savoirs agricoles		2				4	6
O5	Chantier d'insertion spécialisée dans la culture de roses biologiques	2013	Culture et vente de roses biologiques		1	7	4			13
O6	Crèche coopérative	2013	Accueil collectif de la petite enfance	1	1	15	1			18
O7	Association de maintien à domicile et d'aide ménagère	2004	Soin à domicile pour personnes âgées	1		60				61

Solidarités, travail et rapports sociaux

L'entreprise qui nettoie l'IHEID peut-elle être sociale et solidaire ?

Christophe Dunand

Introduction

Cette contribution analyse l'expérience concrète du nettoyage de l'ensemble du parc immobilier de l'Institut de hautes études internationales et du développement (IHEID) par l'entreprise d'économie sociale et solidaire Réalise. À Genève, l'appartenance à l'économie sociale et solidaire (ESS) est conditionnée par le respect d'une charte[1] de valeurs écologiques et sociales et non sur des statuts juridiques, comme c'est le cas en France notamment (Baranzini et Swaton 2013). Cette approche permet d'associer au sein de la Chambre autant des sociétés anonymes à but lucratif limité que des coopératives ou des associations et fondations, pour autant qu'elles fassent toutes la preuve d'engagements écologiques et sociaux[2].

Les entreprises sociales d'insertion par l'économique comme Réalise représentent une famille de l'économie sociale et solidaire, aux côtés de la finance éthique, des coopératives d'habitation, du commerce équitable, etc.

---

1 http://www.apres-ge.ch/search/node/charte. Ces valeurs sont au nombre de sept, avec par exemple le bien-être social, la citoyenneté, l'autonomie, la solidarité, etc. Elles sont déclinées en critères opérationnels permettant de vérifier le respect des valeurs sur le terrain.

2 En France toutes les coopératives et associations peuvent se prévaloir d'appartenir à l'ESS.

Dunand, C. 2015. L'entreprise qui nettoie l'IHEID peut-elle être sociale et solidaire ? In *« Homo œconomicus, mulier solidaria. » Une économie solidaire peut-elle être féministe ?* (Dir.) C. Verschuur, I. Guérin et I. Hillenkamp. 179-190. Paris : L'Harmattan, collection Genre et développement. Rencontres.

Cette famille est particulièrement dynamique depuis les années 1970 pour faire face aux problèmes croissants de chômage et d'exclusion (Gardin, Laville et Nyssens 2012). Même si la Suisse, comparativement aux pays européens qui l'entourent, connaît un taux de chômage limité de 3,2 % (SECO 2014), certains cantons, comme Genève, connaissent un taux de chômage proche du double de la moyenne nationale (5,3 % en novembre 2014[3]), les personnes sans diplôme étant particulièrement concernées.

Après une brève présentation de Réalise, nous expliquerons comment cette entreprise, membre de la Chambre genevoise de l'ESS, a obtenu le mandat de nettoyage de l'IHEID. La description du mode de fonctionnement de Réalise permettra d'aborder la question qui constitue le titre de cet article. Nous montrerons ensuite en quoi ce mandat ouvre des perspectives pour développer, tant à Genève que dans le monde, des entreprises de nettoyage sociales et solidaires, capables de supplanter progressivement les entreprises de nettoyage capitalistes sans engagements sociaux, solidaires et écologiques.

Des millions de femmes et d'hommes travaillent, le plus souvent dans des conditions déplorables, dans le secteur du nettoyage au niveau mondial (bureaux, surfaces commerciales et économie domestique). En outre, les impacts écologiques des activités de nettoyage sont élevés[4].

Réalise et ses bénéficiaires

Réalise est une entreprise sociale d'insertion par l'économique, créée à Genève en 1984[5]. Elle forme et place dans l'économie des femmes et des hommes sans emploi, dépendants de l'assistance publique ou de l'assurance chômage. Aujourd'hui, Réalise est devenue une des grandes organisations de ce type en Suisse. Elle compte environ 200 collaborateurs, dont la moitié sont en formation en vue de retourner rapidement sur le marché de l'emploi. Leur passage par Réalise s'étend sur des périodes courtes, de quatre à huit mois en moyenne. Les bénéficiaires de ces formations et d'un accompagnement vers l'emploi sont des femmes et des hommes adultes, sans diplôme, ou sans titre reconnu en Suisse. À l'image du pourcentage élevé de résident·es étranger·ères à Genève, majoritairement non diplômé·es, plus de la moitié des bénéficiaires de Réalise n'ont pas de passeport helvétique.

---

3 http://www.ge.ch/statistique/domaines/apercu.asp?dom=03_03

4 Outre les phosphates associés à l'eutrophisation des eaux, la liste des molécules toxiques présentes dans les produits de nettoyage est simplement immense, avec des effets sur l'environnement mais aussi sur la santé des travailleurs. La fondation David Suzuki en dresse une longue liste. http://www.davidsuzuki.org/issues/health/science/toxics/the-dirt-on-toxic-chemicals-in-household-cleaning-products/

5 www.realise.ch

Absence de diplôme ne signifie pourtant pas absence de compétences. Ces femmes et ces hommes ont, pour la plupart, des années d'expérience professionnelle en Suisse ou dans leur pays d'origine. Cela représente chaque année environ 260 personnes, de plus de 30 nationalités différentes. Au-delà des compétences acquises durant le passage à Réalise, le fait de reprendre une activité professionnelle, parfois après des mois ou des années d'inactivité forcée, contribue à retrouver une estime de soi et des liens sociaux, ainsi qu'à remobiliser ses ressources pour sortir d'une situation d'exclusion. C'est d'ailleurs l'axe central des démarches d'insertion par l'économie, dont le sens est particulièrement important dans un pays comme la Suisse où le travail est une valeur cardinale (Dunand et Du Pasquier 2006). Dans ce pays très riche, le système de protection sociale garantit un accès à des ressources matérielles minimales pour vivre (se nourrir, se loger, se vêtir). Toutefois, cette aide matérielle ne remplace pas un emploi, comme l'a démontré Castel (2009). De plus, les solidarités familiales sont affaiblies, particulièrement au sein des familles d'origine suisse. Dès lors, les risques d'exclusion et de marginalisation sont considérables pour les femmes et les hommes sans emploi.

Entre 30 et 40 % des stagiaires de Réalise retrouvent un emploi à l'issue de leur formation. Les autres se répartissent en deux catégories. Pour la première, le stage aura permis d'identifier des barrières à l'emploi, notamment socio-sanitaires. Ces personnes sont dès lors orientées vers des services publics ou privés compétents et pourront revenir à Réalise une fois leur capacité de travail recouvrée. Pour la seconde catégorie, le stage ne débouche pas sur un emploi, bien que les personnes soient aptes à travailler et motivées. Ceci peut s'expliquer par différents facteurs en interaction. Les principaux sont l'attente de diplômes de la part du marché de l'emploi, la concurrence élevée des travailleur·es européen·nes attiré·es par des salaires élevés, la forte tertiarisation de l'économie genevoise, notamment depuis les années 1990 (Flückiger, de Coulon et Vassiliev 2002), avec la diminution concomitante d'emplois accessibles à des personnes non qualifiées dans le secteur secondaire, et des pratiques de recrutement traditionnelles (basées sur des *curriculum vitae* et donc des diplômes).

Engagements pour un développement durable et une économie sociale et solidaire dans quatre secteurs d'activité

Depuis les années 1980, Réalise inscrit son action dans une perspective de développement durable en cherchant à maximiser son impact social, à limiter son impact écologique et à assurer l'équilibre financier nécessaire à sa pérennité institutionnelle. Depuis la fin des années 1990, Réalise tente de dépasser la dimension palliative de sa mission d'insertion en s'engageant pour le développement d'une économie plus sociale et plus solidaire (Dunand et Laederach 2012).

Ces engagements se traduisent par la mise en place de techniques de travail et de processus de management qui répondent au mieux aux valeurs et principes de l'ESS. À titre d'exemple, de gros efforts sont consentis pour utiliser les techniques de production et les machines les plus économes en énergie et en matières premières, pour mettre en œuvre une organisation du travail et une gestion des ressources humaines favorables à la santé, un management participatif et une transparence financière complète. Réalise est, juridiquement, une association démocratique privée, dans laquelle tout·e collaborateur·trice peut, et est invité·e à, devenir membre et participer aux décisions stratégiques en assemblée générale.

Réalise a développé ses activités dans quatre secteurs économiques à haute intensité de main-d'œuvre, accessibles à des personnes compétentes mais non diplômées. Il s'agit du jardinage et des entretiens extérieurs, de la blanchisserie et du nettoyage, de la logistique et de la sous-traitance industrielle (montage électro-mécanique, horlogerie, revalorisation de matériel électronique). La moitié de son budget est couverte par les revenus des biens et services vendus sur le marché, l'autre provient des mandats de formation et d'accompagnement vers l'emploi négociés avec l'État de Genève.

Nous nous intéresserons dans cet article uniquement au secteur du nettoyage. Il se trouve qu'à Genève, c'est l'un des secteurs qui offre des conditions de travail particulièrement mauvaises. Les salaires y sont très bas[6], le travail non déclaré courant et des temps de travail partiels y sont le plus souvent imposés. L'organisation du travail, avec des horaires situés tôt le matin ou le soir tard, sont défavorables à une socialisation et à une vie de famille. Enfin, c'est un secteur très en retard du point de vue de la formation diplômante des professionnel·le·s, alors que la Suisse se flatte d'avoir un système de formation exemplaire.

Nous formulons l'hypothèse que les constats que nous faisons quant aux conditions de travail dans le nettoyage à Genève valent pour de nombreuses autres villes. Que cela soit dans le domaine du nettoyage de bâtiments ou de l'économie domestique, des centaines de millions de personnes dans le monde, principalement des femmes, sont concernées par ces enjeux.

---

6 Le salaire de manœuvre, qui concerne le plus grand nombre de travailleur·euse·s, est d'environ 3 300 francs suisses par mois pour 2012 selon la convention collective de travail (http://www.seco.admin.ch/themen/00385/00420/02500/02530/index.html?lang=fr). Alors que le salaire médian à Genève est d'environ 6800 francs suisses par mois pour la même année (Office cantonal de la statistique, https//www.ge.ch/statistique/domaines/).

L'IHEID mandate Réalise pour l'entretien des locaux

Suite à l'extension de ses bâtiments et à la construction de la Maison de la paix, un monument de verre de plus de 45 000 m^2, l'IHEID a recherché en 2013 une entreprise répondant aux critères du développement durable et comprenant le projet de la Maison de la paix. Concrètement, il s'agissait de trouver une entreprise utilisant les techniques de nettoyage les plus écologiques, selon les connaissances actuelles, avec la garantie d'un engagement social maximal.

Au plan écologique, Réalise s'emploie depuis plus d'une décennie à limiter, voire supprimer quand c'est possible, les produits de nettoyage chimiques (comme tout produit chimique dans ses autres activités, notamment le jardinage). Nous utilisons environ 10 % des quantités de produits de nettoyage employés par une entreprise sans engagement écologique. Au plan social, notre mission de formation pour l'insertion d'adultes sans emploi, tout comme notre recherche de conditions de travail les meilleures possibles, nous placent loin devant toute entreprise capitaliste cherchant à maximiser ses profits. Enfin, il se trouve que deux des trois directeurs de Réalise, dont l'auteur de cet article, sont diplômés de l'IHEID et donc à même de comprendre le projet de la Maison de la paix.

Depuis la création de Réalise, l'essentiel du travail pour nos clients est effectué par des personnes en formation encadrées par des techniciens-formateurs. L'ampleur du mandat de la Maison de la paix (puis de tous les bâtiments de l'IHEID) dépassait largement les capacités de nettoyage de Réalise. Nous avons tout de même choisi de faire une offre en décidant que, le cas échéant, nous engagerions des employé·es pour assurer le travail dépassant ce que les équipes en formation pourraient assurer. Notre motivation était que le bâtiment moderne et luxueux de la Maison de la paix allait permettre d'offrir des conditions de formation idéales pour les stagiaires et allait constituer une belle référence pour leur prochain employeur. Nous avons obtenu le mandat à l'été 2013, à peine quelques semaines avant la fin de la première partie du chantier de construction. Ce n'est qu'environ une année plus tard, après un démarrage sur les chapeaux de roues, que nous avons pu commencer à tirer les premières conclusions qui, comme nous le verrons plus loin, vont bien au-delà de nos objectifs initiaux et ouvrent des perspectives pour faire évoluer l'économie « sauvage » du nettoyage qui prédomine actuellement.

Une fois le mandat confirmé par la direction de l'IHEID, la responsable du secteur blanchisserie et nettoyage de Réalise a procédé rapidement à l'engagement du personnel, ainsi qu'à l'acquisition du matériel nécessaire. Avec son équipe de techniciens-formateurs, elle a sélectionné strictement des femmes et des hommes ayant effectué un stage de formation à Réalise et n'ayant malheureusement pas retrouvé de travail. Il s'agit de la deuxième catégorie de personnes mentionnée plus haut: celle des personnes capables et motivées, mais rejetées par le marché de l'emploi actuel.

Ces personnes correspondent en tout point au profil type des chômeur·euse·s de longue durée en Suisse: d'origine étrangère (souvent non européenne), non diplômé·e·s et âgé·e·s de plus de 45 ans (Bigotta *et al.* 2011). Bien que le thème soit tabou, comme l'ont montré notamment les travaux de Fibbi, Lerch et Wanner (2006), l'expression «origine étrangère» cache en fait des pratiques d'embauche largement racistes.

Certaines des personnes engagées pour ce mandat par Réalise cumulaient l'ensemble de ces facteurs de discrimination, d'autres une partie seulement. Comme nous l'avons signalé plus haut, toutes étaient sans emploi malgré la formation suivie à Réalise et les efforts importants de placement de l'équipe de conseiller·ère·s en insertion qui assure l'interface avec les employeurs.

Ainsi, une équipe d'environ 25 personnes, accompagnées par un encadrant qualifié, à même d'organiser le travail et de dispenser les formations nécessaires, ont été engagées pour nettoyer l'ensemble des bâtiments de l'IHEID six jours sur sept. Une équipe de six personnes en formation est engagée à leurs côtés.

Les 25 personnes engagées comme nettoyeur·euse·s ont un contrat de travail en bonne et due forme, elles sont rémunérées à des tarifs supérieurs à ceux exigés par la convention collective du nettoyage[7]. Elles sont en plus encouragées à cotiser à un système de retraite complémentaire privé, ce que les employeurs capitalistes tentent d'éviter car la cotisation est paritaire, ce qui diminue leurs bénéfices.

Ces nouveaux·elles collaborateur·trice·s sont invité·e·s à participer tant aux fêtes qu'à l'assemblée générale de Réalise. Cependant, un travail d'information reste à faire. Le fait d'être consulté est pour le moins étranger à ces travailleur·euse·s, que ce soit pour le budget ou pour la nomination des membres du conseil en assemblée générale. La première année d'activité sur ce mandat a porté prioritairement sur des aspects opérationnels. Il fallait déjà montrer à l'IHEID que Réalise était capable de relever ce défi et de faire face aux retards du chantier, alors que l'année académique 2013 avait déjà démarré. Ces questions de gouvernance font partie des objectifs pour 2015.

Quelques constats encourageants

Chaque jour, dans l'immense bâtiment de verre de la Maison de la paix et ses bâtiments satellites, des centaines d'enseignant·e·s, de chercheur·e·s, d'étu-

7 Ces conventions, négociées entre les syndicats et le patronat, définissent branche par branche les conditions de travail et le barème horaire des salaires. Elles ne couvrent toutefois pas tous les secteurs économiques.

diant·e·s et de visiteur·euse·s vaquent à leurs occupations. Une configuration qui ne permet aucune erreur technique, ni aucune attitude non professionnelle pour les travailleur·euse·s de Réalise.

Les travailleur·euse·s ont été engagé·es à partir des compétences techniques et relationnelles (les *soft skills*) dont ils et elles ont fait la preuve durant leur stage de formation en travaillant sur divers mandats. Réalise n'a donc pas utilisé les critères de discrimination habituels pour des emplois à haute intensité de main-d'œuvre. Nous n'avons tenu aucun compte des diplômes (rares dans le nettoyage), de l'âge, de l'origine culturelle ou du sexe.

Au-delà de notre approche basée sur les compétences, nous avons proposé des salaires corrects, au-dessus des minima conventionnés, et une organisation du travail la plus favorable possible. Il s'agit notamment d'assurer des taux de travail élevés, pour limiter les temps de travail partiel imposés, pratique dominante dans cette branche.

Après un peu plus d'une année, nous constatons avec ce mandat, dont la taille est significative, que le travail correspond aux attentes élevées de l'IHEID en qualité et en souplesse, et que les taux d'absence et de rotation du personnel sont faibles. En outre, le technicien-formateur de Réalise, qui a travaillé de nombreuses années dans des entreprises de nettoyage non solidaires, a observé que les travailleur·euse·s font preuve d'autonomie et de solidarité, ce qui permet de limiter la hiérarchie et favorise l'émergence de relations de travail plus coopératives. Tout ceci avec des techniques de nettoyage sans produits chimiques, à l'exception des quelques zones exigeant une hygiène particulière.

En résumé, nous constatons que ces personnes, recrutées sur la base de compétences observées sur le terrain et non de critères de sélections habituels, et dont l'économie genevoise ne voulait pas, semblent mieux travailler que dans les entreprises de nettoyage non solidaires. Il reste cependant plusieurs domaines d'amélioration pour l'avenir, notamment leur intégration dans le management démocratique de Réalise, comme mentionné plus haut. Nous devons aussi continuer à faire évoluer nos représentations genrées. Une étude réalisée il y a plusieurs années a porté sur les écarts entre le discours de Réalise encourageant l'équité des genres (une des valeurs de la Charte) et les pratiques concrètes. Un gros potentiel d'amélioration avait été mis en évidence. L'auteure de l'étude avait par exemple montré les difficultés que les cadres de Réalise (notamment l'auteur de cet article) avaient à imaginer l'insertion de femmes dans des métiers dominés par les hommes jusqu'à présent, tels que la logistique, les déménagements ou l'informatique (Samii 2014). Suite à cette étude critique très utile, des mesures avaient été prises : des femmes suivent maintenant une formation pour insertion en logistique et dans nos activités de recyclage électronique, et davantage d'hommes se forment à la blanchisserie. Une nouvelle étude révélerait certainement encore d'autres améliorations souhaitables.

Il est aussi possible que l'engagement professionnel de ces personnes dans leur travail soit une manière de rembourser une dette. Certaines désespéraient face aux échecs répétés de leurs offres d'emploi et ont signifié à de nombreuses reprise leur gratitude envers Réalise. Il sera particulièrement intéressant d'observer si cet engagement varie avec le temps, cette expérience n'ayant qu'un an et demi. Enfin, cette analyse «du dedans» n'échappe pas au manque de recul de l'auteur. Une analyse indépendante serait très intéressante, à moyen terme, pour confirmer ou infirmer ces observations.

Quels impacts pour l'avenir et quelles perspectives ?

Compte tenu du nombre de personnes, notamment de femmes, qui sont maltraitées dans les métiers du nettoyage, cette expérience ouvre de larges perspectives. Comme nous l'avons mentionné plus haut, la preuve est faite qu'il est possible d'assurer un service de nettoyage de haute qualité professionnelle, environnementale et sociale, dès lors que la perspective n'est pas la maximisation du profit mais un engagement social et solidaire.

Les prix pratiqués par Réalise sont ceux du marché. Dès lors qu'il n'y a pas de capital action à rémunérer, ni de salaire excessif versé à un patron gourmand, il est possible de payer correctement les travailleur·euse·s et d'assumer les charges de fonctionnement. Il est aussi possible de relever que l'usage minimal de produits de nettoyage chimiques polluants, favorable pour la planète, permet aussi des économies substantielles qui peuvent servir à améliorer les conditions des travailleur·euse·s.

Ce constat ouvre des perspectives sociétales importantes de deux ordres. Premièrement, comme nous l'avons résumé dans une publication précédente (Dunand et Laederach 2012), et comme cela avait déjà été montré – notamment par Chanial et Laville (2002) et Soulet (2007) –, le travail d'insertion est dominé par une logique palliative. La majorité des organisations d'insertion, dont nombre sont devenues, à l'instar de Réalise, des «entreprises sociales d'insertion par l'économique», sont issues de projets citoyens. Elles visaient à dépasser les limites des systèmes d'aide sociale des années 1980. Force est de constater qu'aujourd'hui, elles sont enfermées dans une logique palliative.

Elles ne créent pas d'emploi et n'ont qu'une influence marginale sur le marché du travail et l'économie en général. Elles sont tolérées car elles ont montré qu'il vaut mieux garder les personnes en activité : l'économie peut en avoir besoin un jour... Mais sauf exception, elles ne sont pas considérées comme des actrices économiques, comme cela devrait être le cas dans une économie au service de la société. En résumé, elles viennent en aide aux exclus du capitalisme, sans agir sur les causes de l'exclusion.

Dès lors qu'une organisation comme Réalise situe son action dans la perspective de transition vers une économie plus sociale et plus solidaire et plus écologique, il est évident qu'un rôle de « brancardier de l'économie dominante » (Laville 2001) ne peut être un engagement à long terme.

Jusqu'à récemment, la direction de Réalise voyait le dépassement de ce « cul-de-sac palliatif » à travers son engagement dans le développement du réseau d'économie sociale et solidaire genevois APRES-GE. Cette expérience concrète, ainsi que des réflexions récentes et d'autres expériences à Réalise, ouvrent de nouvelles perspectives. Il s'agit, ni plus ni moins, de tenter de remplacer à terme les entreprises de nettoyage capitalistes par des entreprises plus sociales et plus solidaires.

Le second objectif sociétal est de montrer que les critères de sélection – on pourrait parler de discrimination – utilisés par les employeurs actifs dans des domaines à haute intensité de main-d'œuvre ne sont ni efficaces au plan économique, ni durables au plan sociétal. En utilisant d'autres critères, il est possible de trouver des collaborateurs de haute qualité dans le vivier local des demandeurs d'emploi.

De plus, notre expérience montre qu'en offrant des conditions de travail réellement meilleures, avec respect, autonomie et implication des collaborateur·trice·s, l'engagement de ces dernier·ère·s et la qualité de leur travail semble dépasser ceux que l'on peut constater au sein d'entreprises commerciales peu scrupuleuses.

Entreprendre et innover

Comme les lignes précédentes le laissent percevoir, la finalité sociale et solidaire de Réalise, ainsi que son autonomie entrepreneuriale (privée mais sans but de maximisation du profit), ouvrent un champ des possibles auquel nous n'avions pas pensé il y a encore une année. Nous pouvons développer des activités de manière autonome rapidement, dès lors qu'elles s'autofinancent. Il ne nous a guère fallu qu'un mois pour constituer une équipe de 25 personnes pour la Maison de la paix, acheter le matériel et être à pied d'œuvre le jour convenu.

Les constats que nous avons résumés dans cet article nous amènent très simplement à la question suivante : pourquoi ne pas favoriser la création d'entreprises de nettoyage sociales et solidaires ?

Aujourd'hui les entreprises excluent une partie non négligeable des demandeurs d'emploi à partir de facteurs de discrimination (sélection) cités plus haut. Au profit de travailleur·euse·s qui viennent parfois de loin, ce qui n'est guère écologique. De plus, les conditions de travail dans ces entreprises sont trop souvent mauvaises. Des entreprises de nettoyage sociales et solidaires représenteraient ainsi une alternative favorable, tant à Genève qu'ailleurs.

L'intégration de critères écologiques et sociaux dans les marchés publics est croissante. Les organisations qui ont des valeurs sociales, tout en se fournissant auprès d'entreprises bien peu solidaires, pourraient changer de fournisseur. C'est le cas à Genève du BIT, ainsi que de nombreuses ONG et organisations internationales. Ceci favoriserait fortement l'émergence d'entreprises de nettoyages sociales et solidaire et influencerait positivement le secteur du nettoyage, pour le rendre un peu plus vertueux. C'est ce que l'on constate par exemple avec les coopératives d'habitation. Elles font la démonstration que l'on peut construire et gérer autrement l'habitat, pour le rendre plus écologique et plus social[8].

Au moment de la rédaction de ces lignes, la direction de Réalise étudie cette piste. Les investissements sont limités, les client·e·s potentiel·les nombreux·se·s, les travailleur·euse·s concerné·e·s se comptent par milliers. Par ailleurs l'incubateur d'entreprises sociales et solidaires Essaim[9] de Genève est à même d'apporter les appuis nécessaires pour le lancement d'un tel projet, puis l'appui administratif indispensable à sa pérennité. Une telle innovation sociale et solidaire aurait un impact sociétal considérable.

Conclusions

Cette expérience très concrète s'inscrit dans la voie de Morin (2011). C'est une contribution, concrète et locale, à la construction d'une économie plus sociale, plus solidaire et écologiquement durable. Est-ce que Réalise, l'entreprise qui nettoie l'IHEID, est sociale et solidaire ? Nous espérons que cet article en donne la preuve, ou tout au moins montre l'engagement de cette organisation pour le devenir.

Le potentiel innovant du mandat confié par l'IHEID à Réalise pour l'entretien de la Maison de la paix va toutefois au-delà de ce qui avait été perçu au moment de sa signature. Nous avons constaté qu'il est parfaitement possible de concilier des prestations de nettoyage professionnel de qualité pour le client, un prix du marché, des conditions de travail dépassant les normes légales et les techniques actuelles les plus écologiques. Ceci dès lors que la maximisation du profit n'est pas le but de l'entreprise, donc dès lors que l'entreprise se situe dans le courant de l'économie sociale et solidaire, tel qu'il est appréhendé en Suisse romande (Baranzini et Swaton 2013). Compte tenu du nombre considérable de femmes et d'hommes travaillant de par le monde dans les métiers du nettoyage, le plus souvent dans des conditions sociales mauvaises et sans considérations écologiques, la création d'entre-

8 Voir notamment le travail très important de la CODHA (Coopérative de l'habitat associatif) à Genève et dans le canton de Vaud (www.codha.ch).

9 http://www.essaim.ch/

prises de nettoyage sociales et solidaires pourrait avoir un impact sociétal très positif. Cela implique d'innover, comme cela a été le cas en invitant une entreprise de nettoyage à ce colloque académique international.

Références bibliographiques

Baranzini, L. et S. Swaton. 2013. Définir la nouvelle économie sociale par les critères plutôt que par les statuts ? Une analyse théorique à partir des critères retenus en Suisse par Après-Ge, in *Les nouvelles frontières de l'économie sociale et solidaire. Cahiers du Cirtes* (Louvain-la-Neuve). Hors Série : 53-68.

Bigotta, M., F. B. Losa, G. Ritschard et E. Stephani. 2011. Le parcours professionnel des chômeurs de longue durée en Suisse. *La Vie économique. Revue de politique économique*. 7/8 : 51-54.

Castel, R. 2009. *Les métamorphoses de la question sociale : une chronique du salariat*. Paris : Gallimard.

Chanial, P. et J.-L. Laville. 2002. L'économie solidaire : une question politique. *Mouvements*. N° 19 : 11-20.

Dunand, C. et A. L. Du Pasquier. 2006, *Travailler pour s'insérer. Des réponses actives face au chômage et à l'exclusion : les entreprises d'insertion*. Genève : IES Éditions.

Dunand, C. et J. Laederach. 2012. Dépasser un travail social palliatif. Réflexions à partir de deux institutions genevoises d'intégration et d'insertion. In *Les enjeux hybrides de l'économie sociale et solidaire. De la reconnaissance d'un tiers secteur. Le Sociographe*. Montpellier. Hors Série n° 5 : 135-157.

Fibbi, R., M. Lerch et P. Wanner. 2006. Unemployment and Discrimination against Youth of Immigrant Origin in Switzerland : When the Name Makes the Difference. *Journal of International Migration and Integration*. 7(3) : 351-366.

Flückiger, Y., A. de Coulon et A. Vassiliev. 2002. *Les raisons de la différence entre les taux de chômage genevois et suisse*. Genève : Université de Genève, Observatoire universitaire de l'emploi.

Gardin, L., J.-L. Laville et M. Nyssens (Dir.). 2012. *Entreprise sociale et insertion : une perspective internationale*. Paris : Desclée de Brouwer.

Laville, J.-L. 2001. Les raisons d'être des associations. In *Associations, démocratie et société civile*. (Dir.) J.-L. Laville, A. Caillé et P. Chanial. 61-140. Paris : La Découverte.

Morin, E. 2011. *La voie, pour l'avenir de l'humanité*. Paris : Fayard.

Samii, C. 2014. Quand le genre s'en mêle. Obstacles à l'insertion des femmes dans les métiers traditionnellement masculins. Berlin : Éditions universitaires européennes.

SECO (Secrétariat d'État à l'économie). 2014. *La situation sur le marché du travail*. Berne : SECO. Accessible en ligne sur http://www.seco.admin.ch/themen/00374/00384/?lang=fr

Soulet, M.- H. 2007. La reconnaissance du travail social palliatif. *Dépendances*. N°33 : 14-18

Weaving at the crossroads of gender and ethnicity. Or can the collective entrepreneurship of women working in the tourism industry of Peru be interpreted as feminist solidarity?

Annelou Ypeij

Introduction[1]

Tourists who visit the small Andean town of Chinchero, located in the Holey Valley between Cusco and Machu Picchu, Peru, are usually impressed by the many beautifully dressed women who crowd the streets. These women are weavers and members of associations who invite tourists to their collective workshops located in the town's centre. They offer tourists a seat and a coca tea. They give a demonstration of the weaving and dying of the wool and, in doing so, they hope to seduce the tourists into buying their arts and crafts. Originally, a typically Andean town of small scale and subsistent farmers with little cash-income possibilities, tourism has changed Chinchero profoundly. This papers deals with the ways the Quechua-speaking women of Chinchero have grabbed new economic opportunities within tourism in a

[1] Sections of this paper have been published before in Ypeij (2012).

Ypeij, A. 2015. Weaving at the crossroads of gender and ethnicity. Or can the collective entrepreneurship of women working in the tourism industry of Peru be interpreted as feminist solidarity? In *«Homo œconomicus, mulier solidaria.» Une économie solidaire peut-elle être féministe?* (Dir.) C. Verschuur, I. Guérin et I. Hillenkamp. 191-203. Paris: L'Harmattan, collection Genre et développement. Rencontres.

collective way and the changes in ethnic and gender relations that are the result of it. It will especially look at how these income generating activities fit into the discussions of feminist economics and solidarity economies.

Feminist economics focus on the – in the mainstream economics often neglected – care economy, household dynamics and divisions between unpaid and paid labour, among many other issues (Benería 2003). Solidarity economy approaches wish to study alternatives to profit-driven economies and is focussed on the collective organisation of economic activities in which solidarity, reciprocity and gender and ethnic equality are key concepts (Utting 2013). It is often initiated from "below" and women play "a primary role as agents" within these economic activities (Guberlet 2009, 738). Based on my own research of the informal economy of Lima of the early 1990s, the degree of control that the small-scale economic actors, whether organised family-based or in associations, exercise over the production process (labour input, access to markets, ownership) are decisive for their level of autonomy in the highly competitive urban economy.[2] And autonomy is considered to be a precondition for doing economics in a different, alternative, more solidary way (Guberlet 2009).

I wish to integrate these approaches into the concept of feminist solidarity which I operationalise as follows: do the participants organise themselves in an inclusive democratic way, do they work towards the equal distribution of benefits, do the participants have control over the production process and do their activities lead to more gender and ethnic equality?

The organisation of this paper is as follows. First I will give some general information about the tourism development in the Cusco-Machu Picchu region. Then I will introduce Chinchero and the activities of the women weavers. In subsequent sections I will analyse changes in gender relations at the household level and the introduction of new social inequalities by the male *mestizo* guides who are very important for bringing tourists to Chinchero. These male guides who act as brokers and mediators between the tourists and the women weavers are important for the way tourism is organised in the region. Then follows a section about the way the associations are organised. I will distinguish between different types of leadership. In the last section I will draw some conclusions.

---

2 In my previous study I have based myself on the work of Alison MacEwen Scott in which she argues that the (self-employed) producer is "of course constrained by market mechanisms governing the demand for his products ... and the supply of his factors of production" but within these constrains he has autonomy over his production process. This autonomy can be conceptualized as 1) juridical ownership 2) direct appropriation of the profits and 3) control over the decision-making processes which arise out of production (MacEwen 1979, 106). As my own study shows, this autonomy contributes positively to the level of his/her income (Ypeij 2000).

The paper is based on a six weeks fieldwork that I did in the Cusco area in 2003 and several field visits that I have done since then.

Tourism in the Cuzco-Machu Picchu region

Tourism in Peru has grown explosively since the 1990s and the capture of the leader of the Sendero Luminoso (Shining Path) terrorist organisation (Ypeij 2012). In 1992, Peru received 217,000 international tourists; 18 years later, the figure was over 2 million. The annual growth rate over the last ten years has been around 8 percent. Machu Picchu located in the Sacred Valley is Peru's flagship tourist attraction. Between 1997 and 2011, the annual number of tourists visiting this Inca archaeological park and site has risen from 294 to 971 million.[3] Tourism has thus turned into mass tourism. It is Peru's fifth source of foreign exchange (behind mining, agriculture, fishery and oil industry) and with 2,242 million US dollars generated almost 4 percent of the country's gross national product of that year.[4]

The national state is a major player in the way tourism is promoted and developed (Ypeij 2012). Since the presidency of Alberto Fujimori (1990-2000), Peru's tourist development programmes have been characterised by neo-liberal economic policies, openness to foreign investments, and the granting of concessions to international companies (Desforges 2000). The tourism industry is dominated by large and medium-sized companies owned by members of the Cuzco urban middle class, political and economic elites from Lima, and foreign companies. Because the jobs they offer require high levels of education, not many are generated for local people from rural backgrounds or for those from the urban lower classes. Despite this, as Cuzco is one of the departments of Peru with the highest levels of poverty, many poor people from urban and rural areas do their utmost to get a piece of the tourism pie (Hill 2007). They have embraced the tourism encounter as a new way of making a living and as an opportunity for social mobility. They create their own work: street vendors, shoeshine boys, beggars, and groups of tourists led by informal guides are omnipresent in the streets of the historic city centre of Cuzco, the tourist villages of Pisac and Chinchero, and many other places along the road to Machu Picchu in the Sacred Valley (Ypeij 2012).

3 Source: Ministerio de Comercio Exterior y Turismo, http://www.mincetur.gob.pe/newweb/portals/0/turismo/sitios%20turisticos/Cus_MAPI_Ciudad_LLeg_Nac_Extr.xls

4 Source: Observatorio Turistico del Peru, BADATUR, http://www.observatorioturisticodelperu.com.

The women weavers of Chinchero

Chinchero is a small village located at a 40 minute bus drive from Cusco on the road towards Urubamba in the Sacred Valley. It is located at 3,800 meters above sea level. It has 2,300 inhabitants in the village itself and another 7,200 in the surrounding 16 communities. The people live on agriculture and construction. Increasingly tourism is becoming an important additional source of income.

Lonely Planet describes Chichero as a "typical Andean" village with "a colourful Sunday market" and "traditionally dressed locals" (Lonely Planet 2010, 263). The Sunday market is a regional market that brings together the peasants from the surrounding communities who sell and barter their agricultural produce (Henrici 2002). Under the influence of tourism, the market has changed in character as it is expanding in size and handicrafts and other tourist's items are increasingly being sold. Also there is a daily tourist market in front of the antique cathedral. The "traditionally dressed locals" mentioned in the Lonely Planet are women who wear *polleras* (woollen layered skirts), hand woven *mantas* (shawls) and their hair in artistic braids with a typical round head in red and black on top. They speak Quechua as their mother tongue while some of them are monolingual or have only basic knowledge of Spanish. They are members of subsistence farming families who grow potatoes, broad beans and wheat on their *chacras*.

Nowadays many women not only work as vendors on the tourist and Sunday markets, but they can also be found inside and outside the many weaving workshops they have established in Chinchero's small tourist centre during the last decade. The women weavers invite tourists to visit their workshops. They give a demonstration of their weaving art and show how they colour the wool with a natural dye made of all kinds of herbs.

These women follow the example of Nilda Callañaupa, a woman from Chinchero raised in a Quechua speaking peasant family who throughout her youth lead the typical life of an Andean girl, working in agriculture and herding the family's sheep. She was, however, the first of her community to go to the university in Cusco to study tourism and anthropology in the 1990s. She also went to a university in the States (Callañaupa Alvarez 2007). As she came in contact with American anthropologists interested in Andean antique and contemporary weavings she realised that Chinchero and the surrounding villages and communities had a long history of weaving. However, she also knew that this art was less and less being transmitted from the older generations to the younger ones. She also noticed that some of the elderly of her community made a modest profit by selling their antique weavings to tourists and collectors. Feeling the need to stop this loss of cultural expression and to revive the traditions of her community she dreamed of an organisation that could support the recuperation of old weaving techniques and simultaneously offer much needed cash to the women involved. As a capable weaver herself who learned the art from her mother, grandmother and other elderly women, she started to organise women in weaving workshops with the aim of reviving the art of weaving while offering the women an income generating opportunity. In 1996 she officially opened the doors of her now famous Centre of Traditional Textiles of Cusco (CTTC) with shops-cum-museums in Cusco and Chinchero (Callañaupa Alvarez 2007). Especially luxury tourism tours visit her centres as she offers high quality weavings for high prices. Callañaupa's organisation CTTC bring together more than 650 women from all over the Sacred Valley in separate associations. Based on my visit to Chinchero in 2010, it is my estimation that there are an additional 8 to 10 organisations with a total of 300 women as associates that have followed Callañaupa's example.

Changing ethnic and gender identities

After the agrarian reforms of 1968 under General Velasco, material markers of Indianness (*chulos, ojotas, bayetas,* the distinctive hats, sandals, and thick woollen cloth of the indigenous people) tended to fade away (De la Cadena 1995, 339). However, as the case of Chinchero makes clear, tourism can inspire women to use these identity markers again and strengthen their ethnic identities. Visitors of Chinchero meet many indigenous women on the street who are dressed in their typical outfits who invite them to spend time with them in their workshops. Inside the workshops, Nilda Callañaupa's discourse on the need for the revival and recuperation of the weaving art and cultural customs is being put into practice. Often workshops are located in secluded yards or small shops and have an intimate atmosphere. Tourists are invited to sit down on low benches covered with alpaca hides. The women stand and bend forward in front of an adobe stove to heat the herbs. Other women are weaving while seated on the ground. More herbs are on display in clay pots on the ground. Fire wood is stored and dyed wool hangs to dry. Guiney pigs are kept in cages. Small children walk around or play with a kitty. Weavings of all sizes decorate the adobe walls and counters. Tourists are served a hot cup of coca tea against the cold. Some workshops are decorated with bunches of flowers. In all, the workshop breathes the intimate character of the Andean home. Though the ultimate goal of inviting the tourists in their workshops is for sure the sale of their weavings, the women take their time to relate to the tourists, explain about their work and pose patiently for the cameras. It is important to note that most weaving is considered to be a feminine task and though some men are nowadays learning how to weave on looms, the most complicated and appreciated patterns are done by women on a so-called backstrap loom that is attached to their bodies.[5]

Señora Marleni is a 33 year old married woman and is president of Awana Wasi. This weaving association has 45 members and three different locales in the tourist centre of Chinchero. Señora Marleni identifies herself as a descendent of the Incas. Though she is a baptised catholic, she is interested in rituals based on Andean cosmology. And considering her weaving art, she never underestimates the importance of the income from sales, but in her discourse she puts ample emphasis on her cultural roots, her Quechua mother tongue and customs that are in need of recuperation, study and revival. She told me: "As the president of the organisation I try to continue preserving everything that is from our ancestors, our culture, and further to promote it and to spread it. So that we will not lose it and can pass it from generation to generation (interview in 2010)".

The differences in dress between Señora Marleni and her mother are noteworthy. Though her mother's appearance shows many indigenous identity markers such as braids and a simple synthetic and cotton *pollera*, Marleni is dressed daily in a heavy woollen *pollera*, broidered blouse, a handmade jacket, an expensive woven *manta* and a typical hat. Comparing the appearance of mother and daughter, the daughter's dress is much more luxurious, expensive and beautiful than the mother's. Señora Marleni tries to dress like this as much as she can. However, when doing household chores, working the land, or travelling to Cusco, she dresses in a more urban style. In Cusco, she has been robbed of her expensive clothing three times already.

Though the market association and the weaving associations oblige the women to wear their most luxurious clothing while vending or being present in the workshop, presenting themselves this way to tourists is also something that fills the majority of the women with pride. In that sense their clothing has multiple meanings: it is an important resource to attract tourists to the village and it is a way to earn an income, but it is also strongly related to their weaving art, their being together in the workshops and their wish to learn more about their history and the life of their ancestors. Wearing their most beautiful clothing and working in the weaving associations strengthens the women's ethnic and feminine identities.

Becoming involved in weaving associations and other tourism work brings about important changes in women's daily lives. As a result, the sexual division of labour is shifting. Women invest more and more time in their tourism work and are frequently away from home. This, in combination with the income they earn, leads to changes in gender relations. This process of

---

5 In Taquile weaving and knitting is also done by men, but women and men specialise in different items and techniques (Ypeij and Zorn 2007)

cultural change is complex, and it generates conflict and resistance. As Señora Nilda Callañaupa put it in an interview:

> In our culture, it has always been the men who earned the money. The woman belonged to the house, but with these groups [of women weavers] it is different. We have had positive experiences where the husband is content with his wife's work and helps at home [with the household chores]. But we have also negative experiences where there have been many discussions and disagreements in the house. At times we had to intervene, and some women have withdrawn for this reason. But, in general, the families involved see this as a good opportunity. The role of women has changed. Before women spent much time on their plots of land, but now they spend more time on their weavings. There has always been a little bit of machismo in our culture. The male feels superior. But he now feels inferior because the woman is earning the money. This definitely is a change.

The leaders of other organisations also report that before the advent of weaving centres, the women mainly worked at home and in agriculture. Income-generating activities were mainly the reserve of men. Nowadays, however, some women are remarkably economically successful and earn more than men. In the case of Marileni, she is at times away from home the entire day working while her husband stays there to look after their little children. Compared to her fellow-villagers she is rather wealthy. She has worked in the United States for a few months teaching weaving courses. Her earnings enabled her, once back in Chinchero, to invest in her house and buy a car. In his study on indigenous weavers in Guatemala, Little (2004, 220) reaches comparable conclusions and stresses women's new positions as breadwinners.

The introduction of new gender and ethnic inequalities

Observations in weavers' workshop Virgen de las Nieves:

> The women are talking in Quechua so I can't follow them but they also use the Spanish words "guides" and "commission" and they point at a little tray with a few coins they have received as tips. They laugh loudly. I understand that they are talking about tour guides and the commission they want. Then a (male) guide enters. The women poke each other, look a guide. He walks around, refuses the tea the women offer him and leaves without having said a word. Very arrogant. I want to leave too and when I climb up the stair another man enters and mumbles something to me. I had forgotten my notebook so I return. There is a lot of uproar. The man is irritated and walking up and down. He talks, argues and the women respond "No, no, no". To a woman standing next to me I ask what is happening. The man turns out to be the guide and chauffeur of the two young female tourists who have been inside for a few moments. "They have bought at other workshops, not with us", the women ensure

> me. The guide who is looking for his commission isn't convinced and leaves angry. The women are confused. During the 40 minutes I have visited this workshop the subject of tour guides and their commission have come to the foreground three times. This really is an issue. (Field notes, October 2, 2010).

Tour guides are indeed an issue. Since my observations in Chinchero I have become aware that tour guides in Peruvian tourism play a much bigger role than has been presumed in the literature. Not only are they indeed the mediator, explorer, role models, pathfinders etc. as has been previously argued (Dahles 2002; Cohen 1985), but they are also functioning in a social setting which is characterised by huge social inequalities based on class, gender and ethnicity and related practices of sexism and racism. Being a tourist guide is a protected profession in Peru in the sense that one needs a higher education of three to five years and needs to be registered by a union of tourists guides (Bosman 2006, 203). To keep one's registration up-to-date guides have to follow refresher courses on a regular basis. In Cusco, 80 per cent of the registered guides are males[6]. In addition, the majority of the guides have an urban lifestyle and their mother tongue is Spanish, i.e. they consider themselves to be *mestizo*. Their urban and *mestizo* background and their masculinities makes that the contacts between the guides and the women weavers are riddled with gender, class and ethnic differences.

As most tourists visit Chinchero as part of a one day excursion through the Sacred Valley, local tour guides form an important aspect in the organisation of tourism in the region. Tourists can buy the excursion at local travel agencies in Cusco. It takes the tourists to Pisaq, Ollantaytambo and on the return to Cusco the tour pays a call to Chinchero. This means that most tourists arrive at around 6:00 pm, often already when dusk is falling. The tourists who visit Chinchero during the day come there often through more private and luxurious trips organised by a hotel or because they have contracted a private guide. In the late afternoon bus after bus appears at the parking lot in the centre of Chinchero. The tourists have 45 minutes to an hour to visit the tourist market, the cathedral or to go to one of the weavers workshops. The weavers are in the street trying to attract the attention of the tourists.

Guides are decisive for the way tourists move through the village. Guides often lead their groups straight to the ruins and the market, especially if their schedule is tight. They advise the tourists where to go, how much to pay for

6 In Cusco, guides are registered with three unions: Agotur, Colitur and Progatur (Bosman 2006, 203). Agotur has published a list of its guides. Based on their surnames I have counted the number of males and females. Of the 691 registered guides on the list, in 34 cases their surnames did not reveal their gender. Of the remaining 657, 522 (79,5 %) were males and 135 (20,5 %) were females (http://www.agoturcuso.com).

the handicrafts and how much tip to pay for making a photo of an indigenous woman. The women, who depend largely on the willingness of the guides to bring their groups to their centres, try to maintain good relations with them. And guides only bring tourists to those workshops where there is no discussion about their commission. In a conversation I had with the husband of Marleni he used the word corruptness when we talked about the commission of the guides. He told me that the amount the guides ask is between 15 and 20 per cent of every handicraft sold. He considered this to be far too high. Conflicts over commissions are not uncommon. But the husband of Marleni also indicated that he was remodelling the workshop according to the advices of a befriended guide. Guides are perceived as knowing what tourists want and their advice is taken seriously.

The women weavers depend on the guides for their incomes. And the guides in turn depend on the tourists for their income. Tourists who enjoy themselves and who like the weavings and other handicrafts of the women are willing to spend money. This increases the commissions of the guides. And tourists who had a good excursion may reward the guide an additional tip at the end of the tour. Guides touring with groups of tourists have a large responsibility for their well-being and their positive experience. If one or two tourists do not obey the guide (you have half an hour in this village, so be back on time) the excursion may turn into a sour experience for the group. This may result in less commissions and tips. On the longer term it may harm the guide's reputation and threaten his future work possibilities. For the guides it is therefore important that tourists are satisfied with their work. To bring a tour to a good end they need leadership. This leadership is constantly being performed and communicated to the tourists. Guides present themselves as knowledgeable and informed. They advise tourists when and what to do and how to do it. They promise them a special experience. Also in their mediation between the women weavers and the tourists their authoritative position and knowledge is constantly performed. Guides may for example warn tourists about high prices and advise to buy at another place. The leadership that the guides perform is associated with a masculine identity and male values such a superiority and machismo. This mingles with ethnic inequalities and values about the supposed inferiority of the Quechua-speaking population. In their dealing with the women weavers and their enthusiasm to impress tourists these values may turn into arrogance and disdainfulness. The women weavers of Chinchero have experienced this on several occasions such as guides demanding a commission undeservedly, being angry or starting a quarrel and other forms of intimidation. But they are not in a position to act against it. Without the guides, hardly any tourists would visit their workshops.

Control, democracy and leadership

The weaving workshops in Chinchero can be placed in the context of many more initiatives being developed inside and outside Peru. For example in Tarabuco in Bolivia, tourism development also inspired the revival of the weaving art. There the NGO ASUR has taken the initiative and in the same way as the weavers in Chinchero the ASUR uses a discourse about the recuperation of cultural traditions while providing the weaving women with an income. However, in Bolivia, ASUR has organised the production process in such a way that it controls it to a large extend. The NGO decides what items and patterns the women have to weave, when their products should be ready and how much money their products are worth. ASUR buys the weavings from the women and subsequently resells them in its museum-com-shop in Sucre. The women weavers of Tarabuco therefore exercise far less control over the production process and the input of their labour than the women weavers of Chinchero. The way ASUR organises and controls the production process resembles unequal subcontracting relations that one can find in the large scale textile industry (Fernandez 2006; Ypeij 2000).

The women weavers of Chinchero seem to work on a much more independent basis and under their own conditions. They themselves have initiated their associations, not an outside NGO and they themselves determine how their work is organised and what products, techniques and patterns to make. But a more scrupulous analysis reveals large differences between the associations. Some organisations are a collective initiative and led in a democratic way. Virgen de las Nieves, for example, is a vendors association that has existed for over 30 years. Originally the activities of their members only consisted of working in the market. A few years ago, they opened a weaving workshop. They have a board that meets frequently. They take decisions in consultation with their membership and board members change regularly. Other associations may encounter problems with the rotation of board members, because they do not have sufficient members who are willing and able to take upon themselves such a responsibility. One can imagine that leading an association with the tourism industry requires of knowledge of basic maths and Spanish and skills such as literacy. Besides, being a leader requires additional time input and women may have too many household and family responsibilities to do so. Leaders may stay on the boards for long time periods thus endangering the democratic functioning of the organisation. Awana Wasi of which Marleni is the president is an example of this. According to Marleni, the members continue to re-elect her as president, for this reason she is the only president the association has had. I have heard rumours by women of other organisations that she is ruling in an authoritarian way and that she exploit the members of her association. The fact that she is economically better-off than average may be the reason behind this gossiping, but that she is has been the only association's leader is a fact. Other workshops may have a different organisational logic all together. Expo Andina, for example is a family business owned by a married couple. Together with their grown-up children they run a restaurant and develop other tourist activities. They have invited some women weavers to sell their products in the yard of the restaurant as a way of giving their activities an additional authentic flavour. These women may be obliged not only to pay commission to the guides but also to the restaurant owners.

Conclusion

In this paper I have shed light on the functioning of the weavers associations in Chinchero. There numbers are rapidly increasing since the tourism industry in Peru is booming. Most associations follow the example of Nilda Callañaupa who established her NGO-like organisations already in 1996. I estimated that in the Chinchero area and beyond there are currently around 900 to 1000 women organised in weaving organisations. The associations enable the women to earn an additional income next to their agricultural work. The economic success of some women is remarkable.

The associations put much emphasis on the fact that they revive cultural traditions and recuperate weaving techniques. The women dress in their most beautiful hand-spun indigenous clothing and have a characteristic hairdo. They present themselves as the ethnic other, knowing that tourists are interested in an authentic experience (Wilson and Ypeij 2012). However it is too simple to state that they only use their identities in a strategic way. They convert their cultural capital into an economic one but in doing so they also strengthen their ethnic identities. They are proud of their weaving art, of their appearance and of who they are.

Considering the criteria I have distinguished to interpret the workshops in terms of feminist solidarity a very nuanced image appears. Through their work women become breadwinners, which provokes changes in the conservative sexual division of labour. Though their husbands may have objected to their work in the past, it is increasingly considered to be normal that the women are active in the associations. This may reposition the women at the household level and towards their husbands. However, new gender and ethnic inequalities are introduced by the fact that guides have appeared on the tourist scene. They accompany tourists to the weaving centres and are predominantly males who consider themselves to be *mestizos*. They may have a racist and disdainful attitude towards the women. The women are not in a position to act against this because they depend on the guides to bring in tourists. The answer to the question of whether the women's work leads to more gender equality therefore is nuanced: at the level of the household the income the women provides indeed may lead to more gender equality towards their husbands, but the way tourism is organised in Peru may curb this development by the introduction of new gender and ethnic inequalities. Considering the democratic ruling of the organisations this case leads to mixed conclusions too. Though at first the women's associations may give the impression that they are communal income-generating activities or communal enterprises based on a collective initiative and self-organisation, a more in-depth questioning has revealed that they have a variety of organisational structures. These associations are not automatically fully based on solidarity or democracy. They may be privately owned business or associations whose leader rules for years. Also sharp income differences become visible if one takes a closer look at the workshops. Even when all women may earn an income, the leaders especially may have improved their economic position in a considerable way. In respect to the control over the labour and production process the workshops of Chinchero compare favourably with other cases in the region. In Chinchero the women themselves have taken the initiative and produce under their own conditions. For their sales markets they depend on the guides to bring in tourists, this may limit their earnings.

References

Benería, L. 2003. *Gender, Development and Globalization. Economics as if all People Mattered*. New York and London: Routledge.

Bosman, K. 2006. Ofreciendo un mundo imaginario: los guías de turismo en el Cuzco. In *La Ruta Andina. Turismo y desarrollo sostenible en Perú y Bolivia*. A. Ypeij and A. Zoomers (Eds.). 199-218. Quito: Abya Yala; Cuzco: CBS; Amsterdam: CEDLA; Lima: IEP.

Callañaupa Alvarez, N. 2007. *Weaving in the Peruvian Highlands. Dreaming Patterns, Weaving Memories*, Cuzco: Centro de Textiles Traditionales del Cuzco.

Cohen, E. 1985. The Tourist Guide. The Origins, Structure and Dynamics of a Role. *Annals of Tourism Research*. 12 (1): 5-29.

Dahles, H. 2002. The Politics of Tour Guiding, Image Management in Indonesia, *Annals of Tourism Research*. 29 (3): 783-800.

De la Cadena, M. 1995. "Women Are More Indian": Ethnicity and Gender in a Community near Cuzco. In *Ethnicity, Markets, and Migration in the Andes. At the Crossroads of History and Anthropology* B. Larson and O. Harrris (Eds.), 329-348. Durham and London: Duke University.

Desforges, L. 2000. State Tourism Institutions and Neo-liberal Development: a Case Study of Peru *Tourism Geographies*. 2 (2), 177-192.

Guberlet, J. 2009. Solidarity Economy and Recycling Co-Ops in São Paulo: Micro-Credits to Alleviate Poverty, *Development in Practice*. 19(6): 737-751

Henrici, J. 2002. "Calling to the Money": Gender and Tourism in Peru. In *Gender/Tourism/Fun (?.*,M. Byrne Swain and J. Henshall Momsen (Eds.). 118-133. New York.: Cognizant Communication.

Hill, M. D. 2007. Contesting Patrimony: Cuzco's Mystical Tourist Industry and the Politics of Incanismo. *Ethnos*. 72 (4): 433-460).

Little, W. 2004. *Mayas in the Marketplace. Tourism, Globalization and Cultural Identity*. Austin: University of Texas Press.

Lonely Planet, 2010. *Peru*, Victoria/Australia: Lonely Planet, 7th edition.

MacEwen Scott, A. 1979. Who are the Self-Employed. In *Casual Work and Poverty in Third World Cities*. R. Bromley and C. Gerry (Eds.), 105-120. Chichester: John Wiley.

Utting, P. 2013. *Social and Solidarity Economy: A Pathway to Socially Sustainable Development?* www.unrisd.org/thinkpiece-utting

Wilson, T. and A. Ypeij 2012. Tourism, Gender, and Ethnicity. *Latin American Perspectives* 36(6): 5-16.

Ypeij, A. 2000. *Producing against Poverty. Male and female micro-entrepreneurs in Lima,* Amsterdam: Amsterdam University Press.

—–. 2012. *The Intersection of Gender and Ethnic Identities in the Cuzco-Machu Picchu tourism Industry: Sácamefotos, Tour Guides and Women Weavers. Latin American Perspectives*. 39(6): 17-35.

Ypeij, A. and E. Zorn. 2007. Taquile: A Peruvian Tourist Island Struggling for Control. *European Review of Latin American and Caribbean Studies*. 82 (April): 119-128

The edges of vision in mapping solidarity economies: gender and race in US cities

Maliha Safri

Diversity in the economy

The premise of "diverse economies," rather than "the economy," can produce a radical ontological shift. This point has been forcefully elaborated by the participatory research projects of JK. Gibson-Graham (1996), exploring the effects of different representations in generating new economic possibilities inside communities. By surveying a diverse range of economic activities undertaken by community researchers inside communities in the US, Australia, and the Philippines, she produced the following (and evolving) geographical conceptual mapping that uncovered the multiplicity of transactions, labour relations, and enterprises hidden in mainstream economic discourses.

Table 1 resituates capitalism within a diverse economic field, re-visioning it as one type of economic practice among others, and helps to displace "the capitalist economy" from its position of authority and exteriority as the global economic other of local economic development (Healy and Graham 2008). Positing the economy as diverse, and irreducible to capitalism alone, paved the way to describe, conceptually map, and *perform* diversity in the economy. Rather than defer nonexploitative forms until or after some revolutionary moment, the diversification move opens us to participating and proliferating these economic forms "here and now, in any place or context."

Safri, M. 2015. The Edges of Vision in Mapping Solidarity Economies: Gender and Race in US cities. In *« Homo œconomicus, mulier solidaria. » Une économie solidaire peut-elle être féministe ?* (Dir.) C. Verschuur, I. Guérin et I. Hillenkamp. 205-217. Paris: L'Harmattan, collection Genre et développement. Rencontres.

Table 1 : Diverse Economies Conceptual Grid

Community economy/Diverse economy		
Transactions	**Labour**	**Organisational form**
Market	**Paid**	**Capitalist**
Alternative market Local trading systems Alternative currencies Black market	**Alternative paid** Co-operators Self-employed Indentured labour	**Alternative capitalist** Environmental ethic Social ethic
Non-market Barter Household flows Gifts	**Unpaid** Volunteer Household Neighbourhood	**Non-capitalist** Collective Self-employed Feudal and slave

The politics of community economies involved cultivating a language, a discourse, a set of representations equal to the diversity being posited. The discursive shift, at least for Gibson-Graham, is particularly crystallised in visual representations like their "iceberg diagram" (Figure 1). An object submerged under water speaks to the visible and invisible economies that characterise communities. They found that such representations produced and were produced by subjective shifts on the part of research participants (Gibson-Graham 1996; Gibson-Graham, Cameron and Healy 2013).

As subjects awakened to all of the different activities previously not posited as economic, Gibson-Graham captured not only a different economic ontology, but the process of grasping that different, hidden ontology. The metaphor itself, conjured the hidden power of the iceberg of caring labour, cooperative labour, and cooperative economies below the water line, asking subjects to interrogate what lurks below their own water lines.

Most people engage in and perform a diversity of economic actions, and yet only a subset of them have come to be officially counted as economic. Seeking to "count the invisible value" obviously borrows from one of the most important subfields of feminist political economy concerning reproductive and unpaid labour (Folbre 1987; 1995; Ironmonger 1996; Waring 1988). Extrapolating from time-use data, the estimates of the market-equivalent value of unpaid labour lies somewhere between forty to sixty percent of GDP in rich and poor countries alike. Feminist scholars forced the recognition of the feminised and hidden economic domain, as well as elaborated all of the ways that such a domain exerted social effects. One practical proposal involves modifying the UN system of national accounts to include gross household product as a complement to gross market product, each treated as a contribution to gross economic product (Ironmonger 1996). The unfolding of the neoliberal economic order has given this sort of project considerable urgency because reductions in state welfare provisions necessitate dramatic increases in unpaid household labour (Benería and Feldman 1992) and because women's increased labour force participation simultaneously reduces the availability of that labour (Hoskyns and Rai 2007). Critics argued the occlusion was fundamentally shaped by a deep-running androcentric bias within economic theory itself (Ferber and Nelson 1993).

Figure 1: Iceberg diagram

Gibson-Graham characteristically played with this, asking if bad theory produces bad results, what could be accomplished by "good theory," influenced by queer, gender, and political economy theorists to produce an ontology of economic diversity, such as Table 1 ? Their answer was characterised by a dual temporality. First, acknowledge the already-present, uncounted economic practices in our households and in our communities. And second, coax a nervous future into existence by asking what other possibilities exist, perhaps when it comes to market and/or labour relations (Laville 2003 ; Mance 2007). Suspending disbelief and suspicion momentarily to "think outside the box", what might be desired if we were to be experimental ? And could we possibly generate through the research project itself a noncapitalist economic entity ? The research action projects sought to work on both a present and future-oriented temporality (Cameron and Gibson 2005).

Influenced by the work of Gibson-Graham and the Community Economies Collective, I and Djar Horn began a participatory action research project on Diverse and Solidarity Economies in Asbury Park, NJ, where our research group produced simple Google maps of alternative economic organisations and businesses (Safri 2014; 2015). By teasing out people's everyday activities, we urged people to see themselves as part of a diverse economy that was significant in both a quantitative aggregate sense, as well as a qualitative (and personal) sense since many of the non-exploitative activities sustained and improved their communities and families. Politicising economic development is not restricted to the strategy of identifying the role of hidden economic elements. It also involves redefining growth through rearticulating these capitalist and non-capitalist elements around a new logic, that of building new, non-capitalist economic forms (Healy and Graham 2008). The project went from uncovering diversity, to engagement, when some participants went on to initiate the first construction worker cooperative (Safri 2014).

Now, my work has evolved into a project with a team of researchers (Craig Borowiak, Emily Kawano, Stephen Healy, Marianna Pavlovskaya), in which we deployed mixed methods to study "other" economies. We received a National Science Foundation Grant to use quantitative and qualitative methods to analyse and evaluate the impact of the solidarity economy in New York City, Philadelphia, and Worcester (Massachusetts), according to the following typology we constructed (see Table 2).

Table 2 : Typology of solidarity economy practices

Alternative consumption	**Alternative production**	**Alternative finance**	**Alternative exchange**	**Governance**
Consumer cooperatives Buying clubs Co-housing Intentional communities Housing cooperatives Community land trusts	Worker cooperatives Producer cooperatives Volunteer collectives Community gardens Collectives of self-employed Unpaid care work Babysitting clubs	Credit unions Community development credit unions Peer lending	Fair trade networks Community supported agriculture and fisheries Complementary currencies Barter networks Free-cycle networks Time banks	Participatory budgeting Collective community management of resources

Using Geographic Information Systems analysis, Borowiak (2015) finds in Philadelphia 17 Alternative Currencies/timebanks, 24 B Corporations, 4 Buying Clubs, 95 Community Development Corporations, 131 Community Gardens, 7 Community land trusts, 67 cooperatives, 117 Credit unions, 46

Community supported agricultural farms, 1 fair trade organisations, and 72 other SE organisations.

Figure 2 : Philadelphia map by race and presence of only cooperatives

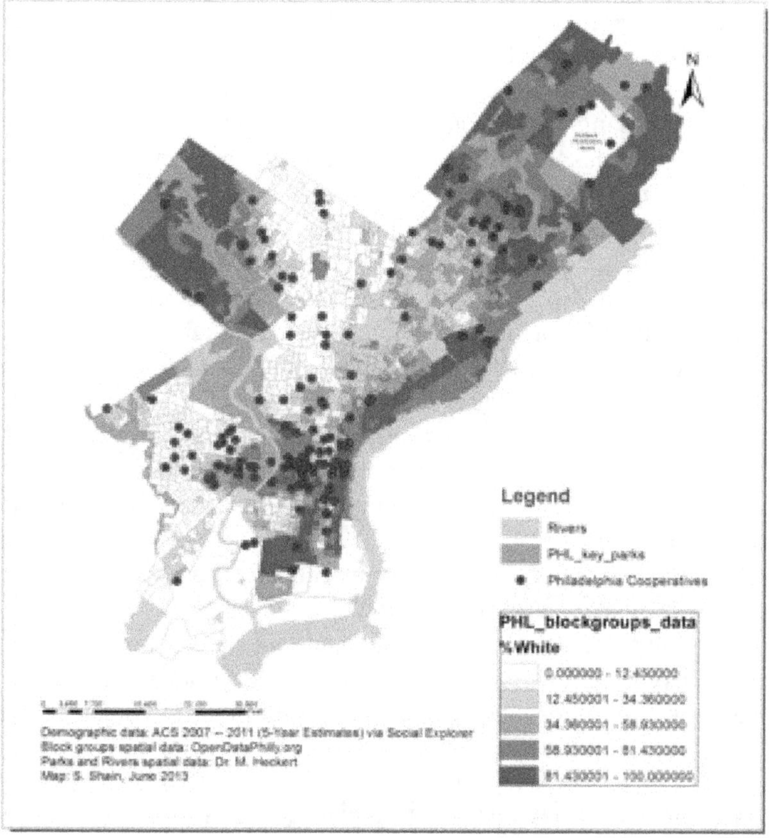

Source : Borowiak 2015.

In Philadelphia, Borowiak's results are especially illuminating, raising key issues for social movement actors as well. He found that once the credit unions were separated out from the rest of the cooperative sector, housing, worker, food, artist, and childcare cooperatives were virtually absent from neighbourhoods with the deepest poverty. However, neither did they cluster in the highest-income, White neighbourhoods (Borowiak 2015). The maps revealed "patterns of cooperatives clustering within buffer zones between rich and poor, and between White, Black, and Latino neighbourhoods." (Borowiak 2015, 35). His important work actually begs more questions than can be currently answered – why are those patterns observable in those neighbourhoods? What supportive conditions exist in those neighbourhoods for such practices? Some racialised patterns were to be expected in Philadelphia given its deeply segregated city structure, but the results both defy some accusations and raise troubling issues for the social movement. The SE's absence in the poorest and most racially homogenous neighbourhoods, either Black or White, means it is neither a movement for the rich (as is sometimes alleged by Left critics), nor is it a movement that includes the poorest in Philadelphia and NYC. While the former point buffers defences against critique and dismissal, the latter finding is a source of some trouble to a movement having stated goals of equity and pluralism. If there is to be a serious address of class inequity, absence across large swathes of social and class spectrums is not good news.

In New York City, where the efforts started later and the scale is expanded to boot, the survey project is less comprehensive across all the SE sectors and forms. In NYC, we are surveying limited equity housing cooperatives (self-managed housing coops with income and price restrictions), worker cooperatives, credit unions, and food cooperatives. Preliminary Geographic Information System (GIS) mapping of credit unions (not for profit banks) and community development credit unions (not for profit banks with a mission to serve low-income communities of colour) are confirming that the latter do indeed have a different spatial and racialised pattern (Eletto and Pavlovskaya, under review).

The NYC map that is the most comprehensive has actually been generated by local activist group SolidarityNYC.

Demonstrating that the interest in mapping is far from an academic one, social movements have found it important to generate public, user-friendly maps that allow consumers and SE actors themselves to find other SE entities.

Race and gender in the solidarity economy

In moving from the conceptual mapping to the GIS or self-generated maps, we have subtly made a theoretical cross-over that has racialised and gendered effects. Returning to table 1, the first generation of maps exposed diversity in market and nonmarket, paid and unpaid labour. The second generation (our GIS maps) revealed richer and demographic detail on alternative market activities and paid labour. In NYC, however, unpaid labour and nonmarket activities (e.g. household labour or volunteering), which are process-oriented and spatially diffuse, dropped out of view in the move to the site-specific analysis of GIS maps. If unpaid household labour occurs everywhere, almost in every household, then mapping becomes irrelevant. Actual participation in unpaid labour as a multilayered reproductive, productive, and gendered practice is not technically visible through GIS in the same way.

Figure 3

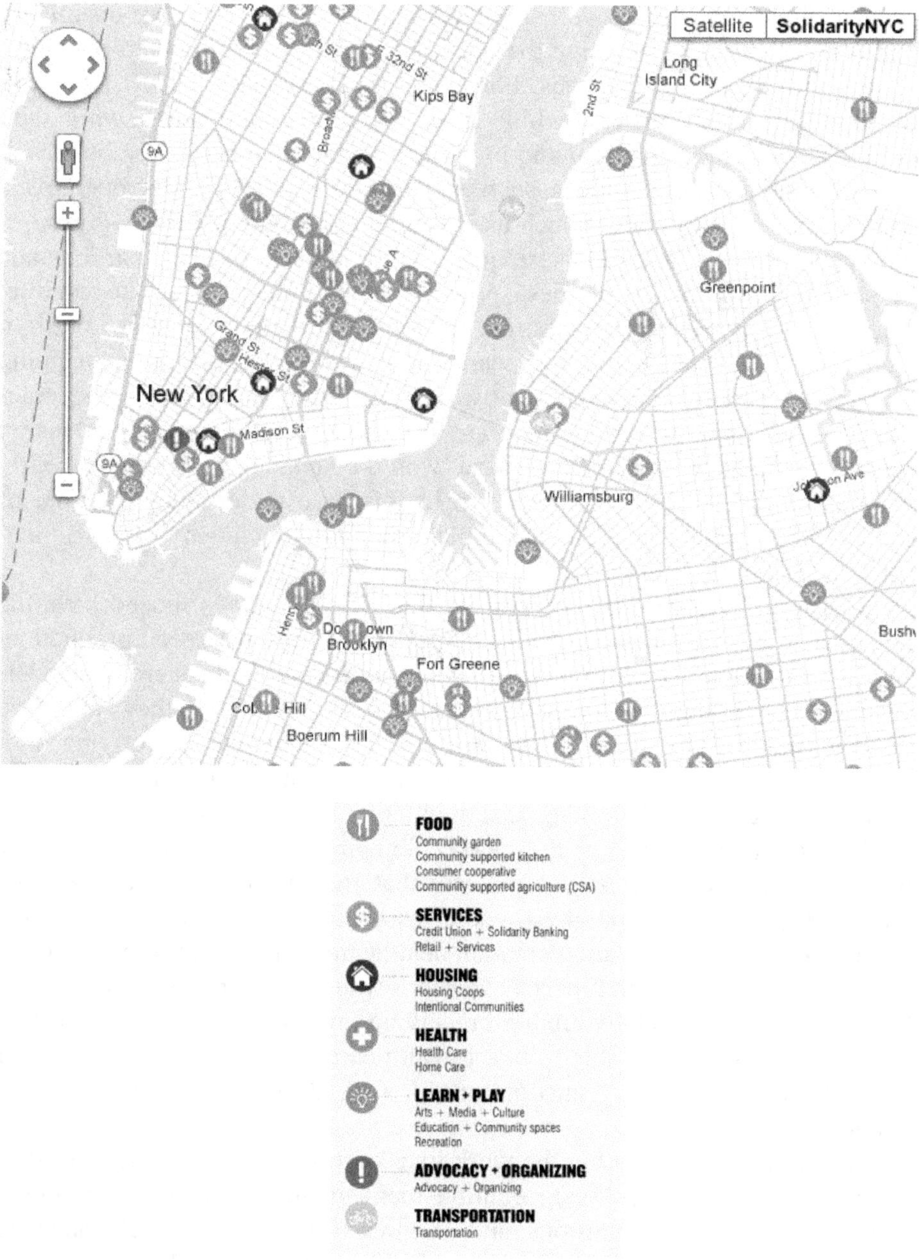
Satellite
SolidarityNYC
Long Island City
Kips Bay
32nd St
Broadway
2nd St
Greenpoint
Grand St
Hester St
New York
Madison St
Williamsburg
Fort Greene
Boerum Hill
Bushw
FOOD
Community garden
Community supported kitchen
Consumer cooperative
Community supported agriculture (CSA)
SERVICES
Credit Union + Solidarity Banking
Retail + Services
HOUSING
Housing Coops
Intentional Communities
HEALTH
Health Care
Home Care
LEARN + PLAY
Arts + Media + Culture
Education + Community spaces
Recreation
ADVOCACY + ORGANIZING
Advocacy + Organizing
TRANSPORTATION
Transportation

We also miss many kinds of solidarity economy, or noncapitalist, practices that occur more routinely in communities of colour. While they appear as "dark holes" in the above maps when particular practices are examined, that is not the case when using the typology of nonmarket oriented practices, or less formalised market ones. For example, Borowiak (2015) finds more community gardens growing edible crops in Latino communities, while they are largely absent in medium and high income communities. There is reason to believe nonmarket practices, such as childcare networks and cooperatives, and alternative market ones such as immigrant zero-interest lending groups, may generate significant but less quantifiable impacts on their participants. In part, the informality of these practices makes them harder to capture. Additionally, when practices border on the legal/illegal boundary, outright identification actually jeopardizes participants, which has meant the mapping project necessarily and intentionally *refrains from visibilising* some practices. For instance, we know there are at least some community gardens on squatted or illegally occupied land that would be endangered if made clearly visible across the city-space. To map in this case undermines the goal of social empowerment, even as incomplete mapping occludes some SE practices in communities of colour.

Guérin and Nobre (2014) point out that SE "initiatives indeed have the potential to reshape the economy, barriers and links between 'production' and 'reproduction' to reinvent wealth and also the political sphere, which has been a longstanding demand of feminist agendas." However, they find these same initiatives may actually reproduce gender inequality by reifying nonmarket and nonmonetary exchanges as the domain of the feminine. NYC results may also be following this trend of reification when it comes to worker cooperatives, but in the market domain. The preliminary estimates for worker cooperatives so far indicate that far and away, women are the dominant workforce in the city's worker cooperatives. Numerically speaking, the largest worker coops are located in healthcare, childcare, and housecleaning. The incomes women report as worker-owner-members are also typically higher than the wages they reported receiving previously. Cooperative Home Care Associates is even able to boast health care insurance and pensions for home health care aides, uncommon in a field dominated by the self-employed.

On the one hand, to better the work lives of a segment of women (most of whom are women of colour), granting them greater work stability, higher incomes, better work conditions, and a degree of autonomy as self-managed collectives are all laudable achievements. These are some of the reasons why the NY City Council has now granted a $1.2 million dollar initiative (in which we are now participating) to further develop worker cooperatives in the city. The initiative is supposed to support the existing 22 worker cooperatives, and generate an additional 28 new worker cooperatives during the current year. Given that our research project was already mapping and analysing worker cooperatives in the city, we were pulled into the effort since we have the ability to establish baseline data against which to measure the effects of city support.

On the other hand, the money granted is insufficient to consider expansion of worker cooperatives in all economic sectors. The initiative will probably concentrate on the same labour-intensive sectors (related to reproductive labour, notably) as before, given that cooperative developers know those industries and occupations. The intense pressure to produce results quickly means there is little time to experiment with new sectors and occupations, much less capital-intensive ones. Previous scholars (Guérin and Nobre 2014) have challenged us to see how the solidarity economy might reify the domains of the nonmarket and unpaid labour as feminine. Our preliminary research results produce new insight into how particular market forms may assume the same pattern. NY worker cooperatives are becoming feminised given their formation within traditionally feminine occupations and sectors. This remains though, a question to be solved at the concrete contextual level. For instance, the worker cooperative experiences of Madison (Wisconsin) reveal a different pattern tipping more towards white males (Dilworth, Reynolds, and Borowiak 2015).

One ring ?

Positing a diverse economic ontology led to enthusiastic attempts to elaborate that diversity in various geographic contexts. Putting aside momentarily the ways that gendered and racialised occlusions still constitute those projects as noted above, it is a powerful move to represent the economy of cities through an alternative lens. They suddenly emerge as a significant group, instead of as unique entities or isolated types. The actions of dispersed actors are aggregated, producing some hints at their untold collective power. The maps (figures 2-3), the economic contribution analysis, the representational figure (figure 1), all create the notion of an umbrella category whose multitudinous elements and practices constitute a diverse community economy or solidarity economy. Researchers stress that the "other" of capitalism is significant, and are persuasive with the aid of specific, albeit flawed, tools, methodologies, and data.

However, the process of articulating diverse elements in real relation to one another as a collective coalition is not simply accomplished through representation. Real questions remain as to whether and how a community supported farm could integrate and materially connect to a nurses' worker cooperative. Is it even possible for diverse elements to be articulated together by a common signifier? To be harsh, might the fantasy of social movements approach Tolkien's mythical "one ring", something to bring them all into a social movement, or community economy, or solidarity economy ?

The last collaboration concerning the aggregation of many diverse micro-actors was when Julie Graham and I wrote about "the global household". This work drew out of my dissertation on the economics of low-wage immigration to the US. Defining the global household as the migrant family network, composed of family units dispersed across borders who maintain material and/or affective ties, the focus was on the aggregate actions of an important microactor (Safri and Graham 2015). In the aggregate, the global household produces and distributes a large quantum of social wealth in the form of unpaid household labour, household-based business income, monetary and in-kind remittances, and gifts. It thus participates in international production, finance, and trade in addition to the coordination of international migration. International remittances (money sent by migrants to relatives back home) alone officially reached 414 billions of US dollars last year, with unofficial remittances tipping the total well over the half trillion dollar mark. Yet despite its potential to shape and alter economic indicators and processes such as gross domestic product (GDP), the balance of payments, the relative valuation of currencies, economic development, and the gender and social division of labour, the global household is seldom viewed as an economic actor. This is not only because those who recognise its existence generally see it as acted upon by other economic and governmental institutions; more fundamentally, it reflects the fact that the operations are seldom accorded theoretical standing or empirical attention. The most significant challenge lies in thinking about the aggregate actions of global households since complete heterogeneity characterised the immigrant spectrum: regional/national origin, race, language, motivation for moving, etc. How could we construct the notion of an "actor" out of radical diversity ?

The same structural problem confronts the social and solidarity economies, how to create a bond of solidarity across different actors. Can we have solidarity without sameness ? The concept of an "empty signifier" or "nodal point" may prove useful in answering such questions. While Saussure first described language as a system of signs, it would be Ernesto Laclau, along with Chantal Mouffe (1985), who would go on to develop the importance of the "empty signifier" in politics. Signs are constituted by signifiers (the form, the actual word or image) and signified (the idea or the concept associated with that form), and meaning is always established through relationality and difference (Hall 1997). But "an empty signifier is, strictly speaking, a signifier without a signified" (Laclau 1996, 36). With respect to the solidarity economy, Borowiak and I (Safri and Borowiak, under review) suggest that it may serve as a nodal point under which diverse economic practices and movements are linked together. As an empty signifier, however, its meaning resists precise specification due to the myriad differences brought together under its umbrella. This play of difference and equivalence occurs on at least two spatial levels, the national and the inter/transnational.

First, the SE serves as a nodal point at the national level when each social or solidarity economy network constructs itself and articulates different practices as being organised by "solidarity". The partial struggles and mobilisations, such as collectively managed fisheries and community development credit unions, are indeed differentiated by their concrete objectives, goals, functions, constituencies, and so forth. Yet there is some relation of equivalence possible as each particular element enacts modes of solidarity that present alternatives to prevailing political economic and development paradigms.

Second, despite national and regional variation, different social and solidarity economy (SSE) movements have managed to form intercontinental SSE networks. Bringing multiple national movements together, in 2001, the Intercontinental Network for the Promotion of the Social Solidarity Economy (RIPESS) was formed. With representatives from over 60 solidarity economy networks and groups in Latin America, Europe, Africa, North America, and Asia, the network can be seen as a movement of movements. While the RIPESS charter expresses a set of values and normative principles shared and implemented to various degrees by the networks, the international network has refrained from defining how precisely those principles (respect for gender equity, for instance) should be operationalised and implemented in each location. Borowiak and I (Safri and Borowiak, under review) argue they seek solidarity across these different movements, not equalisation or homogenisation. There is no one thing that all national movements share in common, and none of them is definitive of the whole. What draws them together is the understanding that each signifies the SSE movement, in all of its diversity. On this secondary level, the transnational SSE movement can be seen as asserting the SSE as a nodal point of nodal points.

In the end, it is not positivity or some universal similarity that will bind together the radical heterogeneity of the SSE. The various networks representing social actors cannot arrive at common definitions, or normative guidelines, for all constituents. In the end, the networks, either at the international or national level, are seeking to empty solidarity or social economy of specific content. Every form does not have to assume the same organisational structure or social mission. Will more and more actors come to self-identify under that common signifier though ? The answer to this question, or more appropriately, the many geographic answers, will either indicate a growing SSE social movement, or a hypothetical one.

References

Benería, L. and S. Feldman (Eds.).1992. *Unequal Burden : Economic Crises, Persistent Poverty, and Women's Work*. Boulder, CO : Westview.

Borowiak, C. 2015. Exploring Cooperatives: Economic Democracy and Development. In *Exploring Cooperatives : Economic Democracy and Community Development in Pennsylvania and Wisconsin*. R. Dilworth, C. Borowiak and A. Reynolds (Eds.). Madison, WI: University of Wisconsin Extension.

Cameron, J. and K. Gibson. 2005. Alternative pathways to community and economic development: The Latrobe Valley community partnering project. *Geographical Research*. 43(3): 274-285.

Dilworth, R., C. Borowiak and A. Reynolds (Eds.). 2015. *Exploring Cooperatives : Economic Democracy and Community Development in Pennsylvania and Wisconsin*. Madison, WI: University of Wisconsin Extension.

Eletto, R. and M. Pavlovskaya (Under review for publication). Geographies of ethical finance : Credit Unions in New York City. *Antipode*.

Ferber, M. and J. Nelson. 1993. *Beyond economic man : feminist theory and economics*. Chicago : University of Chicago Press.

Folbre, N. 1987. A Patriarchal Mode of Production. *In Alternatives to Economic Orthodoxy : A Reader in Political Economy*. R. Albelda, C. Gunn and W. Waller (Eds.). 323-338. New York : M. E. Sharpe.

—. 1995. "Holding Hands at Midnight": The Paradox of Caring Labor. *Feminist Economics* 1(1):73-92.

Gibson-Graham, J. K. 1996. *The End of Capitalism (as We Knew It) : A Feminist Critique of Political Economy*. Minneapolis: University of Minnesota Press.

—. 2006. *A Postcapitalist Politics*. Minneapolis, MN: University of Minnesota Press.

Gibson-Graham, J. K., J. Cameron and S. Healy. 2013. *Take Back the Economy, Any Time, Any Place*. Minneapolis, MN: University of Minnesota Press.

Guerin, I. and M. Nobre. 2014. Solidarity economy revisited in the light of gender: a tool for social change or reproducing the subordination of women? In *Under development, gender?* C. Verschuur. I. Guérin and H. Guétat-Bernard (Eds). London : Palgrave Macmillan.

Hall, S. 1997. The Work of representation. In *Representation : Cultural Representations and Signifying Practices*. London : Sage.

Healy, S. and J. Graham, 2008. Building Community Economies: A Postcapitalist Project of Sustainable Development. In *Economic Representations : Academic and Everyday*. D. Ruccio and S. Cullenberg (Eds). 291-314. New York : Routledge.

Hoskyns, C. and M. S. Rai. 2007. Recasting the Global Political Economy : Counting Women's Unpaid Work. *New Political Economy*. 12(3): 297-317.

Ironmonger, D. 1996. Counting Outputs, Capital Inputs and Caring Labor : Estimating Gross Household Product. *Feminist Economics*. 2(3): 37-64.

Laclau, E. 1996. *Emancipation(s)*. New York : Verso.

Laclau, E and C. Mouffe. 1985. *Hegemony and Socialist Strategy : Towards a Radical Democratic Politics*. New York : Verso.

Laville, J.-L. 2003. A new European socioeconomic perspective. *Review of Social Economy*. 61(3): 389-405.

Mance, E. A. 2007. Solidarity economics. *Turbulence*. http://turbulence.org.uk/turbulence-1/solidarity-economics/

Safri, M. 2014. Mapping Noncapitalist Supply Chains : Toward an Alternate Conception of Value Creation and Distribution. *Organization*. Published online 4/1/2014.

—. 2015 The Politics of Mapping Solidarity Economies and Diverse Economies in Brazil and the Northeastern United States. In *Making Other Worlds Possible. Performing Diverse Economies*. G. Roelvink, K. St. Martin and J. K. Gibson-Graham (Eds). Minneapolis : University of Minnesota Press.

—. forthcoming. Baseline data report on Worker Cooperatives. Federation of Protestant Welfare Agencies.

Safri, M. and C. Borowiak, Under review. The Social and Solidarity Economy, an object of theory and practice.

Safri, M. and J. Graham. 2010. The Global Household : Toward a Feminist and Postcapitalist Political Economy. *Signs*. 36(1):99-126.

—. 2015. International Migration and the Global Household : Performing Diverse Economies on the World Stage. In *Making Other Worlds Possible. Performing Diverse Economies*. G. Roelvink, K. St. Martin and J. K. Gibson-Graham (Eds). University of Minnesota Press.

Waring, M. 1988. *If Women Counted : A New Feminist Economics*. San Francisco : Harper & Row.

Solidarités, féminismes et rapport au politique

Missed opportunities, mixed messages and lessons learned: collective kitchens in marginal urban communities of Peru

Jeanine Anderson

The idea of collective kitchens – cooking collectively for multiple households that group together to share expenses, labour and (occasionally) the sociality of communal meals – is as old as a feminist Utopia (Hayden 1985). It has been compelling to social, religious, and practical reformers for many and varied reasons, including simple economic efficiency.

During the economic crises of the 1970s, 1980s and 1990s, all over Latin America, *comedores populares* emerged as a crucial response to hunger and poverty. For many of their promoters and participants, they had the added attractions of furthering leftist ideological programmes, highlighting gender inequality as a vanguard issue, and building a political movement based on serving the practical needs of the marginalised masses. In Peru, at their height in the mid to late 1980s and early 1990s, they numbered in the thousands, received ample government subsidies for equipment and food, and had broad support from the policy establishment. Though under a single rubric, they varied in their organisation, modes of functioning, and scale. Feminists and women's NGOs backstopped the *comedores* and other emergency feeding programmes that involved grassroots level women's

Anderson, J. 2015. Missed opportunities, mixed messages and lessons learned: collective kitchens in marginal urban communities of Peru. In *«Homo œconomicus, mulier solidaria.» Une économie solidaire peut-elle être féministe?* (Dir.) C. Verschuur, I. Guérin et I. Hillenkamp. 221-242. Paris: L'Harmattan, collection Genre et développement: Rencontres.

organising, enthusiastically providing technical assistance, training and political cover.

With these ingredients in play, the *comedores* position themselves at the intersection of feminist economics and current debates around economies of sharing and solidarity. This paper examines several issues that flow from such a positioning. How, and to what extent, do the *comedores* exemplify the theory and principles of feminist economics? What content do they give to social solidarity? Do they point to ways of combining economic solidarity with gender justice in spheres beyond feeding families and household provisioning?

The issues are complex and the empirical record is not always complete. The *comedor* movement has a political and an economic dimension; some would add a psychological, cultural and moral dimension. *Comedores* were a vehicle for women's political participation even as they were a response to economic stress. We are forewarned, then, that our object of analysis reflects multiple agendas of multiple actors. Given a time frame of four decades, we can expect that the relative prominence of one and another shifted. A little history will help place the puzzle pieces on the table[1].

The heroic years (not without contradictions)

The *comedores* represent the convergence of two streams of influence. One involved Christian solidarity and identification with the poor in a country in which the great mass of the population was part of that category until very recently. As rural to urban migration increased in the 1960s and 1970s, the Peruvian Catholic Church promoted Christian base communities and placed priests and nuns in the new shantytowns to assist in the struggle for services and recognition. Evangelical Protestants organised prayer and social assistance groups. The other impulse came from leftist political parties. They sought strategies for bringing women into the struggle for socialism, strategies that would not challenge male leadership or the prevailing dogmas concerning gender relations, the meaning of family, the organisation of work or the appropriate course for development of a mass popular political movement.

Objectively, the sudden increase in the numbers and concentration of the urban poor posed a threat to the established order. Lima, the capital, was almost evenly divided between the consolidated city, with streetlights and services, and the new settlements (*barriadas* neighbourhoods, renamed, optimistically, *pueblos jóvenes*, people's villages, by the military government of the 1970s and later renamed again *asentamientos humanos*, human settle-

1 The *comedores* have generated a vast literature, both within and outside Peru. My choice of texts and topics is intentionally selective in accordance with the arguments I want to explore.

ments). Most of their residents were recent migrants from the rural Andes. Their connection to urban employment was precarious, even as they struggled to build their houses and gain access to urban amenities. The promise of factory work in the cities drove the migration through the boom years of the 1960s and early 1970s, but by the late 1970s the economy had soured and Peru, with the rest of Latin America, was entering the Lost Decade. The *comedores* first emerged during this period.

Sara-Lafosse (1984, 77) carried out fundamental research during the early years of the *comedores*. The idea leapt from *barriada* to *barriada* as food prices rose and work opportunities dried up. Based on a survey questionnaire applied to a representative sample, Sara-Lafosse concluded that the *comedores* were achieving their formal objectives. They were improving the access to food of the families that participated and helping to reduce malnutrition among children and mothers at risk. They were making efficient use of food supplies, much of which they were receiving from donors (the Catholic charity Cáritas prominent among them). Sara-Lafosse expressed concern over the risk of making poor families dependent on food donations, and she registered a problem of rivalry between *comedores* for donations and other resources. Interestingly, she found that most of the leaders *(dirigentas)* of the *comedores* were already involved in other community organisations. They brought that capital to the complicated tasks of managing a cooperating group of ten, twenty or more neighbouring families, including enforcing turn-taking among the women who assumed the tasks of purchasing, cooking and serving the food, and clean-up. Sara-Lafosse goes on to list several unanticipated benefits of the *comedores* that, over the following years, grew almost to the point of overwhelming the objectives of simply getting food onto the plates and into the bowls of poor people.

- Promote the personal development of the participating women;
- Reduce the time spent on household tasks; time that could be used in paid work, education and training, and volunteer work for the community;
- Promote cultural change within families and, by heightening women's self-esteem, change ideas around equality in marriage;
- End the isolation of women whose primary responsibility was managing the household;
- Provide families with greater security: food security, reduced domestic violence, stronger bonds between married couples;
- Modify systems for processing food, scaling up from individualised household-level production to rationalised mass production with reduced costs;
- Consolidate democratic practices in poor communities and raise their levels of cohesion and integration. (Sara-Lafosse 1984, 90)

The *comedores* came into being almost simultaneously with another food assistance programme for the poor, Vaso de Leche, designed, financed and operated by a left coalition government of the city of Lima and launched in 1984. Before that there had been governmental (often presidents' wives) initiatives in distributing food to mothers' clubs, and some private charities had experimented with breakfast programmes and the distribution of a daily "glass of milk" to children. The affiliation of all these programmes to successive governments and the political parties that were dominant in them was a constant point of contention. A wedge quickly arose between *comedores* that received government subsidies and the so-called *autogestionarios* or autonomous *comedores*. The latter received subsidies, ample administrative support, and ideological guidance from NGOs and opposition political parties. International aid organisations participated in both streams, and some of them were also channelling resources to the Vaso de Leche programme. Similar to the tense relations that often arose between the *comedores subsidiados* and the *comedores autogestionarios*, a turf war and battle for political support, media attention and the moral high ground took shape between the *comedores* as a whole and Vaso de Leche.

Although malnutrition and poverty have always been concentrated in rural areas of Peru, and although rural municipalities eventually joined in, the food assistance programmes were designed to alleviate the suffering and promote the inclusion of the marginalised poor of Peru's coastal cities. Here, migrants from the countryside and refugees from the overcrowded slums were creating new communities. Their local institutions were only just taking form, and they lacked the connections to established paths for accessing vital resources. Food assistance was an obvious palliative measure. At the same time, militant organisations of the urban poor were putting forward more encompassing demands for services, jobs, economic opportunities and political representation. Those critical and dissenting notes gradually faded as the economic crisis of the 1980s wore on. Organising poor people was choked off as it became increasingly difficult for the government to distinguish between legitimate protest movements and groups fronting for Shining Path and other violent revolutionary groups.

In step with the popular movements in the early years, the *comedores*, Vaso de Leche organisation, and others, such as health promoter groups, were vehicles for experiments with new gender arrangements and transforming women's roles and mentalities. Jenkins (2011) highlights the militant feminism of many of the NGOs that backstopped the organisations. The health promoter groups worked to expand women's rights to contraception, safe sex and choice (all phrased in the veiled language possible at the time).

Gradually, however, the argument for the *comedores* and the Vaso de Leche programme shed the references to empowerment, liberating women's time, and other nuances. Distilled to its essence, it became a message of moral solidarity and abnegation on the part of the slightly more fortunate among the poor on behalf of those less fortunate. A prominent *dirigenta*, Emma Hilario, spoke thus in a workshop organised by the NGO Yunta :

> En este momento, cuando el país atraviesa por una grave situación económica, es la organización la que está cargando con el peso de la crisis, como si nosotros fuésemos culpables de la errónea conducción de los gobiernos anteriores. (...) En estos momentos de angustia, de pobreza de nuestra gente, salimos con valentía y con fuerza moral para decir : "aquí estamos ejerciendo la solidaridad". También como organización moralizamos, y le exigimos moralidad al señor Presidente ; igualmente ha anunciado en su discurso la concertación de voluntades y le tomamos la palabra. (Córdoba 1992, 111-112)

For members and supporters of the *comedores*, hunger and poverty were an affront to a basic notion of justice and social contract. In pronouncements in the media and marches on the street, the slogan was : "No matarás, ni con hambre ni con balas" (Thou shalt not kill, not with hunger nor with bullets). A prominent observer, based in a Lima NGO long involved with workers' rights, likened Vaso de Leche to the conscience of the nation : "El Vaso de Leche no era pues un programa más. El Vaso de Leche era la conciencia viva de un pueblo que no se deja amilanar ni por el miedo ni por el hambre" (García and Morales 1994, 11).

There are good reasons to emphasise the acquisition of organisational, administrative and political skills as a part of the *comedor* phenomenon, at least for some of the women involved. Throughout the first half of the 1980s the local committees came together to create sector and district level federations and later citywide federations in Lima and other urban centres. By 1986, the *comedores autogestionarios* had consolidated in the Comisión Nacional de Comedores (CNC). For many observers, 1985 to 1991 marks the heroic period of optimum functioning of Vaso de Leche and the *comedores* in Lima. Córdoba (1992, 11) calculates that the *comedores* affiliated with the CNC were producing daily some 1.5 million food rations. While some of the regional and national *dirigentas* went on to media stardom and even gained a large quota of political influence, the army of cooks and bottle-washers in individual *comedores* expressed their frustration at being passed over for leadership positions and training opportunities. The divisions between the leadership and the operational bases and members of the *comedores* only widened as time went on.

The numbers of *comedores*, as they fluctuated over time, are difficult to ascertain, as are the numbers of members of each *comedor* and the number of rations they prepared. Rousseau (2009, 102-103) registers some of the factors that conditioned their expansion and constriction : the abundance of food donations, the general economic situation, alternative opportunities for work and income for poor women. Rousseau believes that the *comedores autogestionarios* in Lima were around 300 in 1986 and increased to 3,000 in 1989. There seem to have been some 5,329 *comedores* of both types in Lima in 1991, of which about a third (1,892) were *autogestionarios*. In 1997 the total of *comedores autogestionarios* remained about the same (1,800), and they had some 45,000 women members. The government-subsidised *comedores* numbered 5,200 and had 70,200 members. Each *comedor* served approximately 100 to 300 persons every weekday; on weekends individual households were on their own.

The structural adjustment package launched by the newly-inaugurated Fujimori government in 1990 caused a spike in the number of *comedores* and would-be *comedores* as the price of basic foods, fuel and cooking gas leapt by 100, 200 and 300 % overnight. A worker in one of the organisations (Care International) that distributed food subsidies talks about the impact of what has gone down in history as the "Fujishock" in a shanty community of Pamplona:

> Lo que hacen las mujeres es emprender una labor titánica de apoyar a la gente más necesitada. Comenzaron a cocinar, de 50 raciones (antes del shock), a 500-600 raciones. Cocinaban en tres turnos. Y entonces a partir de ellos se fue acelerando el proceso de salida de las mujeres del entorno de cuatro paredes a lo que es la sociabilización. (Interview, R.G., employee of Prodía/Care, 2001)

While existing *comedores* doubled and tripled their output as more and more neighbours showed up at their doors with empty pots, new *comedores* were formed and people organised informal groups to get access to emergency food subsidies. Desperation walked the land. Many of these new organisations were unable to rise to the task of managing the logistics, accounting and actual food preparation involved in running a *comedor*. After a few weeks or months, most were removed from the rolls of recipients of subsidies.

The vital importance and high visibility of the *comedores* in the response to the Fujishock and in keeping marginal urban barrios afloat made them a target for the Shining Path just at the moment when its strategy turned from occupying and holding rural *focos* to urban terror. The assassinations of prominent women leaders quickly followed and had dire consequences for the operation of the women's groups on the ground. NGO supporters could not enter the barrios without endangering themselves and the women they had contact with. Threats were made, fear was rampant, and many women had to abandon the organisations (Guzmán and Pinzás 1995; Jenkins 2011). Some leaders were forced into exile and have never been able to return to Peru.

Co-optation, incomprehension, and lost opportunities

The 1990s in Peru were dominated by the presidency of Alberto Fujimori and the increasingly populist-dictatorial political regime he imposed (Rousseau 2009). The regime's relationship with the *comedores* movement suggests the degree of improvisation and opportunism that dominated social programmes at a time when much of the population required special emergency measures to weather the economic crisis. The barrio-level women's organisations of all types quickly became a focus of political mobilising in support of the regime. Under PRONAA's[2] operating system, larger, more consolidated *comedores* were designated as "centros de acopio" where supplies were delivered for a network of surrounding *comedores*. Their *dirigentas* became responsible for activities such as baking birthday cakes for the president, delivering mothers and children to marches, organising festivals of integration among *comedor* members, and distributing campaign materials. Their action as political mobilisers and their possibilities for distributing patronage grew enormously.

While such forms of collaboration with the government are clearly abusive and illegitimate, the *comedores* and Vaso de Leche committees took on a number of responsibilities that suggest possible new roles for them in an evolving democratic system. In such a system, civil society organisations share in expanding access to services and channelling citizens' participation in decisions about government programmes. An epidemic of cholera struck Peru in 1991. The *comedores* were key to disseminating information, detecting cases of sick neighbours and referring them to the health authorities, and feeding family members when a principal caretaker was hospitalised. The Metropolitan Lima Vaso de Leche federation established a formal agreement with the Ministry of Health to assist in vaccination campaigns, public information and preventative measures of all kinds. This relationship pre-dated the epidemic and continued afterwards. The Wawa wasi programme, a national programme for providing childcare services to poor working women, incorporated the *comedores* into its design as suppliers of cooked food for the children being cared for in designated households and community centres in their areas of influence. The *comedores* competed for the job and had to meet strict requirements with respect to hygiene and food preparation.

A study by a group of Catholic University researchers in 1999 revealed new facets of these arrangements (Anderson, Vallenas and Castillo 2000). In Lima and several regions of the interior of Peru, we found that Vaso de

---

2 The national programme for food assistance PRONAA was the government agency charged with enrolling and supplying the *comedores* judged apt for government subsidies (foodstuffs, cooking equipment, money in some cases and some periods) and support (information and training).

Leche committees and *comedores* were regularly called upon by government agencies to serve as a nexus with the local community. Falling short of the quotas for the number of talks to local audiences that were part of health information campaigns? These organised groups of women were an irresistible venue. No time for personnel to monitor cases of children at risk of malnutrition or pregnant women not showing up for check-ups? What better than to ask the members of the women's organisations to stop by and pay a visit, even if that meant several hours walking to out-of-the-way annexes. Need to get the word out about an upcoming health fair? The women could talk it up as they went about their daily activities in the market, in the fields and crossing paths with neighbours. Because the members of the *comedores* and Vaso de Leche had already assumed an identity as omnibus social facilitators in their communities, it was difficult for them to refuse such requests, even though they were clearly performing functions that should have been carried out by the institutions and their staff. Still, they were not shy about expressing their sense of being overburdened, even exploited, in this relationship. The exchange might have been experienced as fairer if the organisations had in return gotten access to the levers of local power and decision-making. The research incorporated techniques of network analysis and we were thus able to show a consistent pattern whereby local institutions and organisations sorted themselves into two separate networks: one involved with power, governance, business and resources, the other focused on social programmes and assistance. The *comedores*, despite their ambitions and often in contradiction to their self-perception, were unequivocally a part of the second network.

In the second half of the 1990s, social policymaking came more and more under the influence of a group of technocrats centred at the Universidad del Pacífico, a college of economics and business administration with a strong neoliberal presence. PRONAA, the national programme for food assistance, began to put pressure on the *comedores* under its aegis for greater efficiency and proof of results in terms of improved nutrition and health status for the consumers of the rations (Portocarrero *et al.* 2000). They were also under pressure to transition from being subsidised social programmes to becoming self-sustaining income-generating schemes. Reinventing themselves as cooperatives and microenterprises, they launched bakeries, popular restaurants, boxed lunch delivery services to offices and construction sites, and catering services. Few survived the transition. Their traditional clients, the poor and the near-poor, were unable to pay more for their food. Tied to poor neighbourhoods, without the requisite financial and social capital, they could not access more lucrative markets.

After the emergency

Since 2000, Peru has been on a track towards economic growth, a degree of prosperity for an ever-broadening middle class, and relative political stability. Portocarrero *et al.* (2002) counted 34,500 women's grassroots organisations, primarily *comedores* and Vaso de Leche committees, in all of Peru at the beginning of the millennium. Clearly, a demand for subsidised food, a need for cooked food for delivery to vulnerable groups, and families without a cook available to prepare the noon meal, still existed.

Another recent attempt to quantify and qualify the contribution of the *comedores* is the survey performed in Lima in 2003 by the Instituto de Estudios Peruanos (Blondet and Trivelli 2004). Out of 15,891 "*comedores* populares y clubes de madres" in all of Peru, 5,000 were located in Metropolitan Lima. Their membership numbered 100,000 women. They prepared 480,000 daily food rations and fed about 6 % of the population of the urban area. If Córdoba's estimates are correct, this is a third of the number of rations being prepared and distributed a decade and a half earlier. In 2003, of all consumers in the *comedores*, 37 % were slightly above the poverty line (but might fall below it if they could no longer get low-cost meals), 51 % were poor, 12 % were indigent.

Blondet (2004, 15) updates to 2004 the advantages the women receive from their participation in *comedores*. They overcome isolation in the domestic sphere, meet other women, find emotional support, share their problems, have access to a never-ending stream of adult education courses on topics from nutrition to making plush toys, learn to cook in quantity, learn budgeting and accounting, practice public speaking, identify personal objectives and interests, learn to relate and successfully negotiate with public officials, conduct the internal affairs of their organisations including oversight of the leadership, and practice parliamentary procedure and elections. Moving up in the hierarchy of local, district and regional *dirigentas* of the *comedores* gives access to other networks such as the Mesas de Concertación de Lucha contra la Pobreza. Perhaps with a certain wistfulness, Blondet (2004, 15) repeats the claims of 20 years ago: "Es decir, que los *Comedores* Populares resultan siendo verdaderas escuelas de aprendizaje ciudadano. Es en la organización en donde las mujeres populares se constituyen en sujetos de derechos y de obligaciones".

The President's "state of the union" address to congress on Independence Day, July 28, 2014 added a final number to the declining curve of *comedores*. Officially, there are now 13,500 in all of Peru. Nonetheless, the fact that they were mentioned at all as part of the social safety net in a presidential address suggests that they are not gone and not forgotten. For the current Peruvian government, they are adjuncts, not protagonists, of anti-poverty and social development programmes; therein lies their importance. Besides providing subsidised, cooked food to indigent community members, they supply meals and snacks to childcare centres, in school lunches, and for meetings and training sessions in remote parts of the country where restaurants and catering services do not exist.

The triumphant neoliberal climate in contemporary Peru was a serious blow. But why were the *comedores* so easily pushed off the centre stage that they had occupied for so long? Why were they never really associated with the "sueño de la casa sin cocina" (Anderson 1990): the dream of the kitchenless house in nineteenth century Utopias, and core feminist demands in many other countries, of equitable and efficient distribution of the burdens of housework and caring labour in Peruvian households? A case study reveals some further aspects of the problem.

A case study: Pamplona Alta

Comedores can be placed in a context of non-monetised reciprocal exchange of services, community self-help and neighbourly favours that constituted the social matrix of community development projects in the initial years of formation of new urban neighbourhoods in Peru. An example is the community of Leoncio Prado, one of hundreds of subdivisions of Pamplona Alta, a vast area of sandy hills on the southern edge of the city of Lima, once used as a firing range for training exercises by the Peruvian army. Beginning in the mid-1960s, the area began to be occupied incrementally by groups of families that organised and sought a propitious moment to set up their straw shacks (Christmas holidays, for example, when the government would get bad press if it attempted to evict them). The 1970s were a time of relative tolerance of the expansion of *barriadas* in Lima, and the military government in power set up certain mechanisms for creating order out of chaos. The army supplied bulldozers to level new areas of occupation, establish streets on a grid and do a semblance of urban planning. A special government agency intervened to organise elections for development committees.

I have had the fortune of being involved as a researcher, activist and friend to members of the community of Leoncio Prado since a first study in 1977-1978 in which I was invited to participate. I directed follow-up surveys in 1992 and 2001 of the households that were part of the original sample (around 8% of the community's total population). In all three rounds, and through smaller projects focused on community organisations and local democracy, I had access to a rich history of institutional life in the area. In one of those studies, I was able to show that approximately 15% of women in the community actually participated in organisations of any kind; this, when the vision of many outsiders (including overly enthusiastic feminists and women's NGOs) was that everybody was involved and mobilised.

Another study by the NGO GREDES in 1991 produced inventories of community organisations and examined their relationships with local counterparts, government institutions, philanthropic entities, NGOs and agencies of international cooperation. The table reports the results of the inventory for Leoncio Prado and, as a reference, the neighbouring community of Ollantay.

Type of organisation	Leoncio Prado	Ollantay
Local development central committees (political authority at the barrio level, nexus with the municipal government)	2 Comité Central (men) Concejo Feme-nino (women)	1
Social development (Vaso de Leche, health promoters, committee to promote day care centre)	2	2
Comedores	6	5
Parent-teacher associations (obligatory for every school)	2	2
Economic cooperatives, representative and self-defence associations (e.g. market vendors, home-based stores, handicrafts co-op, minibus operators)	6	1
Sports clubs	7	15
Religious groups	2	4
Political parties, local committee	4	4
Total	31	34

Source : GREDES project on local democracy, 1991

The GREDES study gathered detailed information about the kinds of exchanges (including information), coordination and shared projects the various organisations had undertaken with different counterparts. These contacts might involve simply lending a meeting space or some folding chairs, selling each other's raffle tickets, or major inputs of resources such as were channelled through the parent-teacher associations. Some organisations were heavily involved with local exchanges ; for example, the sports clubs which got together for matches and to organise local tournaments. Others were more outward-looking : for example, most political party committees and religious groups, which took their cues from larger organisations. The *comedores* turned out to be at the extreme of organisations with many connections outside the community ; not surprising if we consider that all were receiving subsidies from sources such as Cáritas, from international donors via Peruvian NGOs such as FOVIDA, or from the government. One of the *comedores* listed no fewer than 42 counterpart organisations with which it had had some level of cooperation. Some of their exchanges within the community were hostile: they often competed for clients and members (especially women who had shown themselves to be loyal ground troops, exceptionally good cooks or able administrators), and for access to outside donors and supporters that came visiting.

One thing is clear: the *comedores* (and Vaso de Leche committees) were decidedly women's affairs. Not only did they do "womanly" things (cook, serve food, budget and shop for food, manage kitchens and kitchen equipment) but they rejected the participation of men – or more accurately went along in a logic of mutual repulsion – save under exceptional circumstances. Thus one of the *comedores* in Leoncio Prado was exclusively for persons with physical handicaps; it included both men and women and further violated the "rules" by incorporating members who did not live in Leoncio Prado. In some other parts of Lima and other parts of Peru, men were allowed to participate in *comedores*, and they did so in small numbers, increasingly after the wave of unemployment that followed on the Fujishock.

This strict gender segregation was new in the Leoncio Prado organisational world. Although the two development committees at the top of the pyramid were a men's and a women's committee, they coordinated closely and were often connected by kinship ties. Sports clubs were integrated, and the games and tournaments were festive occasions for entire families to come out, enjoy purchasing (or selling) snacks, and watch male soccer players, not infrequently, followed by a volleyball match between female or mixed teams. Many of the economic organisations, including a savings' association, the market vendors' association and the grouping of home-based shop owners, were mixed. The existence of all-female organisations and all-female development projects was cause for conflict in the 1980s, when Leoncio Prado like other *barriadas* was inundated by women's NGOs and government sponsored initiatives for women. By tradition, the ideal was for men and women to work together.

Meanwhile, many observers were questioning why the *comedores* did not take firmer positions in relation to what they saw as being one of the greatest threats to women's well-being in popular sectors and in the dynamics of the new communities such as Leoncio Prado. I refer to domestic violence. It was most definitely an issue for many of the women in the movement (Córdoba 1992; Santisteban 1994; Granados 1996) and it was certainly present in households of Leoncio Prado. Three of the functionaries responsible for the food subsidies that were being supplied to the *comedores* in the community in the early 1990s remarked on it in interviews (R.G. of Care/Prodía, N.M.

of Cáritas, L.C. of PRONAA, all interviewed in 2001). For reasons I will expand upon in the final section of this paper, the *comedores* remained focused on their core objectives, with little change over time and few concessions to variations in each local context.

The examination of local organisations in Leoncio Prado and similar barrios suggests that women as political actors are not essentially different from men. The *comedores*, like other grassroots organisations, had problems of in-fighting, accusations of pilfering, and innumerable difficulties in administering resources. Yet they laboured under the aura of moral authority that their lofty mission had cast over them. The emotional and psychological contradictions this entailed seems to have blocked more forthright conversations about their organisational difficulties (Huamán 1988).

The evidence points to the need to rethink the centrality of the *comedores* as part of community mobilising and political movement for democratic reform over recent decades in Peru. For many of their supporters, including most feminists at the time, they were the only game in town. Popular women's access to citizenship depended on their existence. For local communities, they were far from that and in fact the real games – the soccer matches and associated festivals – were far more compelling.

The evidence also points to the need to rethink the role of *comedores* in anti-poverty strategies and household provisioning. This is not to say the *comedores* were or are irrelevant. In today's Leoncio Prado, 3 or 4 *comedores* survive[3]. They are one more element in complex provisioning systems that may or may not work out, for particular families, to be a reasonable, cost-effective way to access resources. They are an insurance mechanism, one of many that are desirable to have in a political context that never ceases to shift and change. Through circumstances beyond their control, the *comedores* might regain their relevance as a source of food, information, subsidies and other resources at some time in the future. The poor must use all means available to defend themselves against the arbitrary decisions of unstable governments and predation by more powerful political actors. That is the lesson in citizenship that the population of Leoncio Prado, and so many other urban popular communities throughout the country, seem to have learned best.

---

[3] At last notice, one, which has had the same president for almost 25 years, was closing by decision of the president, without consultation with the members and without exploring the options for transferring the comedor to another leadership or another site (it had always functioned at the president's house).

After the neoliberal make-over

One question, that was surprisingly infrequent throughout the long history of the *comedores*, concerns their actual contribution to the nutrition of the population they were ostensibly benefitting. We know that the food subsidies provided by PRONAA (Peruvian government) and by other agencies were quite limited in their variety. They were basically rice, legumes, cooking oil and other non-perishables, including tinned fish. The women themselves, using the low fees they charged for rations (lower for members, higher for outsiders), had to buy complements: fresh vegetables and meats. Huamán (1988) examined the menus, including the protein content, and found many to be deficient. At their worst, they filled stomachs and could, in some cases, be served with supplements added at home. At their best, smart and active women in charge bargained and pled at the local markets and managed to put out tasty and nutritious rations most days of the week.

Trivelli (2004, 21-24), based on the 2003 Instituto de Estudios Peruanos survey of *comedores* in Lima, differentiates categories of consumers of the rations. Almost 60 % are members who, according to long-established practice, paid a fee for each ration based on real costs. Free rations went out to the workers in the *comedores*, who were also members, and the so-called "social cases". The latter's meals were covered by the subsidies provided by PRONAA and other donors, and the incorporation of a certain percentage of such cases was a requirement in order for the *comedores* to continue to receive subsidised food. Finally, the *comedores* were free to sell the rations they prepared above and beyond those categories. Most had a steady clientele that might include teachers and other non-residents who were going daily to work in the neighbourhood and drop-ins that might be temporary construction workers, itinerant salespeople, or bus drivers passing through. The table indicates the proportions of each, averaging over the entire Lima sample of *comedores*:

Rations	Consumers
59.3 %	Members and their families
13.1 %	Cooks and assistants that work in the *comedores* ("volunteers")
9.1 %	"Casos sociales" (Social assistance cases: abandoned children, the elderly, mentally ill, etc. The beneficiaries identified by the *comedor* members are persons in the community who are known to them).
17.7 %	Sales to clients: daily consumers and occasional passers-by

Even as late as 2003, the *comedores* were extremely low-tech (Trivelli 2004, 28). Overall, just 61 % had electricity and running water. Most were cooking on industrial-type stoves fuelled by propane gas in cylinders that probably had to be purchased elsewhere and carried to the site. Less than 40 % had blenders, 18 % had refrigerators, and 4 % had ovens. The *comedores* were essentially using household-level technologies, implements, recipes and procedures to mass produce meals with a very high investment of human labour. The only consistent sign of "going to scale" were the giant pots that had to be lifted onto and off of the burners. Clearly the long years of existence had not led to the development of appropriate technologies. Peru's universities and technical schools did not rise to the challenge of contributing industrial designs, food-processing equipment or improved cooking stoves and ovens. Nor did the NGOs, the government agencies supplying subsidies, or the women's organisations themselves approach them with requests to become involved in making the *comedores* more efficient and less labour intensive, so far as is known.

It is telling that the *comedores*' fading away seems to have left even their friends indifferent. Virginia Vargas, the most influential, albeit selective and often tendentious, historian of Peruvian feminism barely mentions them in her many writings interpreting the last three decades of women and feminism in Peru (see for example Vargas 2006). Many left-leaning political leaders have been among the loudest voices denouncing corruption and inefficiencies in the *comedores* and the Vaso de Leche movement. They are a soft target for recanters showing off their enlightened acceptance of the new parameters for social policymaking. Perhaps because they were the largest and most visible pieces of the old social assistance regime, these two categories of popular women's organisations have become for many progressives the elements they are most willing to sacrifice in making concessions to the new social architecture ushered in under neoliberal auspices. It is not irrelevant that they were and are specifically women's organisations, and the new social policy establishment is predominantly male (and probably not heavily involved in the intricacies of food provisioning in their own households).

The *dirigentas* themselves blame the collapse of the movement on its abandonment by NGO supporters and advisors and by international donors (Rousseau 2009). Córdoba (1992) attributes their decline to the terrorist onslaught, the demobilisation it produced of *dirigentas*, and the destruction of local groups and centralised organisations. Granados (1996) analyses the *comedor* and Vaso de Leche process through the early 1990s, specifically the failure to join together in what might have been a stronger, more resilient political movement. While this is often blamed on the *dirigentas* and their personal rivalries and ambitions, he relates the failure to larger failures of institutions and practices of the Peruvian political system: the difficulty of negotiating differences, making compromises and establishing coalitions without loss of institutional identities.

Jenkins (2011, 300) focuses on the tensions that became increasingly unsustainable around leadership and empowerment issues. In the early, heroic years, women's empowerment was understood to entail a critical vision of social conditions as well as acquiring the skills and motivation to change them. This critical edge had disappeared from the minds and the discourse of NGO supporters and from the grassroots leaders themselves by 2000. The critique promoted initially by the NGOs that rushed to support the *comedores* concerned poverty and economic injustice as well as gender inequality, the *encierro doméstico* (domestic enclosure) of women, and their lack of access to political decision-making at the local level and beyond. It was not explicitly focused on housework, food preparation and the injustices of the sexual division of labour in the household. How could it be ? It was still almost exclusively women that were preparing food in the *comedores* and operating the Vaso de Leche programme.

For some, the *comedores* are simply part of a long history of cultural transformation – displacement, more precisely – in a rural population that had to reposition itself in an urban environment. *Comedores* are sometimes traced to Andean roots although the women themselves did not talk about community roof-raisings and *fiestas patronales* as something they were reproducing in the city. But the larger picture does in fact show a rural population that brought with it certain institutions of rural life and, abandoning or refashioning those institutions quite radically, became an urban one. This process is evident in Leoncio Prado in myriad ways. Thus, the daughters of *dirigentas* and members of *comedores*, brought up and educated in the city, rarely opted for participating in *comedores* as they became heads of families, despite sharing many of the conditions of poverty of their mothers.

Rousseau sums it up :

> Because of the variety of factors described [...], including divisions in the movement, the impact of political violence and changing donor policies, the collective kitchens' movement was far more vulnerable to the Fujimori regime's neopopulist project combining neoliberal economic policies with an authoritarian, clientelistic approach to social assistance. An individualistic, market-based model gradually settled in to dominate Peru in the 1990s, facilitated by the failure of the democratic left, the drastic weakening of the union movement and the damage and trauma caused by the war between Sendero luminoso and security forces. This new model meant the erosion of the comedores' ideal of autonomous organizing based on solidarity. (Rousseau 2009, 123-124)

Out of the kitchen : real Utopias of feminist solidarity

I have touched upon some of the afterthoughts of participants in the *comedores*, the policymakers involved and the feminists who promoted them as a progressive project, even, at their most expansive, as the highest priority for

Peruvian feminists. I hope I have been able to show, in retrospect, some of how they evaluated the time and energies devoted to creating a vast organisation with a complicated mixture of objectives and a combination of agendas that in the end became unsustainable. The question that has not received the attention it might is: Could history have played out in a different way? Some of the actors suggest some of the conditions that might have made that possible. Yet most of those conditions are so far removed from the reality of contemporary Peru as to be unimaginable. In that sense, even the most convinced of their supporters seem to agree: the *comedores* were a missed opportunity, not to be seen again.

A second set of questions goes beyond the actors and their intentions to inquire into the potential of the *comedores* as a new kind of economic organisation devoted primarily to provisioning households with prepared food. In addition to being a survival strategy for the short term and a means of accessing government and international support for the poor, can we identify in them an attempt to construct a "real Utopia" as a permanent part of the institutions serving Peru's underclass? Could they still become the basis for a movement to reshape gender roles and promote alternative economic arrangements focused on household provisioning and the sexual division of labour in domestic and communitarian spheres?

At this point I want to address directly the theme of this conference: economies of solidarity responsive to feminist demands and principles. The concept of Real Utopias[4], as developed by sociologist Eric Olin Wright and numerous collaborators, shares with feminist economics a concern for the practical and achievable. That remits most questions to the arena of institutions. How can institutions be created that will serve as vehicles of transformation while resolving the concrete problems of peoples' lives in the short run and under real world conditions? Many other institutional arrangements that we might wish to liberate from the logic of capitalist economics can be examined with a certain calm. But providing, cooking, and eating our daily bread cannot wait.

Wright's vision of socioeconomic transformation recognizes several ingredients that can be related to the case of the *comedores*. One is unintended social change, possibly of greater weight than transformative strategies (Wright 2010, 273). Another is interstitial transformation.

> If one believes that systemic ruptural strategies of emancipatory transformation are not plausible, at least under existing historical conditions, then the only real alternative is some sort of strategy that envisions transformation largely as a process of metamorphosis in which relatively small transformations cumulatively generate a qualitative shift in the dynamics and

4 Wright coordinates the Real Utopias Project. https://www.ssc.wisc.edu/~wright/OVERVIEW.html

> logic of a social system. [...] To invoke metamorphosis is not to abjure struggle, but to see the strategic goals and effects of struggle in a particular way: as the incremental modifications of the underlying structures of a social system and its mechanisms of social reproduction that cumulatively transform the system, rather than as a sharp discontinuity in the centers of power of the system as a whole. (Wright 2010, 321)

The women of the *comedores* obviously did not see themselves as part of a strategy for bringing down capitalism in Peru. But their example of solidarity and new kinds of neighbourliness caused and embodied unintended change. At the same time, the issue they were concerned with – resolving the problems of getting food to the masses of the marginal and the poor – lies in the interstices of the political and economic agendas of decision-makers in Peru. We would seem to be on a road to meeting the criteria for a Real Utopia.

External conditions must permit Real Utopian projects to take root and flourish. Some have suggested that true and far-reaching mobilisation of Peru's poor in search of novel sociopolitical arrangements was only possible during the democratic transition of the late 1970s and early 1980s. Once the turbulence ended, the old institutions came back in force and crowded out the new.

Real Utopias must be built around real needs, and they must provide real solutions to the problems of producing goods and services to meet those needs. The *comedores* positioned themselves in the arena of household provisioning, specifically of prepared meals. A real Utopia occupying this niche has to resolve the issues of management and administration, efficiency and costs, and the value of the product in nutritional terms. The *comedores* receive mixed marks on all these dimensions. As a form of economic organisation, they were vastly underserved by Peru's food technologists, industrial designers and engineers, and others that could have seized the opportunity to innovate in improved supply and production systems. Real Utopias must be able to buy, commandeer or negotiate the support of outside actors, such that the technologies they deploy make them efficient and able to compete against the old (and new: McDonald's, KFC, Burger King, etc.) alternatives.

DeVault (1991) and others have raised our consciousness about the challenges of "feeding the family" at the domestic level. Weismantel (1988) and others have complicated the issue for the Andes. The challenges of working in the interstices that the *comedores* claimed are daunting. Neysmith and her co-authors (2012) examine a category of women's activities that they call "collective provisioning" which seems to name quite well what the *comedores* were about. The Canadian subjects in the Neysmith *et al.* study produced a list of the elements that play into collective provisioning (Table 4.1, p. 47). Its implications should give us pause.

1. Crafting valued goods and services
   - Providing material resources
   - Creating cultures of support
   - Generating knowledge
   - Networking connections
2. Constituting collectivities
   - Mapping common visions
   - Sustaining group places
   - Contesting differences and boundaries
3. Constructing alternative possibilities
   - Exploring new spaces and identities
   - Resisting injustices
   - Countering dominant discourses

I have no doubt that the women in Peru's *comedores* were involved in all these activities simultaneously, to one degree or another and despite the fact that neither they (nor the Canadians) could have or would have turned them into abstract concepts in quite the same way. But we as observers are obligated to be fully cognizant of the high demands and many implications of provisioning projects as a site for feminist Real Utopias.

In a text that has been unjustly neglected in the gender and development debates, March and Taqqu (1986) question the kinds of women's associations that exist in various cultural settings around the world, and the viability of channelling projects of change and development through these organisations. The fact that they are "informal" associations means that they are part of the world of unintended social change, in Wright's terms : they have come about spontaneously as organic expressions of the women's desires and needs. They include religious groups, dance troupes, fishing cooperatives, market vendor's associations, midwives' groups, organisations of traditional healers (including the "cutters" in societies that practice genital mutilation), hairdressers' syndicates, rotating credit associations of a wide variety, and a further rich roster of organisational forms. The authors, however, call attention to the high proportion of women's organisations that are defensive. Because of the prevalence of women's subordination and vulnerability in many cultural contexts and situations, their organising efforts have frequently focused on defending themselves from men and men's designs. March and Taqqu contrast "defensive organisations" to "active organisations" and conclude that only those of the second type – a minority – are viable vehicles for projects of change. The *comedores* would seem to be perilously close to the first category, certainly at a level of their discourse and self-image.

In the evolution of the community women's associations that Neysmith *et al.* (2012) followed in Canada, the set of functions they group under the category of "constructing alternative possibilities" looms large. Even while many of them cooperated in disseminating the benefits of social programmes and bringing out the demand, these organisations were heavily involved in advocating for an expansion of services and criteria of eligibility and in protesting against injustices in the application of policies that affected households' ability to provision themselves. Sometimes they had to choose between accepting a passive role as collaborators in making social programmes run smoothly, or opposing them and exposing their deficiencies to the public and the press. To fulfil their role in constructing alternative possibilities, they had to enjoy a wide margin of autonomy. Their financing could not depend on a single source, their meeting places could not be shut down in a falling-out with sponsors, their legal status and community recognition could not be subject to the whim or perceived offense against a single powerful agency. Perhaps most important of all, they had to enjoy a large measure of psychological autonomy, particularly where "exploring new identities" and "countering dominant discourses" were at stake.

This is a critical point of divergence from the *comedor* experience in Peru. Although "autonomy" was one of the most frequent values mentioned in relation to the *comedor* movement, in fact the possibility that individual *comedores*, or the movement as a whole, could develop in an autonomous direction was severely curtailed. The government-subsidised *comedores* were subject to visits and inspections by the agencies charged with ensuring that the sacks of food were properly stored and the numbers of persons receiving the rations reflected true facts. The *comedores* that were labelled *auto gestionarios* also had strong ties of dependency to the NGOs that channelled international donations and provided them with what is loosely called technical assistance. Santisteban (1994) is especially eloquent in documenting the sense of oppression the "autonomous" organisations could feel in their relationship with well-intentioned NGOs. "They even wrote our letters for us" recall the *dirigentas*.

Creating Real Utopias out of domestic provisioning and the household division of labour has to be a project of men and women together. Real Utopias that occupy the interstices of domestic and family life must involve both genders in their construction. And here the *comedores* run into many problems. They were single-sex. Probably the NGO advisors and donor agencies imagined them as women's empowerment projects taking flower in protected all-female spaces more often than the women themselves did, yet for many they were valued as a means of getting away from oppressive gender relations in the home. For many, including the husbands that partook of the meals, it was never clear: were they for men or against them? As Córdoba, Santisteban and Granados all show in the testimonies they reproduce of women that participated in the *comedores*, they might pay solicitous attention to men's food preferences, but they also removed women from the house at the cost of unswept floors and bad report cards their children brought from school. Husbands and fathers can be blamed for not stepping into the breach, but the fact is that the model offered no incentives for them to do so.

The *comedores* were trapped not only by their dependence on a few sources of food, supplies and official recognition. Any analysis of power networks ratifies the centrality of the brokers that control the gateways to resources under such schemes, their ability to set the agenda and parameters in their own interest. But the *comedores* were trapped by the discourse they themselves had helped to create. Their mission being feeding the poor and the humble, almost all legitimacy was drained from calling attention to their own poverty and exploitation, including as female-gendered persons with particular life projects. Abandoning their members and clients in their daily need being unthinkable (as it was), they had no bargaining tools. Discourse and practice reinforced each other in ways that restricted the capacity of the women involved in the movement to imagine distributing the burdens of household provisioning in different ways among different actors and, in the process, moving towards a world where home life, community relations and national policies truly express gender equality.

The *comedores* experience in Peru, then, leaves us with many lessons and many pending questions. To my mind, household and neighbourhood provisioning remain in play as possible sites for projects of feminist economic solidarity, though stand-alone collective kitchens probably do not. To create viable models, we need to document in greater detail what provisioning means and entails in the lives and activities of men and women. In the meantime, may the experiments go forward.

References

Anderson, J. 1990. El sueño de la casa sin cocina. *Socialism y participación* 50 : 17-35.

Anderson, J., S. Vallenas, and H. Castillo. 2000. Evaluation, PAR Salud. Internal document, Catholic University of Peru, Social Science Faculty.

Blondet, C. 2004. Las organizaciones de mujeres : capital social del Estado y para las mujeres. In *Cucharas en alto. Del asistencialismo al desarrollo local : fortaleciendo la participación de las mujeres*. C. Blondet and C. Trivelli. 10-18. Lima : Instituto de Estudios Peruanos.

Blondet, C. and C. Trivelli. 2004. *Cucharas en alto. Del asistencialismo al desarrollo local : fortaleciendo la participación de las mujeres*. Lima : Instituto de Estudios Peruanos.

Córdoba, P. (Ed.). 1992. *Mujer y liderazgo : entre la familia y la política*. Lima : YUNTA.

DeVault, M. L. 1991. *Feeding the Family. The Social Organization of Caring as Gendered Work*. Chicago, IL: The University of Chicago Press.

García N. and A. Morales. 1994. *Nosotras, las mujeres del Vaso de Leche 1984-1994*. Lima: CEDAL/CEAL.

Granados, M. A. 1996. *Madresantas y maquiavelas bulliciosas. Mujeres y negociación política*. Lima: Calandria.

Guzmán, V. and A. Pinzás. 1995. *Biografías compartidas. Redes sociales en Lima*. Lima: Centro Flora Tristán.

Hayden, D. 1985. *The Grand Domestic Revolution*. Cambridge, MA: The MIT Press.

Huamán, J. 1988. *Comedores* populares, una estrategia de alimentación popular. Mimeo. Unpublished research report, Catholic University of Peru.

Jenkins, K. 2011. Depoliticisation and changing trajectories of grassroots women's leadership in Peru: from empowerment to service delivery? *Journal of Latin American Studies* 43(2): 299-326.

March, K. S. and R. L. Taqqu. 1986. *Women's Informal Associations in Developing Countries. Catalysts for Change?* Boulder, CO: Westview Press.

Neysmith, S. M., M. Reitsma-Street, S. Baker Collins and E. Porter. 2012. *Beyond Caring Labour to Provisioning Work*. Toronto: University of Toronto Press.

Portocarrero, F., C. Sanborn, R. Cueva and A. Millán. 2002. *Más allá del individualismo: el tercer sector en el Perú*. Lima: Universidad del Pacífico.

Portocarrero, F., A. Beltrán, P. M. Romero and H. Cueva. 2000. *Gestión pública y políticas alimentarias en el Perú*. Lima: Universidad del Pacífico.

Rousseau, S. 2009. *Women's Citizenship in Peru. The Paradoxes of Neopopulism in Latin America*. New York: Palgrave MacMillan.

Santisteban, F. 1994. *Cuando las mujeres callan. Una mirada a la relación entre la organización y la vida de las mujeres*. Lima: Calandria.

Sara-Lafosse, V. 1984. *Comedores comunales. La mujer frente a la crisis*. Lima: Grupo de Trabajo Servicios Urbanos y Mujeres de Bajos Ingresos SUMBI.

Trivelli, C. 2004. Analizando la encuesta: los comedores de Lima Metropolitana en el 2003. In *Cucharas en alto. Del asistencialismo al desarrollo local: fortaleciendo la participación de las mujeres*. C. Blondet and C. Trivelli. 20-29. Lima: Instituto de Estudios Peruanos.

Vargas, V. 2006. *El movimiento feminista en el horizonte democrático peruano (décadas 1980-1990)*. Lima: Centro de la Mujer Peruana Flora Tristán.

Weismantel, M. 1988. *Food, Gender and Poverty in the Ecuadorian Andes*. Philadelphia, PA: University of Pennsylvania Press.

Wright, E. O. 2010. *Envisioning Real Utopias*. London: Verso.

Organising social protection through solidarity of women workers: experiences of the Self-Employed Women's Association, SEWA, in India

Mirai Chatterjee

The world of work has changed significantly in all corners of the globe. In India too, particularly over the last twenty years, there have been major changes. India has always had a large informal economy, with a majority being self-employed workers. However, in recent decades, the numbers of informal workers has grown to over 430 million or over 93 per cent of the workforce. These are workers with no employer-employee relationship – purely self-employed workers like small and marginal farmers, street vendors and small producers of various goods and services – and also those with changing employers, like construction workers, home-based workers and domestic workers.

These workers have little or no access to basic workers' rights and entitlements including minimum wages and regular income. They also do not have basic social protection and services, though there has been some progress in this regard in recent years.

Workers of the informal economy contribute significantly to India's growth and development. Over 50 per cent of India's gross domestic product

Chatterjee, M. 2015. Organising social protection through solidarity of women workers: experiences of the Self-Employed Women's Association, SEWA, in India. In *« Homo œconomicus, mulier solidaria. » Une économie solidaire peut-elle être féministe ?* (Dir.) C. Verschuur, I. Guérin et I. Hillenkamp. 243-255. Paris: L'Harmattan, collection Genre et développement. Rencontres.

(GDP) comes from the informal economy. They also contribute significantly to exports and national savings, about 47 per cent and over 50 per cent respectively.

Women constitute a significant segment of informal workers, though this is not reflected adequately in current national workforce participation statistics. There are many well-known reasons for this, including the fact that their work is undercounted or not counted at all. They are the poorest and most vulnerable of workers, undertaking work that men refuse to do, and at lower wage rates. The work they do is often hazardous, like climbing precarious staircases at construction sites with a load of bricks balanced on their heads, or sorting waste material, often toxic, from garbage dumps.

Like their sisters in other parts of the world, Indian women also do most of the work within the home, in the family and outside. They bear the double or triple burden of undertaking economic activities for survival, household work and bearing and caring for children, in addition to the care of elderly family members and the sick.

The Self-Employed Women's Association, SEWA, began organising women workers of the informal economy in 1972, recognising that there was an overlap between informality, poverty and gender. If a strong workers' movement was to be built in India, then it was clear to SEWA that informal women workers not only had to be organised into their own unions and cooperatives, but also that it was their issues that needed to be in the forefront.

Today SEWA is a national union of almost 2 million women workers of the informal economy in 13 states of India. What began as a small union founded by Ela Bhatt has now grown into a nationwide movement, and has even encouraged women across national boundaries in South Asia, Africa, South-East Asia and elsewhere.

SEWA organises women into their own membership-based organisations like unions and cooperatives, as mentioned above, but also into smaller collectives, like self-help groups (SHGs) and their federations. The goal of the movement is to support women workers to emerge from poverty, and to move towards self-reliance, both in financial terms and in terms of decision-making and control of their own organisations.

This approach is influenced by Mahatma Gandhi's thinking, which stresses on the poor themselves organising and acting collectively for change and ultimately their own sustainable and decentralised development. In his seminal work, *Hind Swaraj* (Gandhi 1909), he critiques dependence on outsiders like lawyers, doctors and others who can be exploitative, advocating instead for self-help and sharing labour and its fruits. This approach sits well with some traditional practices and structures, especially in rural areas, where community contributions and shared labour during harvesting, festivals, building a temple or mosque, still remain today. Hence, the solidarity approach and the solidarity economy resonates well with SEWA's own values and ideology based on Indian cultural values, and also Gandhian thinking. It also reflects, as we shall see in this paper, our day-to-day, grassroots level experiences.

Over the years, we have learned that full employment at the household level, through membership-based organisations of women workers, is the road to self-reliance. Full employment comprises work and income security, food security and social security. In our experience, the latter should include at least health care, child care, insurance, pension and shelter, including a tap and toilet in every home.

Further, we have learned that work security and social security are two sides of the same coin – women workers will not be able to move towards self-reliance without both.

In addition, we have seen that social security and other services are best developed and provided by women workers' organisations which are local and close to the women they aim to serve. They work best when used, owned and run by the workers themselves. As far as social security organisations are concerned, we have chosen to develop cooperatives. Not only does this form of organisation promote solidarity by its very nature, but also it can be sustainable, both financially and in terms of decision-making and control by the workers.

In this paper, three examples of cooperatives will be described which address the social security and social protection needs of women workers, and through the solidarity approach.

Sangini Child Care Cooperative

One of the earliest demands of SEWA members was for child care. Like mothers everywhere, they repeatedly said that they wanted a better future for their children. They wanted them to get a head start in life that would prepare them for school, so that they could become literate and obtain employment with better incomes. They also said that with their children taken care of, they could work with peace of mind and earn more to bring in food and other essentials. Thus, the very first social protection and social security measure we undertook was developing crèches for our members' young children.

The crèches are run by women workers, all from the informal economy, who are the neighbours, friends and relatives of the mothers. The crèche workers take care of the children as if they were their own, and SEWA provides the training in early childhood care and development, health care and nutrition. In turn, SEWA members contribute towards costs through payment of modest fees and obtaining contributions from local grocery shops, employers and local well-wishers. Thus, from the start we incorporated the solidarity approach, one that encourages self-help, community contributions, local ownership and sustainability.

Further, after a few years of running crèches, we decided to develop a cooperative of the crèche workers and mothers, to ensure sustainability and consolidate solidarity and sisterhood. In 1986, the Sangini Balsewa cooperative was registered after much struggle, as the Registrar of the Cooperatives Department could not believe that such an organisation, run by women workers themselves, could be viable. The women workers, all crèche workers, were unfazed. They persistently kept meeting the Registrar till he agreed to register the state's first such cooperative. Not only has Sangini proved them wrong by being both viable and democratically run by the workers, but also that very government department has been consistently giving them "A" grade based on their performance, for the last ten years.

There have been many lessons from Sangini's solidarity approach to child care. First, women's income went up from between fifty to hundred per cent with the provision of this important service. Mothers said that for the first time they could afford to buy *dal* (lentils) and other nutritious food for their families. Thus, nutritional levels not only improved, but malnutrition in young children, an enduring problem in India with about 42 per cent of under-fives malnourished, was taken care of through both feeding at our crèches and more food in the home.

Second, the older siblings, especially girls, went to school for the first time in their lives, having been released from the responsibility of caring for their younger siblings. One of our studies showed that 70 per cent of the older siblings entered school for the first time in their lives when child care was available to their families (Chatterjee and Macwan 1992).

Third, the children's overall health and nutrition levels improved markedly as they were not only well taken care of at the crèche, but also government and private providers came to the crèche to immunise all the children, monitor their heights and weights, and check up on their overall well-being.

Fourth, through regular interaction with both parents, their knowledge levels on child development, health and nutrition improved markedly. When our members insisted that we engage more with the fathers, we did so and found much interest. This also reduced women's work, and responsibilities are now shared between both parents.

Fifth, the crèches became a hub for further organising and community development. Workers of all communities and faiths came together in the common interest of their children. This helped to build trust and solidarity among the workers, and also in organising, in SEWA and in Sangini. Parents began to contribute time and money to making the cooperative sustainable. Sangini is now indeed viable, and regularly distributes dividends from its modest profits every year to its 637 shareholders, all crèche workers and mothers.

Finally, we learned that child care, through such local worker-owned and worker-run organisations like Sangini cooperative, are part of the solidarity economy, promote further organising of informal workers and result in poverty reduction. In fact, in many state, national and international fora, SEWA has argued that child care is poverty reduction, and is essential for dealing with widespread hunger and malnutrition. In India Sangini's solidarity-based child care model has been documented by the government, by the United Nations Children's Fund (UNICEF) and others. It has contributed, along with other unions and NGOs, to the government of India's re-examining all its child care policies and programmes, particularly the Integrated Child Development Scheme (ICDS), making it more relevant to both young children and their parents, mostly workers of the informal economy.

Lok Swasthya Health Workers Cooperative

Along with child care, our members began to voice their need for access to health care from the early days of SEWA. They explained that if they or their family members were sick, they could not go out to work and hence lost their daily wages or income. They did not have sick leave or health insurance. They also said that they needed to know how to stay healthy and to prevent illness, as far as possible.

In 1977, SEWA Bank, also a solidarity-based cooperative providing microfinance to women workers, found that of the 500 women who took loans from the bank and could not reimburse, the major reason was sickness of the worker or her family member. We also learned that 20 of the loanees had died, 15 of them in childbirth. These findings led to our developing a fully-fledged, community-based health programme, again led by women workers themselves.

The first thing we did was to learn about our bodies and how to stay healthy. SEWA trained a small team of its members as health workers, providing simple health information and education, providing primary health care including basic medicines and referral services for further care. Once we had a group of 50 trained rural and urban health workers, many of them traditional midwives, we registered our health cooperative called Lok Swasthya SEWA Mandli, LSM. Like in the case of Sangini, LSM's registration was a long struggle that lasted two years, as both these cooperatives were the first of their kind, and were breaking new ground. In addition, the cooperative authorities could not believe that a group of illiterate or barely literate workers could run their own organisation and take care of their own and others' health. Again, persistence and patience by our SEWA sisters, continuous organising and building up their child care work and the strong support of SEWA, our union, helped to slowly remove the barriers to setting up this cooperative.

Again, the solidarity model held us in good stead. Once LSM became functional, the government public health providers and the private sector found a willing and useful partner. We had expertise in organising women on health issues, and an "entry" to communities and families that was useful to all. Soon, we were asked to collaborate in training midwives for safe childbirth, in explaining the importance of immunisation, distributing contraceptives and implementing a tuberculosis (TB) control programme in a neighbourhood that is home to many SEWA members.

In addition, the Ahmedabad Municipal Corporation invited LSM to run a low cost medicine shop-cum-rational therapeutics advisory centre in a large public hospital frequented by the working poor. They saw that our own smaller shop for our members was helping workers save their hard-earned money by offering lower prices for medicines. They provided us with about 500,000 Indian rupees or about 8,000 US dollars as a no interest loan to set up the centre in the hospital premises. This led to another such shop-cum-centre in a second municipal hospital, located in a working class neighbourhood. As LSM now had a base in the hospital, our contacts with government doctors and others developed further, enabling us to help SEWA members and other workers to access low cost tertiary care, the cost of which generally leads to borrowing and debt among workers. Thus, solidarity between SEWA members and the general public was strengthened.

Like its sister cooperative, Sangini, LSM's now almost twenty-five years of organising workers into this cooperative and providing services to workers, resulted in a number of lessons and experiences which are useful for promoting solidarity, and the solidarity economy in general.

First, health care to workers and others cannot be "delivered" by government and others. In a geographically dispersed country with a large population like India, it is difficult for government to reach local people in an effective and timely manner. Much has been written about this inability to reach "the last mile". Numbers and geography apart, there are serious issues of poor governance, corruption, lack of accountability and little commitment to reach out to the poorest and most vulnerable. Besides, in a country of such diversity, it is hard for government officials to comprehend and then incorporate traditions and belief systems that influence behaviour and, ultimately, health and other outcomes.

Instead, local communities, led by women, can take up issues affecting their own health like malnutrition or TB, and this can be enabled and supported by the government. Further, in a diverse country like India, one size does not fit all, and it is important for local people to decide on action for their own health, based on their own priorities and context. This does not mean that the government has no responsibility. What it does mean is that to ensure that their own children do not remain malnourished, communities, and especially women, need to be in charge, preferably through their own organisations like LSM. The government's role is to guarantee and enable action by local communities, by building in flexibility into programmes and services, allowing them to mould and steer according to their specific need. And most importantly, local communities need to be empowered by financial resources over which they can make choices and can control. Thus, decision-making, control and ownership of action and services developed should rest with local communities, especially women, with government enabling, supporting and empowering them to act appropriately.

Such ideas for decentralised action and control are not new in India, and have been mooted well before our independence, by planning committees such as the landmark Bhore Committee for health care. More recently, the late former Prime Minister, Rajiv Gandhi, introduced a constitutional amendment empowering local village councils or *panchayats*, and their counterparts in urban areas, the *nagarpalikas*, to function in a decentralised manner, with control of decision-making and some finances.

Second, following from the above, local people, especially women workers can become competent and capable health workers, ensuring that all, especially the poorest and sickest, are reached. We have seen, time and again, how our LSM sisters, all trained health workers, have ensured that their neighbours take their regular TB medicines and are cured, have rushed a sick child or adult to further care as if they were their own, and have educated adolescents, women workers and others, with patience and care, about their bodies and how to stay healthy. Women workers, we learned, make the best frontline health workers. Fortunately, this has now been recognised by the government and its Accredited Social Health Activists (ASHA) programme of local women health workers.

Third, organisations like LSM not only build solidarity across caste, class and religious lines through providing basic health services at people's doorsteps, but also conserve hard-earned resources of workers through health education, providing referral linkages with affordable care, and through the sale of low-cost medicines. The latter are both allopathic and now increasingly ayurvedic medicines which LSM is licensed to manufacture, thus providing both services and employment to women who make and sell them.

Fourth, like Sangini, LSM is financially viable and records profits each year which are distributed to its 1,500 shareholders. It has also been getting an "A" grade for the last fifteen years, and has been awarded the first prize for the last ten years by the Cooperative Department. All of this taught us that when organisations based on solidarity are run in a democratic, equitable and accountable manner, they can be sustainable and even thrive. It is important that the women workers themselves run them, with the support of professionals willing to work shoulder to shoulder with their sisters.

Finally, in both Sangini's and LSM's case, capacity-building and ongoing mentoring played an important role in building up women's knowledge and skills, their confidence and leadership, and in ensuring that good quality services reached other women workers of the informal economy. There is much that these dedicated women can do with a little self-belief and support from their own organisations.

National VimoSEWA Insurance Cooperative

Our experiences in Sangini and LSM encouraged us to take another step to set up the National VimoSEWA Insurance Cooperative providing microinsurance to women in several states of India, and with shareholders from five states. VimoSEWA's journey began with SEWA Bank and an act of solidarity by an external donor, the German Technical Support Organization (GIZ) which provided the seed money to get us started.

Soon after SEWA Bank was set up in 1974 as a cooperative, providing integrated financial services like savings and credit, our members said that whatever little they earned was used up in times of crisis like sickness, accident, death of spouse or family member, and even at times of disasters like floods and fire. SEWA Bank tried to obtain insurance coverage for its members but was turned away by the nationalised insurance companies, the only ones allowed to function at that time. The companies told us that poor women were "bad risk" and not insurable. We tried to argue that it was precisely these women and their families who required a protective risk cover for survival and to help them emerge from poverty.

About two decades later, in 1992, when SEWA's membership crossed 50,000, the dialogue with the companies resumed. The timely investment by the GIZ to help set up an insurance unit moved the discourse further, and slowly we developed partnerships with the nationalised insurance companies by carrying their insurance products, processing our members' claims and providing education on the concept of insurance itself.

As our operations grew, we decided to register a cooperative, but as insurance is based on spreading the risk and building solidarity across large numbers of people, it was established as a national organisation. SEWA members from five states including Bihar, Rajasthan, Madhya Pradesh, Delhi and Gujarat, where the SEWA movement originated, are shareholders. In addition, their organisations, savings and credit cooperatives, dairy cooperatives and others, including Sangini and LSM, also are shareholders. This has resulted in two layers of solidarity – between the workers and between their own organisations.

Today VimoSEWA is one of the largest microinsurance organisations in India, serving over 100,000 families and growing. It is also the first such cooperative, entirely used, owned and run by women elected to the board as in the case of Sangini and LSM. VimoSEWA cannot yet be a fully-fledged insurer, as the licence for this requires a large capital requirement of about 25 million US dollars. However, we can work in partnership with insurance companies, with them bearing the risk and VimoSEWA undertaking several other functions: developing appropriate and affordable products, educating workers on insurance, selling these products once they are carried by the insurance companies, processing claims and maintaining a database for all insured workers and their families.

After twenty years of providing microinsurance and five years as a cooperative, VimoSEWA is now viable. Its journey shows, yet again, that organisations based on solidarity can over time become viable. Sometimes the going is slow and the road is rough, but with persistence, good management by women workers supported by professionals, adhering to core values and systems of accountability, transparency and democracy, such membership-based and worker-owned organisations can be sustainable.

VimoSEWA also has many lessons to offer. Perhaps the biggest of all is that poor women workers are indeed insurable. They are not "bad risk" and can pool their earnings as premium, building on principles of mutuality and solidarity, to share in the good times and bad in each others' lives.

Second, when insurance products and services are designed according to workers' needs and affordability, they are readily bought and the services are used in times of crisis. Most of the products and services presently available in the Indian market are not suitable for workers of the informal economy, and even less so for women. Initially, the insurance companies refused to cover gynaecological conditions, and it took much effort by VimoSEWA and others to convince them to do so. Similarly, occupational injuries were not always covered and we had to bring this to their notice repeatedly. In addition, some of the procedures of the companies were cumbersome and lengthy, and we had to work with the insurance companies to make them suit workers' needs and their lives.

Third, there is a huge gap in information and basic knowledge on the very concept of insurance, and that is where organisations like VimoSEWA can fill the gap. They are ready to do whatever is required, including going house to house, and can do so in a manner that is appropriate and suitable to workers, as the organisation is itself owned and led by workers.

Fourth, working on microinsurance has led to a rich repository of data on the nature and magnitude of risks faced by workers and their frequency. While designing products for workers, this basic actuarial information and data is required and useful. Having this data, and in workers' control, is an asset for the cooperative and its shareholders.

Finally, as mentioned above, VimoSEWA is financially sustainable and also has robust worker-led management systems that are accountable and transparent. It has shown that one can both insure the poor and be a viable organisation.

The three examples shared here show that the solidarity approach to social security and social protection is workable and sustainable in the long term. The evolution is gradual and there are many challenges, not the least of which is that the workers who run and own them, do not have the knowledge and skills initially to do so. But with time, patience and faith in their abilities, and ongoing capacity-building, they become capable and competent leaders and managers. They are committed to their own organisations, built with the hard-earned money of women like themselves, resulting in hardly any cases of fraud and dishonesty.

Perhaps one of the biggest challenges we have faced is the struggle to convince the government authorities that such solidarity organisations can be viable and can in fact grow and thrive. There is little faith in women workers' abilities to run their own organisations, even if they have the examples of cooperatives like SEWA Bank. Even though we are not asking for any grants or subsidies, just a chance to work together and support each other, the regulations and permissions are not easy to obtain. The most difficult is for VimoSEWA to build itself up into a fully-fledged insurer with reduced capital requirements. The insurance industry in India is still regulated, and there is little room for organisations that want to reach the poorest and most vulnerable, and with appropriate products and services. The appetite for taking risk by developing special regulations for insurance cooperatives serving the poor continues to be low.

At the macro level, as the eminent economist, Dr Jayati Ghosh of Jawaharlal Nehru University, Delhi, reminded us at a national conference[1], initiatives such as VimoSEWA contribute towards macroeconomic stability. At the micro level, they show how basic services and entitlements can be designed to reach workers, and this knowledge has been shared frequently, and at district, state, national and global levels by all three cooperatives discussed here. VimoSEWA has served as an example for the national health insurance called Rashtriya Swasthya Bima Yojana (RSBY). LSM has contributed its experiences to the national discussions on universal health care, especially how to organise and support local people to plan for their own health and to run low-cost medicine outlets. Sangini crèche workers contributed their experience of running low-cost but essential and comprehensive day care for low-income families to the government's own efforts for child care in India. Sangini's experiences helped to push for all-day care and

[1] Dr Jayati Ghosh was a key-note speaker at VimoSEWA's National Microinsurance Conference in 2003, New Delhi. This is taken from her remarks.

for proper remuneration of the crèche workers. It also showed that malnutrition in young children can be addressed through such community-based, local efforts.

Such policy action at district, state, national and even international levels are sometimes taken at SEWA's behest, and other times we contribute to initiatives by government, international agencies and other unions and cooperative federations. For example, SEWA organised India's first ever national microinsurance conference in New Delhi, where policy makers heard about small insurance products for the first time. The same was true for a national conference on occupational health and safety of informal women workers, a policy dialogue between researchers who had developed tools and equipment, working with SEWA members and our health cooperative, the workers, employers, international agencies like the International Labour Organization (ILO) and the World Health Organization (WHO), and government authorities.

In recent years, a special policy platform created by the last government, called the National Advisory Council, incorporated many of SEWA's experiences in social security, and women workers' rights like those of street vendors and domestic workers, in recommendations to the government at that time. At the global level, SEWA's experiences with the solidarity approach to social protection and in organising women workers more generally, found voice in the landmark WHO report on the Social Determinants of Health. All of this was possible because SEWA representatives were invited to serve on these committees, and ensured that workers' voices were heard in all consultations and conferences.

In addition to pushing for change through policy action in favour of informal workers, another advantage of this solidarity model of social protection is that it creates employment with dignity for thousands of women. In SEWA's experience, women workers who were once exploited as home-based workers, or eked out a living as small farmers, feel empowered and strengthened by serving others and earning a decent living from it. If the government's social security and social protection programmes were implemented by local, worker-owned organisations like Sangini, LSM and VimoSEWA, then thousands of women would get meaningful work with dignity. Over the years, we have found that small organisations, either sub-district or district level, and sometimes even state level ones, are most effective, as they remain close to their members, geographically and in spirit. Further, such decentralised organisations offer opportunities for local people, especially women, to participate for their voices to be heard and for their leadership to bloom via democratically elected boards and executive committees. These local, decentralised organisations can then be federated into state, regional and national ones, and even build up movements. Once such example is the SEWA-promoted, all-women state-level federation of women's cooperatives. It has 106 cooperatives and this gives it the strength and bargaining power to negotiate for space within the male-dominated cooperative movement in India. It also ensures that local needs and priorities guide all action of the federation, and that members feel closely involved and own their own federation and processes.

The other finding over the last thirty years from all three of our social security cooperatives is that not only are essential services provided at workers' doorsteps, but the very act of doing so promotes trust in their own organisations, and hence further organising and solidarity, promoting a cycle of organising and solidarity that has a number of other spin-offs, including promoting the binding together of hitherto disparate groups of workers and their communities.

Needless to say, all of the above involve a number of challenges, some of which have already been mentioned. From the very registration of these organisations, which often are the first of their kind, there are struggles. Then apart from shareholders capital, there is a need for resources and for investing in these kinds of organisations. Usually investors and donors are not keen to take risks by placing their money in these organisations. Thus, obtaining working capitals and grants is a challenge.

Most importantly, developing such organisations takes time and long-term investment in capacity-building, at a time when donors and others expect quick returns. We have found that capacity-building and mentoring are essential and must be at the pace of those concerned, sometimes quite fast, and at other times, slow and steady.

There are also a number of regulatory barriers – laws and policies that do not support the growth and development of such organisations. The capital requirement for insurance is one such barrier that has already been mentioned.

Finally, organisations have to be careful to develop future cadres of leaders and managers. They must ensure that there is neither mission drift nor "take-over bids" by political organisations, vested interests and other forces that are not congruent with the interests and well-being of the shareholders and members. This is easier said than done, and there are numerous examples in India where organisations have strayed far from their original objectives. But there are still many that remain true to their mission and remain rooted.

These challenges notwithstanding, increasingly it is becoming clearer to us at SEWA that organising and the promotion of solidarity and the solidarity economy which is local and decentralised, and which promotes local, and especially women workers' leadership, is the way of the future. It is this approach which promotes appropriate and affordable action for basic security, and is sustainable, equitable and furthers social justice and solidarity in the long run.

References

Chatterjee, M. and J. Macwan. 1992. Taking Care of our Children – The experiences of SEWA Union. Ahmedabad : SEWA.

Gandhi, M. K. 1909. Indian Home Rule or Hind Swaraj. https ://docs.google .com/file/d/0B2GRozT38B1eYWU0OTc5N2UtNGQyZC00YTlmLWI4N 2UtZjQ2ZTg4MzY3NTM5/edit?hl=en&pli=1

Les initiatives solidaires de femmes et les pouvoirs publics : une dure confrontation

Madeleine Hersent

Dans de nombreux pays, presque dans tous les pays, des inégalités persistent et parfois prolifèrent et augmentent. On observe notamment une féminisation inquiétante de la pauvreté. Les femmes sont souvent les personnes les plus touchées par les dégradations socio-économiques et les effets du libéralisme. Beaucoup de femmes confrontées à des situations de pauvreté ou de précarité ont absolument besoin d'assurer un revenu pour leur survie et celle de leurs enfants. Mais leur accès à l'emploi et leurs conditions de travail sont souvent difficiles (faibles rémunérations pour des travaux fatigants, pénibilité, flexibilité, horaires inadaptés, etc.). Des groupes de femmes se mobilisent pour changer cet état de choses. Des associations de femmes développent des initiatives pour satisfaire des besoins fondamentaux de types variés : nourriture, logement, alphabétisation, éducation, besoins relationnels, services. Elles créent des activités leur permettant à la fois d'assurer un revenu et d'utiliser leurs différents savoirs et compétences souvent acquis dans des conditions d'existence difficiles où il faut mobiliser toute son énergie et ses forces pour survivre. Ces projets favorisent le renforcement des capacités des femmes et leur émancipation sociale et professionnelle. En France, ces initiatives voient souvent le jour dans des territoires où les besoins en service sont criants : zones rurales désertifiées, quartiers sensibles en périphérie des

Hersent, M. 2015. Les initiatives solidaires de femmes et les pouvoirs publics : une dure confrontation. in India. In *« Homo œconomicus, mulier solidaria. » Une économie solidaire peut-elle être féministe ?* (Dir.) C. Verschuur, I. Guérin et I. Hillenkamp. 257-270. Paris : L'Harmattan, collection Genre et développement. Rencontres.

grandes villes. Elles mobilisent souvent des femmes immigrées qui subissent une triple discrimination due à leur situation de femmes, d'immigrées et de personnes vivant dans des conditions socioéconomiques difficiles et qui voient dans ces projets une manière dynamique de se projeter dans l'avenir et de créer des modèles positifs d'intégration. La création d'activité, et en particulier l'entrepreneuriat collectif, représente une piste fructueuse pour répondre à des questions relevant de la recherche d'un meilleur vivre ensemble et à l'aspiration à une société plus égalitaire. Les collectifs de femmes créent souvent des activités à partir de savoir-faire maîtrisés, c'est pourquoi de nombreux projets émergent autour de la cuisine car créer une activité collective est complexe et les femmes souhaitent le faire dans un domaine qu'elles maîtrisent et autour de connaissances qu'elles peuvent partager. Dans les pays du Nord, la législation du travail a son importance et les activités ne peuvent pas se dérouler de manière informelle comme dans certains pays du Sud. C'est un véritable enjeu de concevoir une activité formelle avec des personnes correctement rémunérées. C'est pourquoi le rapport avec les politiques publiques est important et conditionne la réalisation de ces activités.

Économie solidaire et action publique

Les démarches collectives permettent d'initier des projets de création d'activité de services, en particulier dans le domaine de la restauration, de la confection (création, retouche, laverie...) mais aussi des services de garde d'enfants, de transports collectifs. Ces initiatives citoyennes se retrouvent dans la mouvance de l'économie solidaire (Hersent 2008).

Le rapport entre action publique et initiatives solidaires est essentiel dans les démarches hybrides de l'économie sociale et solidaire qui réinterrogent les frontières entre le marché et l'État. Jean-Louis Laville pose la question dans ces termes :

> Les changements dans l'action publique concourent-ils à une publicisation d'initiatives auparavant ignorées en réaction contre les phénomènes d'accroissement des inégalités et d'épuisement des ressources non renouvelables, autant que contre une vision performatrice de la régulation au seul marché ? Dans ce cas, les expériences d'économie solidaire seraient en mesure d'infléchir les modes d'action publique. (Laville 2011, 19).

Pour tenter de peser sur les décisions qui les concernent, différentes structures et initiatives se sont regroupées d'abord dans l'Inter réseau d'économie solidaire, puis, depuis 2000, dans le Mouvement d'économie solidaire (MES). Les objectifs du regroupement tels qu'ils sont définis en 1997 sont d'aider à la création et au développement d'initiatives citoyennes, de faire reconnaître d'autres modèles de développement politique et économique en mettant la personne humaine au centre des préoccupations, et de renforcer la capacité d'action des acteurs.

Ce projet se situe clairement dans une perspective politique, dans une démarche de lutte contre les inégalités et les discriminations. Les initiatives s'efforcent de «construire au quotidien une autre mondialisation» selon les termes employés dans la synthèse de la conférence sur l'économie solidaire au Forum social mondial de Porto Alegre en 2002. Ces initiatives sont portées par des acteurs atypiques relativement en marge des circuits traditionnels. Nous avons choisi le terme d'initiatives car il nous paraît révélateur des démarches mises en œuvre par les citoyen·nes. C'est ce qui fait leurs forces et leurs faiblesses. Force dans la vitalité, la créativité et l'énergie des initiatives, mais faiblesse dans leur surface sociale qui représente un véritable handicap dans un monde clivé entre les puissant·es, les notables et les autres. La reconnaissance est davantage liée au réseau d'appartenance et au système relationnel qu'aux actions et réalisations elles-mêmes. De plus, leurs contraintes économiques multiples fragilisent les acteur·trices dans les négociations. Pour beaucoup, la construction des initiatives est créatrice de leur propre emploi, ce qui est un point fort mais crée des obligations, une tension supplémentaire et parfois des concurrences sauvages pour la survie économique des personnes et des regroupements. Cette tension est renforcée actuellement par les politiques publiques qui mettent les structures en concurrence par un système d'appel d'offre correspondant aux logiques du marché et peu adapté aux structures hybrides. De plus, la politique actuelle tend à ne reconnaître que les grosses structures ou les regroupements importants en nombre ou pouvant présenter un poids économique certain. Or les initiatives solidaires sont dans une autre logique davantage axée sur la qualité de l'intervention et les démarches démocratiques et participatives. Elles souhaitent des regroupements respectueux de leur identité et de leur dynamique qui permettent un renforcement des actions et des organisations. Elles choisissent l'organisation en réseau car dans ce mode d'organisation, «la reconnaissance sociale passe moins par l'accession aux postes officiels que pas l'investissement effectif de ses membres dans des actions concrètes» (Fraisse 2002, 120). Leur logique entre en tension avec les logiques des pouvoirs publics qui les vivent comme trop éclatées et trop divisées et ne les intègrent guère dans les négociations. Cette situation ne favorise pas un dialogue constructif qui permettrait un diagnostic commun sur les besoins, les demandes et les solutions à inventer dans une co-construction de politiques publiques. Au contraire, on observe un raidissement et la persistance de malentendus dommageables pour les citoyen·nes. Les regroupements d'initiatives sont très souvent perçus par les pouvoirs publics, administrations et élus, comme des contre-pouvoirs qui suscitent la suspicion. Leur rôle de cohésion, de lien social et de transformation sociale et politique est insuffisamment visible. Leur apport potentiel à la construction de solutions politiques n'est pas reconnu. Ce souci de respect des dynamiques a des conséquences dans l'organisation collective. Les acteurs de la mouvance ont tendance à l'éparpillement et à la dispersion et ont des difficultés pour s'organiser collectivement pour se faire entendre. Leur difficulté à simplement exister, leur besoin de reconnaissance, génèrent une tentation de renfermement nuisible et une difficulté à se doter de porte-paroles politiques à qui on fait confiance sur quelques principes pour négocier. À ceci s'ajoutent des jeux d'acteurs qui augmentent la confusion. Les changements réguliers d'appartenance et de dénomination, la création de pseudo-collectifs, l'auto-proclamation, le syndrome du «cow-boy solitaire» ne facilitent pas la construction de collectifs forts aptes à se faire reconnaître et à peser sur les décisions.

De plus dans ce secteur comme ailleurs, les clivages sont forts entre les différentes catégories d'acteur·trices. Ceci est particulièrement dommageable dans un champ porteur d'une utopie créatrice qui gagnerait à être construite dans des démarches adaptées aux évolutions du mouvement social. Le secteur bénéficie d'un réseau de chercheur·es en économie sociale et solidaire, le Réseau interuniversitaire de l'économie sociale et solidaire, qui permet un apport important d'analyses pour une reconnaissance de pratiques encore mal identifiées. Mais ce réseau fonctionne entre universitaires depuis plusieurs années et laisse peu de place à la co-construction avec les acteur·trices, à quelques exceptions près qui sont très fructueuses. La collaboration de Laurent Gardin du Centre de recherche et d'information sur la démocratie et l'autonomie (CRIDA), avec le Comité national de liaison des régies de quartiers (CNLRQ), en 2009, a favorisé une sensibilisation du réseau et de ses partenaires et a abouti à une publication rigoureuse sur le fond et attractive sur la forme. La publication *Pour une autre économie de l'art et de la culture* (Colin et Gautier 2008) a favorisé également le partage de connaissances entre différents acteurs particulièrement de l'Union fédérale d'intervention des structures culturelles (UFISC) qui regroupe les acteurs culturels et des membres du Centre national d'appui et de ressources (CNAR) de la filière culture et des chercheur·es. Il a permis «de rendre visibles des initiatives et aussi de produire du débat: sur les modalités de travail, sur les équilibres économiques et la façon dont ceux ci sont confortés ou non par les politiques publiques» (Colin et Gautier 2008, 147). Des politiques se mettent en place à différents niveaux territoriaux: local, régional national, international. Les connexions avec les réseaux d'acteur·trices sont toujours complexes dans un champ où la co-construction des politiques publiques est une nécessité. Trop souvent les politiques se déclinent sous la forme de plan de l'économie sociale et solidaire, de rencontres spécifiques, de maison de l'économie sociale et solidaire, dans lesquels les acteur·trices ne se retrouvent guère. La récente loi de l'économie sociale et solidaire ne déroge pas à cette règle. Deux questions se posent à l'ensemble des acteur·trices: la définition des priorités d'action, la transmission et le partage des savoirs. Les différentes parties concernées partagent, au-delà des valeurs, des pratiques communes sur la manière de travailler au renforcement de la capacité d'action des personnes et des collectifs, et en accompagnement. Ils mettent en œuvre également des pratiques communes sur le partage des savoirs et sur le lien entre action et réflexion. Il s'agit aujourd'hui de mettre des mots collectivement construits sur des pratiques communes qui différencient l'économie solidaire d'autres collectifs. Des démarches prenant appui sur les croisements entre chercheur·es et acteur·trices tels qu'ils fonctionnent au Brésil ou au Québec sont productives. L'atelier « Théories et pratiques de l'économie sociale et solidaire au Nord et au Sud », qui s'est déroulé à Luxembourg lors des rencontres « Globaliser la solidarité » en avril 2009, a développé plusieurs propositions dans ce sens: institutionnaliser des dispositifs de recherche-action et de co-construction des savoirs entre chercheur·es-acteur·trices comme les incubateurs au Brésil ou les Alliances de recherche universités-communautés (ARUC) au Québec. L'atelier a également réfléchi à l'opportunité de réaliser une cartographie et une alliance internationale des dispositifs de recherche-action sur l'économie sociale et solidaire pour les promouvoir et les diffuser. Ce travail entre chercheur·es et acteur·trices est un préalable pour pouvoir co-construire des projets et des programmes avec les institutionnels et les politiques en s'appuyant sur des analyses fiables. Plusieurs conseils régionaux, en France, ont mis en place des programmes pour faciliter la rencontre et approfondir la réflexion entre différentes catégories d'acteur·trices mais cela demeure globalement marginal en regard des évolutions du milieu.

L'économie sociale et solidaire nous paraît devoir faire face à deux défis pour faire reconnaître sa conception économique et sa démarche d'auto-organisation dans une société très clivée et normative. La logique de contestation du marché portée par la revendication de l'hybridité des ressources de l'économie sociale et solidaire ne facilite pas non plus le soutien à des initiatives souvent vécues comme dérangeantes qui s'adaptent mal aux cadres préétablis. Malgré l'effet de mode de l'économie sociale et solidaire, beaucoup constatent que ces initiatives doivent servir à défricher le marché et ensuite faire la preuve qu'elles peuvent se passer de subvention pour intégrer le marché. Des discours consensuels saluent ses buts mais il n'en reste pas moins que l'idée de l'économie sociale et solidaire comme économie de la réparation est largement partagée. Quand des initiatives solidaires interviennent dans une dynamique d'autonomisation, dans les faits elles sont rarement soutenues et ont des difficultés à se mouler dans une législation peu adaptée. De fait elles sont poussées à s'inscrire dans les dispositifs de l'insertion par l'activité économique qui limitent à deux années le temps de réinsertion, même si elles souhaitent développer leur intervention dans la durée. La spécificité de la démarche et la nécessaire hybridité des ressources, essentielles pour la cohérence des projets, demeurent peu audibles et peu soutenues. Il est difficile d'intervenir dans l'entre-deux, de questionner la complexité dans l'époque actuelle. L'économie sociale et solidaire se trouve face à un problème de positionnement pour faire reconnaître ses spécificités. La construction d'alternatives axées sur une pédagogie de la réussite demeure difficile à revendiquer à l'ère du politiquement correct fondé principalement sur la contestation et la revendication. L'exploration de voies de traverse où les personnes construisent ici et maintenant un autre rapport à l'économie fait l'objet de nombreuses critiques et résistances. Les initiatives sont regardées et critiquées à l'aune des risques de dérive et de remise en cause des « acquis » (Vacquin 2008) et ne sont pas vues dans ce qu'elles représentent de potentialités et d'éléments contributifs à un autre modèle de société.

Le deuxième défi tient aux dynamiques liées aux profils des promoteur·trices de projet. Les initiatives de l'économie sociale et solidaire sont souvent portées par des acteur·trices atypiques, ce qui ne facilite pas leur reconnaissance. Un ouvrage récent leur donne la parole (Hersent et Palma Torres 2014). L'égalité des droits économiques et sociaux est encore largement à construire dans une société qui revendique la liberté surtout dans un sens libéral et sur le modèle des entreprises classiques. L'aspect collectif de nombreuses initiatives redouble ce déficit de reconnaissance dans une période où les réussites personnelles et individuelles sont encensées, ainsi que la figure mythique du gagneur. Quand il s'agit de femmes de milieu populaire et parfois d'origine immigrée, la discrimination négative s'emballe. Si les droits sont de plus en plus égaux, leur accès reste fondamentalement inégal et leurs effets le plus souvent sexués.

Les initiatives de femmes face à l'action publique

Les initiatives solidaires de collectifs de femmes dans les zones sensibles urbaines connaissent des tensions particulières avec les élus et les administrations qui rendent la création et le développement de ces initiatives problématiques. Ces démarches ont fait la preuve de leur intérêt pour la cohésion sociale et territoriale. Dans une recherche, Denyse Coté et Danielle Fournier on démontré « qu'une conception féministe de l'économie sociale, celle fondée sur la reconnaissance des "infrastructures sociales" ou de travail bénévole de construction du tissu social qui est souvent celui des femmes, permet de mieux atteindre des objectifs de créations d'emplois » (Côté et Fournier 2005, 42). Pourtant, les obstacles et résistances auxquelles les initiatives de femmes sont confrontées demeurent nombreux. Nous faisons l'hypothèse que le mode de création choisi entraîne par lui même des tensions, lesquelles se trouvent renforcées par le fait qu'il s'agit de femmes de milieu populaire et souvent d'origine immigrée. Le fait de vouloir créer une activité collective où les femmes partagent de manière égalitaire les responsabilités et les tâches en répondant à la fois aux besoins identifiés dans le quartier mais aussi aux capacités collectives des personnes génère de très fortes résistances. Défendre dans les faits un droit à l'initiative économique pour toutes et tous, c'est à dire se mettre en capacité de transgresser les rôles assignés par des démarches innovantes, génère de la violence institutionnelle. Le fait de vouloir mettre en cohérence le triptyque valeurs, pratiques, modes d'organisation, de dépasser les discours lénifiants par des actes et des réalisations concrètes, suscite de nombreux freins. Il nous semble que ces initiatives tentent de réaliser le croisement entre transformation sociale, capacité de mobilisation citoyenne et modèle économique spécifique. Ces initiatives s'appuient sur de la coopération, de la solidarité et de l'autonomie sans lesquelles elles ne pourraient pas fonctionner, mais ces modes d'intervention génèrent aussi des résistances singulières car ils vont à l'encontre du modèle dominant qui est largement relayé par les administrations intervenant sur l'économique et le social.

La principale difficulté provient d'un problème de reconnaissance et de légitimité de ces actions et des personnes qui les initient. Les démarches de création sont toujours longues et complexes dans un contexte peu propice à l'innovation et aux prises de risque. Les femmes qui se lancent dans ces aventures sont confrontées à de nombreuses difficultés: problème de reconnaissance et de légitimité face au milieu professionnel, de crédibilité face au milieu bancaire, de confiance en soi. Ces questions ont été largement étudiées (Hersent 1993) depuis une vingtaine d'années. Les premières interventions du Ministère du droit des femmes pour sensibiliser les femmes à la création d'entreprise s'adressaient au public féminin dans son ensemble. De fait, elles ont surtout concerné un public qui bénéficiait d'un capital social et d'un capital économique, public cadre ou cadre supérieur. Quand on est une femme demandeuse d'emploi, lorsqu'on cumule inégalité sociale et inégalité de sexe, la route est difficile. Nous pensons particulièrement aux faïencières de Longwy, dans l'est, qui avaient tenté de reprendre leur entreprise en coopérative, en créant de nouveaux modèles décoratifs mais qui, faute de soutien adapté et de reconnaissance de la spécificité de leur démarche collective, ont dû se résoudre à fermer l'entreprise (Hersent et Mahiou 1986) et à retourner au chômage. Mais actuellement les questions de classe sociale demeurent complexes à faire reconnaître et nous nous interrogeons sur la difficulté des pouvoirs publics à entendre des démarches singulières portées par les personnes elles-mêmes. Les pouvoirs publics ont tendance à penser la réalité à partir de la vision qu'ils en ont.

Ces initiatives souffrent d'un déficit de crédibilité ou d'une discrimination négative (Laville 2011). La légitimité du choix de la démarche d'émancipation, d'autonomisation et du mode d'organisation nécessaire pour la réaliser n'est pas reconnue. La place des femmes, leur implication dans le renouvellement des dynamiques collectives, et particulièrement dans le champ de l'économie solidaire, témoigne d'un dynamisme, d'une énergie et d'une recherche de solutions pragmatiques et politiques qui devraient être accompagnées. Ces initiatives se retrouvent à l'intersectionnalité de plusieurs problématiques (Williams Crenshaw 2005) ou de plusieurs mouvements sociaux (Fraser 2005) en articulant de manière dynamique les trois composantes de genre, d'origine et de différence sociale (Dorlin 2005). Alors qu'ils engagent l'avenir, qu'ils sont des lieux d'un meilleur vivre ensemble, ces projets doivent toujours convaincre car ils n'entrent ni dans les cadres ni dans les représentations dominantes. Ils dérangent, perturbent. Les montages sont fort complexes car ces projets, ancrés dans une économie de vie, sont transversaux et dépassent la séparation persistante entre l'économique et le social. Ils ont du mal à entrer dans les cases pré-établies et dans la catégorisation par public qui caractérise les politiques de l'emploi aujourd'hui. Ces projets articulent de manière dynamique des questions liées à la santé, à l'éducation, la culture et au politique dans le sens étymologique du terme. Comme le souligne Naila Kabeer « Les problèmes des femmes sont liés à leurs multiples rôles, d'ouvrières, de mères, de conjointes et de syndicalistes, ainsi qu'au stress dû à l'incompatibilité entre maternité et travail » (Kabeer 2011, 259). C'est ce qui rend ces projets complexes à mettre en œuvre dans une société très parcellisée. De plus, ces projets se heurtent souvent à la rigidification de personnels administratifs qui ne maîtrisent plus l'ensemble du système et s'accrochent d'autant plus à leurs prérogatives. Les initiatives de femmes sont condamnées à expérimenter en permanence même quand elles ont fait la preuve de leur utilité. Les projets des femmes s'inscrivent dans les territoires ciblés par les politiques de la ville, ce qui devrait simplifier les procédures, mais de fait les complexifie. L'apparition de promoteurs, de développeurs, de plus en plus spécialisés, a creusé un écart croissant entre décideur·euses et habitant·es. Les discours sur la participation se font, dans le même temps, de plus en plus incantatoires. Se spécialisant de plus en plus, prise dans des situations de grande complexité multipartenariale, cette politique s'adresse à un public averti qui partage les codes et les règles du jeu. On constate aussi une tendance au déclaratif avec un décalage entre le discours et le réel. L'important n'est pas d'agir mais de dire qu'on va agir, de justifier de nombreuses interventions d'experts, consultants, chercheurs. La parole des femmes est souvent confisquée par des travailleurs sociaux, des éducateurs, qui maîtrisent mieux les règles et le langage institutionnel et s'expriment à la place des femmes.

Les enjeux des initiatives de femmes

L'enjeu économique est particulièrement complexe à mettre en œuvre car les femmes sont traditionnellement cantonnées dans le secteur social. De plus, les politiques d'immigration en direction des mères de famille se sont concentrées sur l'alphabétisation ou la médiation entre cultures d'origine et administration, mais ne sont pas centrées sur l'émancipation sociale et professionnelle des femmes de ces quartiers. Ainsi, les actions en direction des femmes n'ont guère favorisé la création d'emploi, la formation professionnelle, mais ont davantage porté sur l'économie domestique ou sur l'insertion sociale.

La spécificité des démarches de femmes qui veulent articuler création d'emplois et cohésion sociale est peu audible. Actuellement, on assiste à une confusion entre création d'entreprise et montage d'initiatives économiques solidaires. Le modèle de création est issu de l'entreprise classique. On veut faire des chef·fes d'entreprise qu'on coache, à qui on apprend à faire des *businessplan* et qu'on forme à tous les outils de l'entreprise classique qui demeure le modèle de référence. Alors que les femmes revendiquent une manière singulière de faire de l'économie par l'entrepreneuriat collectif et par des porosités entre les différentes sphères privées et publiques, elles sont souvent rabattues sur les formes traditionnelles de l'entreprise avec sa hiérarchie. Le mythe du créateur ou de la créatrice d'entreprise libérale sévit. Ceci est renforcé par le fait que ces actions sont initiées par un public atypique subissant une triple discrimination, qui veut s'autonomiser et maîtriser ses formes propres d'indépendance. Freins et obstacles ne manquent pas pour celles qui sont l'objet des trois discriminations majeures de notre société, sociale, ethnico-culturelle, sexuelle. Nathalie Frigul souligne le cumul de difficultés rencontrées par les femmes étrangères : « Les femmes étrangères sont davantage exposées aux inégalités sociales pour différentes raisons liées au statut social et professionnel, aux problèmes de la langue, aux méconnaissances des procédures administratives, à l'absence de protection syndicale, mais aussi à la peur de perdre un emploi, dans un contexte où c'est l'emploi qui donne la légitimité de la présence en France » (Frigul 1999, 33). Ces femmes sont discriminées du fait de leur origine, ou de leur situation socio-économique, ou encore parce qu'elles vivent dans un quartier de relégation, quelles que soient leurs compétences et leurs qualifications. Pourtant ces initiatives jouent un rôle important pour les quartiers. Les associations interculturelles de femmes s'inscrivent dans une volonté d'instaurer un meilleur vivre ensemble par une connaissance et un respect mutuels, des actions communes. Ces associations se créent en rupture avec les associations communautaires en majorité masculine qui existent dans ces quartiers. Elles tentent de faire un pont entre culture d'origine et culture du pays d'accueil et de lutter contre la montée des intégrismes et la dégradation de la vie sociale.

Quand les femmes veulent se prendre en charge en initiant des activités économiques, les rumeurs et les fantasmes circulent. On a parfois l'impression qu'elles se lancent dans un chemin interdit en transgressant le rôle traditionnel de mère et d'épouse dans lequel on veut les cantonner. Nous avons d'ailleurs régulièrement entendu dire que le travail des femmes dans les quartiers renforçait la démission des pères et favorisait à terme la délinquance. Ces initiatives de femmes subissent la «culture de la suspicion» que revendiquent certains hauts fonctionnaires et qui peut se manifester par un contrôle comptable musclé, aller jusqu'à des contrôles plus routiniers des Renseignements généraux voulant savoir où elles achètent leur garde-robe, en passant par le contrôle de l'administration fiscale contestant les engagements associatifs d'une responsable d'activité. Les audits des différents ministères, les contrôles d'hygiène et de sécurité, les contrôles des inspecteurs du travail que connaissent régulièrement ces initiatives, laissent toujours perplexes quand on voit les conditions dans lesquelles fonctionnent de nombreux restaurants commerciaux. Les femmes se retrouvent face à une culture de la parole, de la déclaration, culture masculine, culture de la suspicion. Parfois, d'étranges alliances se tissent entre les représentants de certaines administrations et ceux des associations communautaires pour que les actions des femmes ne soient pas soutenues, voire même freinées. Si la montée des intégrismes, le retour aux valeurs traditionnelles patriarcales ne sont pas corrigés, compensés par une volonté publique d'égalité républicaine, comment s'étonner du désespoir que cela engendre, de la dégradation de la vie de ces cités, de situations extrêmes, des réactions de racisme et machisme, de la montée du Front national ?

Ensuite se pose la question de la responsabilisation. Qui est légitime pour prendre en compte l'intérêt général en répondant à des besoins non couverts identifiés par la société civile ? La capacité d'un collectif associatif à intervenir sur des questions d'intérêt collectif qui seraient de la compétence des élus du peuple est contestée. Les associations sont vite perçues comme un contre-pouvoir par les élus qui cherchent à les instrumentaliser. Se faire reconnaître comme interlocuteur ou partenaire pour l'avenir d'un territoire est complexe.

Une autre difficulté à laquelle sont confrontées les initiatives d'économie solidaire est celle du mode d'organisation choisi. Les instigatrices de ces initiatives s'inscrivent dans des projets collectifs qui leur permettent de compenser les faiblesses et les fragilités individuelles (Hersent 2003). La construction collective est essentielle, ainsi que le partage des tâches et des responsabilités. Cette démarche permet aux femmes de vaincre les obstacles, de réunir les conditions de réussite – avoir la maîtrise du projet, savoir ce qu'on veut et le mener à terme de la manière souhaitée. Elles ne veulent pas d'un dirigeant, mais souhaitent maîtriser le processus de construction ensemble, diriger collectivement l'entreprise et organiser le travail de manière partagée.

L'auto-organisation avec partage des tâches et polyvalence qui prévaut dans de nombreuses activités de collectifs de femmes se heurte aux visions classiques hiérarchiques du modèle dominant. La maîtrise de leur outil de travail, le partage des tâches et des responsabilités, le choix des horaires et des modes d'organisation sont des aspects essentiels dans la construction des projets. Cette démarche provoque des tensions et des incompréhensions et surtout des interrogations sur les capacités de ce public à gérer une activité. Être exécutant, rester à sa place sociale en quelque sorte ne pose aucun souci, mais créer et gérer collectivement une activité suscite de nombreuses réserves ou critiques. Nombreux sont les exemples où l'on propose à un collectif de femmes de se doter d'un gérant pour former une vraie entreprise.

Les rapports au pouvoir public sont complexes mais intéressants à observer dans ce qu'ils révèlent en creux de l'exercice de la démocratie. Les associations fonctionnent comme un révélateur des dysfonctionnements. Elles dévoilent des insuffisances comme les inégalités, la non application des droits, le cumul de facteurs discriminants. Le jeu de la reconnaissance institutionnelle est toujours ambigu et peut faire l'objet d'une double lecture. Par exemple les initiatives sont surmédiatisées rentrant de plain-pied dans la société du spectacle chère à Debord (Debord 1967) et dans le même temps ne sont pas soutenues localement. Le restaurant « Le petit Prince » de La Seyne-sur-Mer en offre une illustration intéressante ; alors même qu'il est visité par le Président de la République et un aréopage de personnalités, il ne réussit pas dans le même temps à mobiliser les dispositifs nécessaires à son développement.

Les perspectives

Pour renforcer les initiatives, il a paru important de se doter d'une méthodologie de travail permettant d'analyser les potentialités de ces initiatives mais aussi de comprendre à quels freins et obstacles elles étaient confrontées. Ces analyses s'appuient sur un travail de capitalisation des expériences et de mutualisation des méthodologies d'intervention des initiatives de femmes des quartiers populaires. Celui-ci a été mené dans le cadre d'un programme européen impliquant le Portugal et l'Italie, dans lequel des initiatrices de projets de ces différents pays ont élaboré ensemble les questions de recherche lors de rencontres européennes. Des séminaires de travail menés dans le cadre d'une mission d'assistance technique ont permis de compléter ces études. Ces analyses s'appuient aussi plus largement sur les travaux du chantier femme et économie de la Fondation du progrès de l'homme qui ont réuni pendant plusieurs années des initiatives des différents continents et des chercheurs. Une publication internationale sur femme économie et développement est parue qui fait le point sur ces initiatives (Guérin, Hersent et

Fraisse 2011). De tout ce travail émerge la question du renforcement des capacités d'action des personnes et de l'accompagnement nécessaire pour y parvenir. Il s'agit d'outiller les femmes pour qu'elles puissent gérer une activité d'économie solidaire mais aussi faire les apprentissages institutionnels et politiques nécessaires. Pour un public qui ne dispose pas du capital social, du réseau social requis, un accompagnement formatif de longue durée est nécessaire pour acquérir et maîtriser des savoirs institutionnels, organisationnels et techniques utiles pour gérer collectivement une activité. Il s'agit d'outiller techniquement, administrativement et politiquement des collectifs qui ont l'énergie, la volonté et des connaissances et des savoirs appropriés pour qu'ils puissent mener à bien leur activité. Avec le temps et l'expérience, des méthodes d'intervention adaptées à un projet singulier et à un public spécifique sont apparues et se sont structurées. La mutualisation des savoirs et le partage des compétences sont deux des principaux outils de renforcement des compétences et des capacités d'action des collectifs. C'est une étape essentielle pour passer du rêve à la réalité, comprendre les contraintes économiques du marché et élaborer une stratégie commerciale cohérente pour produire en fonction du marché et des compétences de l'équipe. Une dynamique participative et collective permet d'outiller stratégiquement les collectifs. Ce travail singulier d'accompagnement favorise les capabilités (Sen 2003) des personnes accompagnés. L'ADEL (Agence pour le développement de l'économie locale) qui accompagne des collectifs vers la création d'activités économiques solidaires met en place actuellement un projet d'incubateur sur le modèle des incubateurs brésiliens pour répondre aux demandes de suivi des porteurs de projet.

Il est nécessaire d'entrer dans un rapport de force pour se faire entendre. Il se construit grâce à la mise en réseau des initiatives à différents niveaux territoriaux. Beaucoup d'entre elles se sont regroupées dans un réseau, Réactives, pour faciliter la création et le développement d'initiatives citoyennes par la capitalisation des expériences, la mutualisation des méthodes et pour intervenir dans les politiques publiques. Elles ont mis en place « un mouvement national non revendicatif, ni agressif, mais propositionnel : on peut aussi échanger sur Internet des messages, des recettes, des conseils, des expériences… ». De plus, les réseaux d'acteurs sont toujours confrontés à des questions de reconnaissance et de légitimité de la part des pouvoirs publics. D'un côté, le discours dominant porte sur la nécessité de regroupement, et de l'autre, les initiatives manquent toujours de reconnaissance quand elles sont constituées par les acteur·trices eux·elles-mêmes. Les initiatives de femmes se sont regroupées au niveau national et ont ensuite adhéré au mouvement de l'économie solidaire. Ces différentes initiatives se fédèrent maintenant à l'échelon international. C'est lors de rencontres internationales des initiatives comme lors des rencontres du RIPESS (Réseau intercontinental de promotion de l'économie sociale et solidaire) à

Luxembourg, dont le mot d'ordre est «résister et construire», que les initiatives de femmes essaient de s'organiser pour faire reconnaître leur spécificité. Mais là aussi le combat est rude pour se faire entendre. Le milieu de l'ESS (économie sociale et solidaire) n'est pas très favorable à l'égalité entre les femmes et les hommes; un collectif femmes ESS a été créé, qui a réussi à introduire la parité dans la loi de l'ESS. Ces rencontres internationales sont des occasions pour renforcer les capacités des personnes, approfondir les pratiques et les concepts et créer une dynamique collective adaptée aux enjeux. Les alliances sont essentielles pour développer les activités d'économie sociale et solidaire. Une alliance avec les milieux féministes (réseau de chercheurs et mouvement social) permettrait certainement une meilleure prise en compte d'initiatives. Ce sont ces dynamiques conjointes – la capitalisation, l'accompagnement singulier de créations d'activités solidaires, la mise en réseau des initiatives et des alliances singulières – qui peuvent permettre un développement de ces activités nécessaires pour un meilleur vivre ensemble et un autre modèle de société.

Références bibliographiques

Comité national de liaison des régies de quartier (CNLRQ). 2009. L'économie solidaire en pratiques dans les régies de quartier et de territoire. Paris: Éditions du CNLRQ.

Colin, B. et A. Gautier. 2008. *Pour une autre économie de l'art et de la culture*. Toulouse: Éditions érès.

Compte rendu des ateliers LUX'09, RIPESS INEES, 22-25 avril 2009.

Côté, F. et D. Fournier. 2005. Développement économique communautaire: le «modèle québécois» est il sensible au genre? *Making Waves* (Vancouver).

Debord, G. 1967. *La société du spectacle*. Paris: Gallimard.

Dorlin, E. 2005. De l'usage épistémologique et politique des catégories de «sexe» et de «race» dans les études sur le genre. *Cahiers du Genre*. N° 39: 83-105.

Économie solidaire et démocratie. *HERMES Cognition, communication, politique*. N° 36. Éditions du CNRS 2003.

Fraisse, L. 2002. S'organiser en réseau: une mutation de l'espace public associatif. In *Conduire le changement dans les associations d'action-sociale et médico-sociale*. (Coord.) J. Haeringer et F. Traversaz. Paris: Dunod.

Fraser, N. 2005. Multiculturalisme, anti-essentialisme et démocratie radicale: genèse de l'impasse actuelle de la théorie féministe. *Cahiers du Genre*. N° 39: 27-50.

Frigul, N. 1999. Femmes étrangères doublement discriminées. *Plein Droit*. N° 41-42. Accessible en ligne sur http://www.gisti.org/spip.php?article3664

Guérin, I. M. Hersent et L. Fraisse. 2011. *Femmes, économie et développement*. Toulouse : Éditions érès.
Hersent, M. 1993. *Les femmes entrepreneurs*. Document audiovisuel réalisé pour l'OCDE pour le colloque « Les raisons d'entreprendre et de penser à la société de demain ». Paris : Agence pour le développement de l'économie locale (ADEL).
—. 2003. Coopération et autonomie des femmes de banlieue. *Multitudes*. N°13 : 109-11.
—. 2008. *Initiatives de femmes en migration dans l'économie sociale et solidaire*. Contribution pour les rencontres du RIUESS de Barcelone
Hersent, M. et I. Mahiou. 1986. Femmes dans l'économie sociale. Emploi et participation dans les sociétés coopératives ouvrières de production. Étude réalisée pour le Ministère des droits des femmes.
Hersent, M. et A. Palma Torres (Dir.). 2014. *L'économie solidaire en pratiques*. Toulouse : Éditions érès.
Kabeer, N. 2009. Travail informel et genre : nouvelles formes du syndicalisme et de défense des droits. In *Femmes, économie et développement*. I. Guérin, M. Hersent et L. Fraisse. Toulouse : Éditions érès.
Laville, J.-L. 2005. *Action publique et économie solidaire, une perspective internationale*. Toulouse : Éditions érès.
—. (Coord.). 2011. *L'économie solidaire*. Paris : CNRS Éditions. Collection Les essentiels d'Hermès.
Sen, A. 2003. *Un nouveau modèle économique. Développement, justice, liberté*. Paris : Odile Jacob.
Vacquin, H. 2008. *Les acquis sociaux*. Paris : Éditions du Seuil.
Williams Crenshaw, K. 2005. Cartographies des marges : intersectionnalité, politique de l'identité et violences contre les femmes de couleur. *Cahiers du Genre*. N°39 : 51-82.

Économie solidaire et études féministes. Quelles perspectives ?

Economía solidaria, agroecología y feminismo : prácticas para la autonomía en la organización del trabajo y de la vida[1]

Miriam Nobre

Introducción

La economía solidaria se propone atender las necesidades materiales y emocionales de las personas con base en la autogestión y la reciprocidad. Esta economía entra en contraposición a la economía capitalista, cuyo centro es su propia reproducción basada en la ganancia, la propiedad privada y la alienación del trabajo. La economía capitalista no es, por lo tanto, la única manera de organizar el trabajo, la distribución y el consumo, pero es hegemónica en nuestra sociedad. De este modo, la economía solidaria es vista como una forma de resistencia a la economía capitalista.

La economía solidaria se basa en los principios de reciprocidad y redistribución que organizan, en particular, a comunidades tradicionales (indígenas, afrodescendientes y campesinas) y que también aportan una visión no antropocéntrica de la relación con la naturaleza. Muchas mujeres que viven en

1 Agradezco a Alessandra Ceregatti por sus comentarios al texto y a Alicia Alonso por la revisión del castellano.

Nobre, M. 2015. Economía solidaria, agroecología y feminismo : prácticas para la autonomía en la organización del trabajo y de la vida. In *« Homo œconomicus, mulier solidaria. » Une économie solidaire peut-elle être féministe ?* (Dir.) C. Verschuur, I. Guérin et I. Hillenkamp. 273-294. Paris : L'Harmattan, collection Genre et développement. Rencontres.

estas comunidades nos invitan a avanzar al cuestionar el manejo del territorio y del trabajo fundamentado en jerarquías. Las prácticas de economía solidaria se expanden y organizan la vida en el mundo urbano en momentos de crisis y ruptura de la economía capitalista cuando el mercado y el Estado no dan respuesta a las necesidades cotidianas de buena parte de la población. Experiencias como los comedores populares, bancos del tiempo, okupas y autogestión en fábricas recuperadas acontecen en países del sur y del norte, e involucran a un gran número de mujeres.

Un gran número de experimentos en economía solidaria está animado por mujeres o dirigidos a ellas. Las mujeres evalúan su participación no solo desde el punto de vista de la compensación económica, ellas valoran el aprendizaje, la convivencia, la posibilidad de abordar temas como la violencia doméstica y la salud reproductiva. En general, las mujeres participantes se sienten más fuertes, con mejor autoestima y valoradas por su conocimiento y capacidad de innovación. Combinando el análisis y la práctica de la economía solidaria con la economía feminista, se abre la posibilidad de superar la fragmentación entre producción y reproducción, entre política y economía.

Las prácticas alternativas de organización de la economía pueden fortalecerse por la acción del Estado, en particular cuando este entra en tensión por la acción del movimiento social organizado. Las políticas públicas pueden contribuir en la continuidad de las experiencias, lo que aporta a una acumulación de fuerzas en la afirmación de una economía contrahegemónica. Pero también, al operar con tiempos y lógicas propias, el Estado, contradictoriamente, suele debilitar la radicalidad de las alternativas. La fuerza del movimiento social es el factor preponderante para que el primer argumento se sobreponga al segundo.

En Brasil, desde 2003, las políticas de Estado se han organizado en torno a la Secretaria Nacional de Economía Solidaria (SENAES), pero no se restringen a ella. Considerando que gran parte de los grupos productivos, asociaciones y cooperativas funcionan en el ámbito rural, es necesario considerar también las acciones desarrolladas por el Ministerio del Desarrollo Agrario (MDA)[2]. La dimensión de la economía solidaria ha sido progresivamente adoptada por el MDA, responsable de la organización de la "Conferencia de Desarrollo Sostenible", que pasa a incorporar "solidario" en su segunda edición. Esta es una opción política de contraposición a las políticas de integración que subordinan la agricultura familiar al agronegocio.

---

2 También son desarrolladas acciones por el Ministerio del Desarrollo Social, la Secretaría de Políticas para las Mujeres, la Secretaría de Políticas de Promoción de Igualdad Racial, entre otras. En general, las acciones son coordinadas entre instituciones pero son diferentes los protagonismos y los aportes presupuestarios de cada institución.

Para las y los agricultores familiares y pueblos tradicionales de Brasil, la dimensión de la respuesta colectiva a necesidades económicas que recobren la economía solidaria, dialoga con la agroecología, o sea, con la adopción de prácticas y tecnologías de convivencia con la naturaleza, y con el desarrollo de autonomía frente a las empresas productoras de insumos. Mientras la reciprocidad orienta tanto a la economía solidaria como a la agroecología, esta última aprende de la economía solidaria la autogestión. Y la economía solidaria aprende de la agroecología la relación intrínseca entre tecnologías y alternativas económicas. Para las mujeres, la conjunción de ambas es aún más significativa. El trabajo asociativo las fortalece frente a las resistencias que encuentran en la unidad doméstica para la transición agroecológica. Las tecnologías que se producen en la construcción colectiva del conocimiento son más favorables a reconocer los conocimientos de las mujeres y a superar los sesgos de género en la calificación[3]. Este diálogo, que se expresa en políticas de Estado, tiene como base la relación entre los movimientos sociales; por ejemplo, el Fórum Brasileño de Economía Solidaria y la Articulación Nacional de Agroecología han logrado una normativa de sanidad específica para la producción doméstica y asociativa después de una lucha protagonizada por las mujeres.

Las mujeres, en su construcción de autonomía, suman el feminismo a la perspectiva de la economía solidaria y de la agroecología. Este proceso colectivo tiene incidencia en el diseño y ejecución de las políticas públicas, sobre todo en el ámbito federal. La estrategia utilizada para la consecución de estas políticas tiene como centro la existencia y fortalecimiento de un sujeto político: las mujeres rurales organizadas en movimientos autónomos de mujeres y en movimientos mixtos, en articulación con mujeres técnicas integrantes del movimiento agroecológico y con gestoras públicas. Mujeres rurales y técnicas han desarrollado conjuntamente acciones para la autoorganización de las mujeres, y han trabajado en la construcción de un análisis feminista que incluya las demandas y herramientas necesarias para la sostenibilidad de la vida humana y de la naturaleza en los territorios; además, han calificado el contenido y el significado de lo que es agroecología y construcción de conocimiento. Esto ha sido posible gracias a las acciones de visibilidad y movilización de muchas mujeres. En el proceso de comprometerse con la implementación y evaluación de estas políticas, las mujeres de los movimientos afrontan nuevos desafíos y hacen nuevas síntesis.

Este texto describe como esta estrategia se desarrolla en un proceso dialéctico a través del diseño de las políticas públicas para el fortalecimiento de las iniciativas de las mujeres rurales en la producción en Brasil, quienes, a su vez, tienen como base las experiencias de prácticas alternativas de los movimientos. Si se toma como ejemplo el programa de Asistencia Técnica y

3 Para un debate más profundo sobre género y calificación ver Kergoat (2012).

Extensión Rural (ATER), por las aportaciones que puede hacer a nuevas formas de articulación entre lo técnico y lo político, resulta esencial al carácter contrahegemónico de las prácticas de la economía solidaria. Dicho programa, tiene como referencia la trayectoria de la SOF – Sempreviva Organización Feminista – en el tema. La SOF, organización que integro, es una ONG que actúa en la formación feminista desde los años 1980 y que desde 1996 adelanta un acompañamiento sistemático a organizaciones de trabajadoras rurales.

El presente artículo comienza con un resumen sobre la trayectoria de los movimientos de mujeres rurales en Brasil para mostrar su amplitud y tránsito entre demandas de reconocimiento y redistribución. Continúo con un relato del debate entre estos movimientos, personal técnico de ONGs agroecológicas y sectores feministas en referencia a la articulación entre género y agricultura familiar – conceptos sobretodo descriptivos para el feminismo y la agroecología –, lo que hace explicito un proyecto por la autonomía. Sigo con una descripción de las políticas del gobierno federal, más específicamente aquellas desarrolladas por la Dirección de Políticas para las Mujeres Rurales (DPMR/MDA) y los avances de las acciones de fortalecimiento de las agricultoras en ATER. Después, volveré a las síntesis elaboradas por los movimientos tras la ejecución de las políticas de ATER, para finalmente, concluir señalando las aportaciones de este proceso para la economía solidaria y feminista.

La trayectoria de los movimientos de mujeres rurales en Brasil

Las mujeres rurales en Brasil son diversas: agricultoras familiares (incluso algunas se identifican como campesinas para expresar su opción política) (Paulilo y Silva 2007, 400), *quilombolas*[4], indígenas, pescadoras, *quebradeiras de coco babaçu*[5], recolectoras, agricultoras urbanas, entre otras. Ellas se organizan en el ámbito local y son parte de movimientos y articulaciones nacionales autónomas de mujeres o mixtas (donde participan mujeres y hombres). Tuvieron un momento inicial, en los años 1980, centrado en el reconocimiento de su profesión como agricultoras y productoras rurales, y en su participación en los diferentes movimientos.[6] Han desarrollado una trayecto-

4 Comunidades rurales de afrodescendientes que han huído o se han liberado de la esclavitud. Se estima la existencia de más de dos mil comunidades *quilombolas* en 24 estados de Brasil.

5 Mujeres que recolectan el fruto de la palmera *Babaçu*, lo abren y utilizan sobre todo las semillas y el mesocarpio. Se estima que son trescientas mil las trabajadoras que viven en los estados de Maranhão, Piauí, Tocantins e Pará.

6 Para un relato detallado ver Deere (2004).

ria en la que se combinan preocupaciones derivadas de su posición de género (educación, salud, violencia hacia las mujeres) que luego se desdoblan en la producción (acceso a la tierra, crédito, asistencia técnica), hasta mirar lo que se considera producción (con el reconocimiento de su trabajo en los patios) y la forma en que se produce (con la afirmación de la agroecología).

Los primeros años del movimiento estuvieron marcados por la entrada de las mujeres en el movimiento sindical[7] y también por su organización de forma autónoma en los MMTR (Movimiento de Mujeres Trabajadoras Rurales), tanto en el nordeste como en el sur del país. En 1986 estos movimientos se reunieron nacionalmente y construyeron una agenda de luchas relacionadas con su reconocimiento como agricultoras, dándole prioridad a los derechos de seguridad social en cuanto al paro, la maternidad y la jubilación. Estos derechos de las agricultoras fueron contemplados en la Constitución de 1988 e implementados en legislaciones complementarias posteriores, gracias a intensas movilizaciones de recogida de firmas y caravanas a Brasilia. Hasta la actualidad los sindicatos y movimientos de mujeres acompañan a las agricultoras para superar las dificultades con que se encuentran para que estos derechos sean reconocidos.

Una de las primeras dificultades para este reconocimiento es la falta de documentación. A mediados de los 1990, el movimiento de trabajadoras rurales desarrolló campañas para que las mujeres rurales accedieran a la documentación civil y profesional. Más tarde, en 2004, estas acciones se convirtieron en una política pública, el Programa Nacional de Documentación de la Trabajadora Rural que ha atendido 1 220 000 mujeres entre 2004 y 2013 (Butto y Hora 2014, 30).

Las mujeres del MST (Movimento dos Trabalhadores e Trabalhadoras Rurais Sem Terra) son parte de este proceso y progresivamente desarrollan mecanismos para asegurar la participación de las mujeres, en particular desde su integración con articulaciones internacionales que se han formado en este periodo, como la CLOC en América Latina y Caribe y la Vía Campesina en el ámbito internacional. Desde el año 2000 se organizan acciones masivas de las mujeres y son ellas las que plantean el enfrentamiento directo al agronegocio. Un ejemplo es la acción de las mujeres de la Via Campesina del 8 de marzo de 2006 en la que destruyeron plántulas de eucalipto de la empresa Aracruz Celulosa ; una empresa reconocida por ocupar tierras de indígenas y *quilombolas* en el departamento de Espírito Santo y transformar gran parte de su territorio en un desierto verde.

Desde la instalación de los primeros asentamientos de Reforma Agraria en los años 1990, uno de los retos ha sido involucrar a las mujeres en su

[7] Esto ha impactado en la lucha por el derecho a sindicalizarse, pues hasta mediados de los 80 muchos sindicatos aceptaban como miembros apenas una persona por familia, en general el hombre considerado como jefe de la misma.

gestión económica. En los años más recientes, creció en el movimiento la necesidad de visibilizar el trabajo realizado por las mujeres y sus conocimientos en la preservación y selección de semillas y en prácticas agroecológicas. A esto se suma el principio de que los asentamientos pueden ser espacios donde desarrollar otras formas de sociabilidad. Este proceso se plasma en el planteamiento de una Reforma Agraria Popular[8] que incluya entre sus objetivos el de "asegurar condiciones de participación igualitaria para las mujeres que viven en el campo, en especial el acceso a la tierra, producción, gestión de todas las actividades, en la búsqueda de la superación de la opresión histórica impuesta a las mujeres, en particular en el campo".

Las trabajadoras rurales también se organizan en movimientos autónomos de mujeres, como el Movimiento de Mujeres Campesinas (MMC), que organiza su primer Congreso en 2004. El MMC es parte de la Via Campesina y desarrolla campañas en contra de la violencia hacia las mujeres y por la alimentación saludable como parte de un proyecto de agricultura campesina.

Otras articulaciones de carácter regional como el MMTR-NE siguen en el nordeste y se expresan politícamente en la articulación con el movimiento sindical y el feminista. El MIQCB (Movimiento Inter estadual de Quebradeiras de coco babaçu) es bastante expresivo y tiene experiencias exitosas con legislaciones municipales que permiten el libre acceso de las recolectoras del coco en propiedades privadas, la ley del *babaçu* libre. O sea, ellas han sido las primeras en lograr el reconocimiento formal del *commons* como lo plantean otros pueblos originarios de Brasil. También desarrollan experiencias colectivas de comercialización y procesamiento conjunto del aceite para empresas como *The Body Shop,* y de harina del mesocarpio para alimentación escolar.

En el movimiento sindical, la Comisión Nacional de la Mujer Trabajadora Rural organizó la primera plenaria de mujeres en 1997 con el objetivo de hacer efectivos los derechos de Seguridad Social de las agricultoras y con respecto a la cuota de presencia de las mujeres de un 30 % en las direcciones sindicales.

La mayor presencia de las mujeres en las estructuras sindicales determinó su mayor aparición en la arena pública presentando una agenda propia mediante la organización de manifestaciones masivas de mujeres en Brasilia: la "Marcha das Margaridas".[9] Se realizaron ediciones de la Marcha das Margaridas en los años 2000, 2003, 2007 y 2011 con un número creciente de organizaciones coorganizadoras y de participantes. La marcha llegó a setenta mil mujeres en su última edición. La Marcha das Margaridas presenta sus reivindicaciones al gobierno federal y sigue monitoreando la con-

---

8 Véase http://www.mst.org.br/node/7708

9 Véase http://www.contag.org.br/index.php?modulo=portal&acao=interna&codpag=256&nw=1

secución de estas. Buena parte de las políticas de fortalecimiento de las mujeres rurales dialogan con dicha agenda, lo cual incluye demandas como la creación de unidades móviles (autobuses y barcos) para prestar servicio a las mujeres víctimas de violencia del campo y de los bosques, y las mejorías en el crédito rural. La movilización masiva de las mujeres con una demanda fuerte por la agroecología ha contribuido en la creación del PLANAPO (Plan Nacional de Agroecología y Producción Orgánica). El punto de partida para la constitución de los grupos de trabajo que han elaborado este Plan ha sido la respuesta de la presidente Dilma Roussef a las reivindicaciones de las agricultoras en el cierre de la Marcha das Margaridas de 2011.

Todos estos movimientos autónomos de mujeres y colectivos de mujeres de movimientos mixtos, junto con ONGs feministas y agroecológicas integran el Grupo de Trabajo de Mujeres de la Articulación Nacional de Agroecología (GT de Mujeres de la ANA), y todos tienen influencia en la creación y desarrollo de políticas públicas para el fortalecimiento de las mujeres agricultoras.

La trayectoria de las mujeres en la Articulación Nacional de Agroecología[10]

Es difícil marcar un punto de inicio en un proceso donde confluyen distintos sujetos políticos. Para enmarcarlo desde la SOF, tomo como punto de partida el proceso de debate y formación desarrollado entre 1996 y 1998 en torno al género y la agricultura familiar (Menasche *et al.* 1998).

En aquel momento la categoría agricultura familiar aparecía organizando demandas de políticas públicas para trabajadoras y trabajadores del campo, como el Programa Nacional de Apoyo a la Agricultura Familiar (PRONAF). Esta categoría, que fue formalizada mediante una ley en 2006, permitió que se visibilizara la contribución económica (y más adelante, ambiental) de quiénes antes eran considerados "pequeños" productores. Posteriormente, esta categoría fue criticada por mezclar distintas identidades (productores comunitarios, pobladores ribereños, quilombolas, entre otras) en una sola identidad y forma de organización del trabajo en común más bien característica del sur del país.

Durante el mismo período se diseminaba la categoría de género en el análisis de las relaciones sociales entre mujeres y hombres en la construcción social de identidades femeninas y masculinas, separadas y jerarquizadas. El término género fue adoptado por organizaciones mixtas, ONGs y movimientos sociales que, presionados por sus activistas mujeres e incluso

[10] Para un relato detallado de la participación de las mujeres en el movimiento agroecológico en Brasil, ver Siliprandi (2009).

por agencias de cooperación internacional, se dispusieron a darle algún tipo de tratamiento al tema.

El abordaje de género y agricultura familiar ha permitido cuestionar el presupuesto de que la unidad familiar se expresa en el mundo público por la voluntad del marido o padre. Se habló explícitamente de las contradicciones en el seno de la familia patriarcal y de la división sexual del trabajo. Además, la práctica, el conocimiento y las propuestas de las agricultoras sobre el manejo de la unidad de producción fueron tomadas en cuenta. También se consideraron las relaciones desiguales de género en las mismas organizaciones (y no solo respecto a lo que era considerado público de su intervención) y se constituyó una alianza política entre las mujeres de los equipos técnicos y administrativos de las ONGs, y las agricultoras socias o directoras de las mismas. Este fue el núcleo de lo que más tarde se constituyó en el GT de Mujeres de la ANA.

Pasar de la concepción de "género y agricultura familiar" a la de "feminismo y soberanía alimentaria" conllevó 17 años de construcción de análisis, de propuestas y de un sujeto político fuerte. Esto no solo se pudo apreciar en una serie de políticas públicas, sino también en los cambios acontecidos en los movimientos y en la vida de muchas mujeres.

Estos análisis permiten orientar una estrategia de desnaturalización de las desigualdades de género, demostrar cómo se utiliza el trabajo de las mujeres como recurso inagotable y como variable de ajuste a las tensiones del sistema, reconocer la sabiduría y el conocimiento de las mujeres, y posibilitar que puedan ir más allá, además de construir respuestas colectivas de autoorganización y alianza.

Desnaturalizando desigualdades de género en el campo

En general, las mujeres campesinas son las encargadas de la producción de hortalizas y frutas en una huerta alrededor de la casa y de la cría de pequeños animales para el autoconsumo, así como también de la venta del excedente en mercados locales. Utilizan insumos de la propia unidad de producción y manejan prácticas agroecológicas aunque no las denominen así. Las mujeres cumplen un papel importante en la domesticación de especies, en el mantenimiento de la biodiversidad y en la selección de variedades basada en criterios de uso y conservación. Muchas de ellas son las responsables de guardar e intercambiar semillas, lo que asegura la disponibilidad de semillas criollas.

Analizar las tareas que las mujeres realizan históricamente nos obligó a ampliar lo que son las prácticas consideradas agroecológicas e incorporar, por ejemplo, la recolección de frutos y los diversos usos que ellas hacen de los bosques, la elaboración de artesanías con materias primas locales y la producción de plantas medicinales agroecológicas. Rescatar estas experiencias nos permitió también visibilizar cómo se utiliza el tiempo de las mujeres teniendo en cuenta la dificultad de separar el tiempo dedicado al cuidado de la casa y de la familia, del que es destinado al cuidado de la huerta o la cría de animales. Lo que se puede apreciar es un continuo, una intensificación en determinados momentos del año o del ciclo de vida familiar y una sobrecarga permanente. El tiempo de las mujeres es apropiado de forma similar a la naturaleza, vistos como recurso.

La tensión en la organización del tiempo queda explícita en la trayectoria del Grupo Decididas a Vencer de Río Grande do Norte. En 1999, el grupo comenzó la producción colectiva de hortalizas orgánicas y mantuvo ese trabajo durante 14 años. Debido a la dificultad para acceder al agua para la producción, las mujeres del grupo tuvieron que pasar a producir individualmente en sus huertas caseras y comercializar de forma colectiva. La evaluación posterior del grupo fue que esto supuso un retroceso que implicó reducir la producción y trajo además consecuencias para la vida de sus integrantes.

La organización de las mujeres en colectivos permite evidenciar el continuo entre producción y reproducción, que no debe ocultar la contradicción entre estas esferas, así como entre los intereses y proyectos individuales de cada miembro de la familia. Un punto central del debate es el cuestionamiento de la idealización de una familia sin conflictos representada públicamente por el padre y/o marido, así como la idea de que considerar a las mujeres como individuos autónomos atenta contra la solidaridad familiar y sería, incluso, contradictorio con la agricultura familiar. Sin embargo, lo que se puede apreciar es que las mujeres son bastante responsables con el grupo familiar y están siempre buscando soluciones de compromiso entre sus deseos y la familia, mientras el mismo desprendimiento y generosidad no se les exige a los hombres.

En un primer momento, se visibilizaron los conocimientos y la contribución económica de las mujeres, sobre todo en la huerta agroecológica, realizada a costa de un sobre trabajo y de una tensión permanente en las relaciones de género al interior de cada familia y en la sociedad. Nuestra primera síntesis fue que, en la relación entre agroecología y género, es necesario operar con dos lógicas diferenciadas: la "naturalización" y la "desnaturalización". Si en la agroecología estimulamos la "naturalización" de las prácticas agrícolas a través de la aplicación de los principios ecológicos a la agricultura, en el campo de las relaciones sociales de género lo que se busca es la "desnaturalización" de atribuciones asignadas a lo femenino y a lo masculino. Por lo tanto, si en la agroecología relacionamos lo natural a lo sano y lo correcto, en las relaciones de género no se pueden considerar las relaciones tradicionales como naturales o positivas sin cuestionarlas.

Describir y valorar lo que las mujeres agricultoras hacen históricamente las fortalece para el enfrentamiento de lo que se opone a ellas: multinacionales que presionan para expandir monocultivos, maridos o padres que adoptan el modelo tecnológico de la revolución verde y presionan para incorporar toda el área de la unidad de producción en esta lógica o hacen inviables prácticas agroecológicas por la contaminación de agrotóxicos y semillas transgénicas, y reglas tradicionales que excluyen de hecho que las mujeres hereden la tierra o que decidan sobre la gestión de la misma.

Al mismo tiempo, no nos podemos limitar a ponderar únicamente lo que ya existe: es necesario permitir que las mujeres salgan de las huertas. En términos de participación en movimientos mixtos (campesinos o agroecológicos) esta constatación se refleja en una estrategia doble: mujeres autoorganizadas en espacios propios (GT, comisión de mujeres, etc.) y operacionalización de la transversalidad en el conjunto de los temas de la organización. La transversalidad implica que el conjunto del movimiento asuma temas o demandas considerados específicos de las mujeres, como el enfrentamiento de la violencia contra las mujeres asumido como campaña por la Vía Campesina. Además, desarrolla continuamente una perspectiva feminista para cada tema específico como, por ejemplo, la constatación de que los agrotóxicos tienen efectos distintos y acumulativos en el cuerpo de las mujeres, o que la asistencia técnica se relaciona con un hombre como si estuviera relacionándose con toda la familia, entre otros.

Esta doble estrategia fue organizada en el Primer Encuentro Nacional de Agroecología en 2002. En 2006, el segundo Encuentro fue precedido de un encuentro de mujeres que permitió rescatar sus experiencias y en donde se debatió la agenda del Encuentro. A partir de ese momento y hasta ahora, el GT de mujeres se mantuvo articulado de forma permanente incidiendo, en mayor o menor medida, en todos los Grupos de Trabajo de la ANA. Además, el GT incide en las políticas públicas, por ejemplo como miembro del comité gestor el Programa de Organización Productiva, y desarrolla un Programa de Formación en Feminismo y Agroecología con lideresas locales en la Zona da Mata de Minas Gerais y con lideresas estatales en cuatro regiones del país. Con este bagaje, el GT ha podido construir análisis y propuestas para los catorce temas debatidos en el 3.er Encuentro Nacional de Agroecología, que tuvo lugar en Juazeiro, Bahia, en mayo de 2014 (Grupo de Trabalho Mulheres da ANA 2014). Estas propuestas fueron discutidas y enriquecidas en la plenaria de mujeres que contó con la participación de 700 mujeres (casi la mitad de los participantes en el Encuentro) y que tenía por lema "Sin feminismo no hay agroecología". Este lema sintetizó una lectura del momento en que están las agricultoras en el movimiento agroecológico, el respeto que han logrado en el discurso, pero que se desvanece en la práctica cotidiana de sus vidas en la familia, la comunidad y el movimiento. Este lema está en diálogo con la consigna "sin feminismo no hay socialismo", que las mujeres coreaban en la Asamblea Continental de la CLOC en 2012 y en el Congreso del MST en 2014. También dialoga con personal técnico e investigadoras que así lo han planteado en el Congreso Brasileño de

Agroecología que se llevó a cabo en noviembre de 2013 (Prévost, Galgani y Guétat 2014).

La activa presencia de las mujeres en el 3.er ENA también se expresó en un acto público delante de la empresa de investigación agropecuaria, la EMBRAPA, donde se reafirmó la necesidad de una empresa pública de investigación, se cuestionaron las inversiones en investigaciones para el agronegocio (como la fruticultura que domina la región y se basa en la explotación del trabajo minucioso de las mujeres) y se demandaron aportes a la agroecología. Esta ación tuvo como consecuencia la retoma del foro de agroecología en la empresa.

La intervención de las mujeres en el 3.er ENA ha cumplido con la estrategia que orienta a las mujeres rurales en varios de sus movimientos: momento de autoorganización y debate entre mujeres (plenarias, asambleas de mujeres); desarrollo de un abordaje feminista sobre el conjunto de los temas trabajados, que orienta la incidencia de las mujeres en los espacios comunes a mujeres y hombres, y manifestación pública con carácter masivo y/o de acción directa, pero siempre con una expresión propia de creatividad y protagonismo de las mujeres. Esta estrategia que se desarrolla de forma consciente por lo menos desde el año 2000, ahora asume públicamente el nombre de feminista.

Nos encontramos, por lo tanto, en un momento en que se da una nueva síntesis de la estrategia adoptada, que combina una opción por el feminismo y una opción por la agroecología.

Una opción por el feminismo: reconocemos que existen relaciones desiguales y de opresión contra las mujeres en las sociedades rurales y urbanas que se manifiestan en la invisibilidad del trabajo de las mujeres, en los impedimentos a su participación pública y en la violencia sexista. Estas relaciones se fundan en una correlación de fuerzas desiguales entre los géneros. Revertir esta correlación presupone construir la fuerza de las mujeres en un proceso simultáneo de autonomía personal y acción colectiva en movimiento.

Una opción por la agroecología: entendemos que estas prácticas son las que mejor equilibran la reproducción campesina y la reproducción de la naturaleza. También son las que tienen mejores bases para construir la igualdad de género puesto que combinan diferentes usos del espacio, del tiempo, actividades productivas y reproductivas, y en principio, sin jerarquías, pues valoran la combinación entre las mismas y no cada una individualmente.

El marco de las políticas públicas de fortalecimiento de las mujeres rurales

Las políticas públicas dirigidas a las mujeres rurales son desarrolladas o coordinadas por el Directorio de Políticas para las Mujeres Rurales del Ministerio de Desarrollo Agrario (DPMR/MDA). Las iniciativas tienen un carácter de ciudadanía y reconocimiento, como el Programa Nacional de Documentación: el incentivo a la participación de las mujeres en espacios de construcción y monitoreo de políticas en los territorios por medio de comités territoriales de mujeres, o el registro del nombre de la mujer en el título de la tierra o en documento que atesta su condición de agricultora familiar[11]. En el campo de la producción, las políticas inciden en los programas de crédito, de Asistencia Técnica y Extensión Rural (ATER), y de comercialización (PAA – Programa de Adquisición de Alimentos – y PNAE – Programa Nacional de Alimentación Escolar –, que destina 30 % de sus recursos para comprarle a agricultores familiares y sus asociaciones). Además, se desarrollan acciones propias en el marco del Programa de Organización Productiva de las Mujeres Rurales (POPMR), que hacen un llamado público al fomento de grupos productivos de mujeres, ATER dirigida a mujeres e incentivos a la participación de grupos de mujeres en los mercados de la agricultura familiar. El presupuesto realizado de la DPMR/MDA en 2013 ha sido de casi 13 millones de euros, poco menos de la mitad del presupuesto realizado por la Secretaria de Políticas para las Mujeres, que tiene estatus de Ministerio.

El diseño de las políticas del DPMR pasa por dos instancias de participación popular: las Conferencias Nacionales de Políticas para las Mujeres (CNPM), organizadas por la Secretaria de Políticas para las Mujeres y el Consejo Nacional de Políticas para las Mujeres, realizadas en 2004, 2007 y 2011; y las Conferencias Nacionales de Desarrollo Rural, Sustentable y Solidario (CNDRSS), organizadas por el MDA y el CONDRAF – Consejo Nacional de Desarrollo Rural Sustentable – realizadas en 2008 y 2013. Las mujeres han actuado de forma organizada en el proceso preparatorio y en la propia CNDRSS con un fuerte impulso articulador de la DPMR. El Plan de Desarrollo Rural, Sustentable y Solidario que resultó de esta Conferencia tiene una presentación donde se destacan las acciones del tema transversal "autonomía de las mujeres rurales", de modo que facilite su monitoreo por las mismas mujeres rurales (CONDRAF 2014). Se parte del reconocimiento de la existencia de las relaciones desiguales de poder entre mujeres y hombres presentes en la familia y en la sociedad, que se expresan en el hecho de que buena parte del trabajo realizado por las mujeres es invisible y no remunerado. Las acciones hacia las mujeres en el Plan se organizan en tres ejes: realización de la ciudadanía, derechos económicos y socialización del trabajo doméstico y de cuidados. Este último eje es un elemento nuevo que hace énfasis en la demanda de guarderías y escuelas en el campo que tengan jornada continua y trabajen con pedagogías que valoren el mundo rural.

---

11 La *DAP*, declaración de que está sujeta al PRONAF – Programa Nacional de Fortalecimiento de la Agricultura Familiar – es la puerta de entrada para el acceso a crédito, programas de comercialización y asistencia técnica, y extensión rural.

La CNDRSS fue por primera vez paritaria, las mujeres constituían la mitad de los 1 417 participantes en su etapa final en ámbito nacional. Desde los debates en el ámbito estatal han emergido 142 propuestas específicas sobre las mujeres, que han sido organizadas en un documento nacional con 65 propuestas llevadas a debate en la Conferencia Nacional. La Conferencia ha priorizado 100 propuestas de todas las recibidas, "entre estas 36 dialogaron directamente con las demandas de las mujeres, de las cuales nueve representaron demandas y el fortalecimiento de políticas específicas para las mujeres, con destaque para la participación social, enfrentamiento de la violencia y apoyo financiero para la producción" (CONDRAF 2014, 9).

En la Conferencia han convergido las gestoras públicas y las activistas de los movimientos sociales en una misma estrategia : construir propuestas con un enfoque feminista (explícito en la visión de autonomía de las mujeres) en espacios de articulación entre mujeres y de posterior incidencia en el espacio general. Además, se realizaron acciones de movilización para asegurar el cumplimiento de la paridad y visibilidad. Como lo describe el Plan, las mujeres "cantaron músicas, slogans, corearon slogans, levantaron carteles, leyeron una Declaración sobre las Mujeres en el Día Mundial de la Alimentación y se han situado como una parte fundamental de la estrategia de construcción de un Brasil Rural con igualdad" (CONDRAF 2014, 9).

Las propuestas que han movilizado intensos debates fueron aquellas que definían que las mujeres deberían constituir el 50 % del público objetivo de las acciones de ATER. En los llamados públicos de ATER Agroecología, se definió que el 30 % de estas acciones debían estar destinadas específicamentea las mujeres y que 30 % del equipo técnico debía estar compuesto por mujeres. Estas propuestas fueron inicialmente formuladas en el comité gestor del Programa de Organización Productiva de las Mujeres Rurales de común acuerdo entre gestoras y representantes de los movimientos y ONGs. Incorporadas a la propuesta inicial presentada por el Ministerio de Desarrollo Agrario, las propuestas han provocado la reacción contraria por parte de algunos conocidos integrantes del movimiento agroecológico. Acompañados por otros movimientos sociales del campo, argumentaban una menor presencia de las mujeres en el medio rural – las mujeres constituían el 47 % de la población con domicilio rural en Brasil en 2010 (Instituto Brasileiro de Geografia e Estatística – IBGE 2011) – y una menor presencia de mujeres en cursos técnicos agrarios y cursos destinados a beneficiarios de la Reforma Agraria. Se trata de interpretaciones erróneas, tal como sumar el 50 % del público con el 30 % de los recursos para decir que la demanda era que el 80 % de ATER se destinara a las mujeres. Las mujeres de la Articulación Nacional de Agroecología han reaccionado rápidamente por medio de una carta y conversaciones entre mujeres de diferentes movimientos con hombres solidarios.

En la 2ª CNDRSS, el eslogan "Yo apoyo al 50 % de mujeres como público atendido por ATER" estaba impreso en pegatinas y pañuelos utilizados por las mujeres, y también por hombres. La victoria de esta propuesta en la Conferencia fue producto del acuerdo político entre mujeres de los movimientos y del gobierno. Esta victoria ha alimentado tanto a las reacciones en contra del feminismo en el Congreso Brasileño de Agroecología, como ha fortalecido a las mujeres en el 3.er ENA. Esto provoca en las mujeres del movimiento agroecológico el sentimiento de que es importante que esto funcione. Por esto, entre las varias políticas que desarrolla el gobierno federal de Brasil para el fortalecimiento de las iniciativas productivas de las mujeres en los marcos de la economía solidaria y la agroecología, es importante destacar la política de Asistencia técnica dirigida a las Mujeres[12].

ATER sectorial para las Mujeres lleva operando desde el 2004 y ha beneficiado hasta el 2013 a un total de 56400 mujeres. Entre 2004 y 2010, el 65 % de los proyectos apoyados por recursos del gobierno federal se centraban en actividades agroecológicas (Butto y Hora 2014). Estas experiencias han valorado el huerto (quintal productivo) como espacio de atención de la asistencia técnica. Además, han puesto en debate la necesidad de contemplar actividades para los/as niños/as, para que sus madres puedan participar en las actividades de asistencia técnica. Esto refuerza las políticas de apoyo a la reproducción social en la agenda pública. Desde el punto de vista de las gestoras, son los retos en ATER para las mujeres y la ampliación del acceso de las mujeres a la financiación y a la comercialización lo que determina la formalización de los grupos productivos de mujeres.

La política de ATER ha sido creada en Brasil en los años 1940 con un carácter difusionista (difusión de la tecnología de la "revolución verde" / agricultura industrial), de manera vertical (en la relación entre el latifundista y el agricultor, y la centralización en el ámbito nacional) y de refuerzo de la división sexual del trabajo (economistas domésticas enseñaban a las agricultoras como podrían ser mejores madres y modernas mientras los agrónomos se dirigían a los hombres). En el apogeo del neoliberalismo, en 1989, el gobierno federal desmanteló el sistema existente. En 2003, el gobierno de Lula reconstruyó una política de ATER (la PNATER) luego de intensos debates que la han configurado en otras bases: derecho público, gratuito y universal, metodologías horizontales y apertura gradual a otras matrices tecnológicas como la agroecología. El PNATER incluye el objetivo de promover la igualdad de género.

La reconstitución de la política comienza a mostrar los resultados. Las informaciones sobre la agricultura familiar en el Censo Agropecuario de 2006 han revelado que apenas el 22 % de las explotaciones con hombres jefe

12 El foco en una política siempre implica en un riesgo pues los resultados en cuanto a la autonomía de las mujeres vienen de la combinación de varias políticas.

de familia ha recibido algún tipo de asistencia mientras que para las explotaciones con mujeres responsables la proporción caía hasta el 11 %. De las explotaciones con mujeres responsables que recibían asistencia, 53,5 % provenía de órganos de gobierno y 0,9 % de ONGs. En el caso de los hombres, 43,9 % provenia de los gobiernos (federal, estatal o municipal) y 0,6 % de ONGs (Nobre 2012, 84).

La Conferencia Nacional de ATER se desarrolló en el 2012 y movilizó a casi cuarenta mil personas en sus etapas preparatorias. Las mujeres han participado de todo el proceso y han planteado que las mujeres deberían ser el 50 % del público de las actividades colectivas de formación prefigurando la propuesta de que fueran 50 % del público de ATER (lo que incluye las visitas a cada unidad familiar de producción). Pero, contrariamente a las decisiones de esta conferencia, el gobierno federal tomó iniciativa para la creación de una Agencia Nacional de ATER que presentaba una perspectiva difusionista de tecnologías y que movilizaba los intereses de la Confederación de la Agricultura y Pecuaria de Brasil (CNA), órgano de representación del sector ruralista y del agronegocio. Con esta acción, la CNA busca disputar con los movimientos sociales la legitimidad frente a los agricultores familiares además de poner un maquillaje verde y social al agronegocio. La ANATER se encuentra en fase de implantación al mismo tiempo que una serie de llamados públicos de ATER agroecología y ATER mujeres son lanzados.

En este contexto de posibilidades e incertezas, las ONGs y movimientos sociales que integran ATER intentan organizar sus concepciones y su autonomía frente al Estado.

Aprendizajes de las experiencias de ATER para las mujeres en agroecología

El apoyo del gobierno federal ha permitido a ONGs agroecológicas y feministas que acompañaban a grupos productivos de mujeres ampliar su actuación, incluso adentrando nuevos territorios. Después de varios años de ejecución de ATER, como respuesta a estos llamados técnicos en el proceso, se han sistematizado las visiones que orientan su acción[13]. Parte de esta síntesis recupera el proceso de afirmación del feminismo en el movimiento agroecológico anteriormente relatado y ejemplifica la dialéctica en la construcción de políticas públicas: demandas de los movimientos, políticas gubernamentales, cualificación y nuevas demandas.

[13] Siguen reflexiones realizadas en el ámbito de la REF – Red Economía y Feminismo – con la participación de técnicas de Casa da Mulher do Nordeste, CF-8, CONTAG, CTA-ZM, Esplar, MST y SOF.

La denominación ATER (Asistencia Técnica y Extensión Rural) es utilizada por las instituciones públicas, las ONGs y los movimientos, se refiere al trabajo con los grupos productivos a través del asesoramiento y el seguimiento o construcción de conocimiento agroecológico, para evidenciar la integración entre técnica y política, y la horizontalidad por medio del intercambio y producción de nuevas síntesis.

La autonomía de las mujeres como personas y de las familias frente al mercado es lo que organiza el trabajo, al mismo tiempo que reconoce la interdependencia entre las personas y de ellas con la naturaleza. Por lo tanto, la concepción del feminismo articula al individuo y a la comunidad. La concepción de agroecología va más allá del manejo de la tierra, agua, plantas y animales, para considerar a las personas que actúan y cómo se organizan en solidaridad.

Para develar la división sexual del trabajo, se utilizan dinámicas de registro del tiempo de mujeres y hombres considerando las categorías propuestas por Cristina Carrasco (2003): tiempo de trabajo para el mercado, tiempo de trabajo domestico y de cuidados, tiempo de necesidades personales, tiempo de participación ciudadana y tiempo de ocio/tiempo libre. Además, se considera al patio en los mapas de diagnóstico de la unidad de producción como espacio de desarrollo de innovaciones. También se rescata el conocimiento que las mujeres adquieren por su lugar en la división sexual del trabajo, por ejemplo, la relación entre las plantas (alelopatia), entre plantas y suelo (etnopedología), y los usos terapéuticos de las plantas (fitoterapia).

Reconocer el tiempo y el espacio de trabajo de las mujeres no significa restringirlas a ellos. Se valora el trabajo y la contribución económica de la producción para el autoconsumo, por lo general realizada por las mujeres, mientras que se busca abrir posibilidades para que puedan producir para los mercados, sobre todo locales, y tener acceso a ingresos monetarios. Instrumentos como la libreta agroecológica permiten a las mujeres cuantificar el destino de lo que producen (autoconsumo, donación, permuta, venta). Así pueden valorar el tiempo y el esfuerzo que dedican a cada uno de ellos y cómo planificarlos. Al mismo tiempo, tenemos que avanzar en estrategias para redistribuir y reorganizar el trabajo de reproducción, especialmente en relación con los hombres. Cuando las mujeres logran salir de la casa por más de dos días, el impacto es grande y el cambio en la participación de otros miembros de la familia en el trabajo doméstico tiende a permanecer.

Las demandas de socialización del trabajo doméstico y de cuidados por medio de políticas públicas también deben ser consideradas. La demanda de guarderías y educación infantil y básica con jornadas más largas se ha expandido y se inserta en la lucha por la educación en el campo. Durante las actividades de asesoramiento a los grupos, se organizan las actividades con los niños, lo que permite la participación de mujeres con niños pequeños, que son las menos frecuentes en los grupos. Como es un trabajo remunerado, la comunidad puede entender el cuidado de los niños como un trabajo. Además, se discute sobre qué tipo de guarderías y de educación infantil queremos en el campo y en esa comunidad que no sean simplemente una reproducción de lo que se realiza en el medio urbano.

Las mujeres como sujetos políticos y con autonomía son al mismo tiempo la premisa y el objetivo del asesoramiento. Esto implica crear las condiciones para que cada integrante de la familia exprese sus deseos e intereses y que estos sean negociados de la forma más igualitaria posible. Esto requiere mirar los conflictos y las contradicciones en las relaciones de género en la familia, la comunidad y su relación con el mercado y el Estado. Hay muchos relatos de conflicto directo y de la oposición de los hombres con respecto al uso del tiempo (sobrecarga de las mujeres) y de los recursos (delimitación del espacio, uso de agua, energía, etc.). Los procesos colectivos de toma de conciencia y de actuar frente a los conflictos protegen a las mujeres y tienen más probabilidades de perdurar en el tiempo.

Las metodologías en que se reconoce y estimula la experimentación hecha por las agricultoras y los intercambios entre ellas son conocidas como agricultoras-experimentadoras, multiplicadoras agroecológicas y campesina a campesina. Ellas son las más adecuadas pues las mujeres son el sujeto de la práctica. Las técnicas que acompañan a los grupos también deben poner el conocimiento que tienen sobre la mesa (y siempre buscar más información) y preguntarse por cómo la ciencia formal explica o no los procesos que las agricultoras desarrollan, cómo funcionan las tecnologías de la agricultura industria o cómo la tecnología desarrollada por las poblaciones tradicionales u otros experimentadores responde a los problemas recurrentes de los cambios en el medioambiente o frente al aumento de la producción para la comercialización. Es decir, se trata de superar la separación entre la técnica y la política, y demostrar cómo las técnicas utilizadas son el resultado de decisiones políticas.

El asesoramiento procesual tiene su tiempo, que a menudo no es el tiempo de los proyectos financiados. Es importante pensar el trabajo a medio y largo plazo sin la creación de una relación de dependencia de parte del grupo. El asesoramiento tiene diferentes intensidades a lo largo del tiempo, también es importante situarlo en el territorio: los desafíos planteados por el bioma y la interacción de la población con el mismo a lo largo de la historia, así como las características políticas, culturales y sociales territoriales. El ejercicio de materializar otro territorio implica, por ejemplo, utilizar siempre los productos y servicios de la economía solidaria y la agroecología.

El asesoramiento por procesos a las agricultoras con una perspectiva feminista y agroecológica debe ser protagonizado por las mujeres también en el equipo técnico. La experiencia de las personas técnicas de confrontación permanente del sexismo en todas las dimensiones de su vida establece una base común con la experiencia de las agricultoras que nos fortalece en la experimentación de otras prácticas. La existencia de espacios donde las personas técnicas puedan reflexionar sobre las contradicciones de género que viven facilita en gran medida este proceso además de la búsqueda de apoyo adicional, ya que las personas técnicas tienen que trabajar con una serie de cuestiones para las cuales no se sienten preparadas. Este es el caso de la violencia doméstica que a menudo es percibida por la asesoría técnica antes de que los movimientos de mujeres o sociales actuantes en el área puedan percibirlo.

Es necesario desarrollar programas de sensibilización sobre las relaciones de género en la agricultura y sobre agroecología y feminismo con el equipo técnico mixto compuesto de mujeres y hombres. Además, es necesario el seguimiento permanente de las acciones de las organizaciones mixtas para promover la igualdad de género.

La sistematización del trabajo de asesoramiento por procesos es clave para dar un salto de calidad en nuestras experiencias y ampliar su alcance. Los procesos de síntesis son mejores cuando se realizan en diálogo con otras organizaciones (que desarrollan procesos similares o no).

Lecciones para la economía solidaria y feminista

Volviendo al campo de la economía solidaria y feminista, ¿qué lecciones podemos sacar de la experiencia de las mujeres rurales para la construcción de las políticas públicas y la acción del Estado?

Una dimensión es la conceptualización, que no es un ejercicio formal o retórico, sino que más bien debe expresar la síntesis del momento político alcanzado por el desarrollo de las prácticas alternativas. La conceptualización tiene consecuencias en la definición de la política y su público. Cuando las políticas son institucionalizadas por el Estado, se tiende a delimitar el público que será atendido por la misma. En el caso de las políticas desarrolladas por la SENAES, un paso importante fue delimitar lo que son los "Emprendimientos Económicos Solidarios" (EES). En el Mapeo de la Economía Solidaria los EES respondían a seis requisitos:

> a) constituyen organizaciones suprafamiliares permanentes; b) bajo la propiedad o el control de los socios-trabajadores; c) con el empleo ocasional y minoritario de trabajadores no asociados; d) con la gestión colectiva de sus actividades y de la asignación de los resultados; e) con registro legal o informal; f) de naturaleza económica, dirigida a la producción, comercialización, servicios, crédito o consumo" (Gaiger 2007, 64).

En el Mapeo se identificó que las mujeres eran el 43,6 % del público asociado y los EES con público mayoritario de mujeres eran el 17,7 % del total de EES (Faria 2013). Con base en los datos sistematizados en el año 2005, las mujeres predominaban en los emprendimientos más pequeños, en los cuales ellas eran el 63 % de los participantes de los EES con hasta 10 miembros mientras que los hombres eran el 66 % de los participantes de los EES con más de 50 miembros (SENAES 2006). La participación de las mujeres en grupos más pequeños, a menudo informales e intermitentes, plantea la hipótesis de que los grupos en los que operan no son reconocidos como EES. Por ejemplo, muchas veces, empiezan un trabajo colectivo entre familiares o la producción se destina al autoconsumo o a sustituir el trabajo doméstico.

Muchos de los grupos de mujeres que se organizan en torno a prácticas agroecológicas no fueron captados por el Mapeo o se invisibilizaron bajo actividades consideradas principales por las cooperativas y asociaciones. En el ámbito del gobierno federal, la caracterización como grupos productivos utilizada por la DPMR/MDA es más adecuada para percibir las iniciativas de mujeres en la economía solidaria. En una encuesta realizada por la SOF (Organización Feminista Sempreviva) y el CF-8 (Centro Feminista 8 de marzo) en los Territorios de la Ciudadanía donde actuaron entre 2009 y 2013, se identificaron 972 grupos productivos de mujeres contra 267 EES de mujeres, que fueron identificados en los mismos Territorios por el Mapeo realizado por SENAES (Butto y Hora 2014).

Los principios de la economía solidaria conforme aparecen descritos en la 2ª Conferencia Nacional de Economía Solidaria, que orienta las acciones de la SENAES, tratan de sus potencialidades emancipadoras y de la emergencia de un sujeto social portador de "posibilidades de superación de las contradicciones propias al capitalismo, caracterizándose por lo tanto como un proceso revolucionario." (SENAES 2010, 23). Pero al concretar las políticas que favorecen la viabilidad de experiencias en una economía capitalista hegemónica, muchas veces el hilo de la transición a este horizonte se pierde. En este sentido, las lecciones de la experiencia anteriormente relatada nos remiten a por lo menos dos temas : la tecnología y el asesoramiento.

En el movimiento de economía solidaria se reconoce que las tecnologías existentes son utilizadas para el control de los trabajadores y para el aumento de su explotación, por esto, se demanda la construcción de tecnologías apropiadas o tecnología social. Si bien se reconoce que estas deben respetar los valores y conocimientos de las personas que integran los Emprendimientos de Economía Solidaria (EES), la transformación de este conocimiento en tecnología en general demanda la mediación de un agente externo : las universidades, los centros de investigación, etc. Así, el término más utilizado es el de *acceso* a tecnologías e innovaciones, que considera el centro productor de las tecnologías como externo a los grupos. Lo mismo acontece en las experiencias de las incubadoras, donde se reconoce lo positivo de la convivencia entre grupos que están en diferentes fases, esto es visto como complementario y sobretodo relacionado a la gestión.

Las tecnologías utilizadas tienen un fuerte impacto en la división sexual del trabajo[14]. Además de la decisión sobre que tecnología utilizar, la posibilidad de inventarlas es esencial a la ruptura de la alienación en el trabajo.

El control sobre el proceso de trabajo nos remite a las relaciones entre los grupos y la asesoría. La experiencia relatada buscó demostrar que las relaciones horizontales son más viables cuando las trabajadoras están organizadas en sus propios movimientos y establecen alianzas con el personal técnico con base en estrategias definidas de común acuerdo. La decisión de las trabajadoras en los grupos es lo que enmarca la diferencia entre asesoramiento y asistencia. En los grupos de economía solidaria, que muchas veces empiezan a funcionar de manera colectiva por la acción de una política pública, esto puede no ser fácil, pero debe ser un objetivo.

Muchas veces las y los participantes de los grupos de economía solidaria son vistos como aquellos que no tienen otra posibilidad en el mercado de trabajo por su edad o falta de calificación, o sea, como vulnerables. Ayudaría si los miramos en el marco de la interdependencia, donde todas y todos nos reconocemos vulnerables en algún momento de nuestras vidas. En el reconocimiento y construcción voluntaria de la interdependencia convergen la economía feminista y la economía solidaria. Además, esto contribuiría a involucrar en el movimiento a aquellas y aquellos que han optado por otras formas de organizar su trabajo y las respuestas a sus necesidades económicas aunque en principio tuvieran otras oportunidades. Por ejemplo, las tecnologías muchas veces citadas para asegurar el acceso son las tecnologías de la información por medio del *software* libre. Estos *software* son elaborados con la aportación de muchas personas e, incluso, intentan conseguir una mayor participación de mujeres en este campo. ¿Podrían los colectivos de *software* libre ser considerados parte del movimiento de economía solidaria? ¿cómo funcionaría un intercambio trabajadora-trabajadora a partir de las experiencias que estos realizan? ¿qué posibilidades se abrirían para que más mujeres entrasen en el lenguaje del *software*?

Por fin, en el reto de crearse otras articulaciones entre producción y reproducción, la experiencia relatada cuenta la importancia de que el Estado asegure como parte de sus acciones el cuidado de los niños. En el movimiento de economía solidaria, se reconoce la importancia de guarderías para la vinculación de las mujeres en las actividades productivas Pero, en general, a este derecho se lo nombra como uno de los derechos de las trabajadoras (remuneración compatible, Seguridad Social, etc.) que la estabilidad del EES logrará garantizar. En la práctica, sabemos que estos derechos se pierden en

[14] Ioli Wirth (2010), en su trabajo sobre la división sexual del trabajo y la remuneración en cooperativas de reciclaje, ha demostrado que el uso de montacargas en una cooperativa ha contribuido a involucrar a las mujeres en un etapa del trabajo considerada pesada y por lo tanto masculina.

los momentos de dificultad financiera de los emprendimientos ¿no podría el Estado ser más proactivo en este sentido? Por ejemplo, en las incubadoras donde conviven diferentes grupos, se podría proponer y garantizar la estructura para que se desarrolle una guardería en sistema cooperativo o, del mismo modo, avanzar hacia cooperativas de cuidadoras de personas mayores o personas que necesitan cuidados especiales.

El ejercicio de articulación del proceso organizativo de un movimiento con otros procesos de construcción de políticas públicas implica muchos riesgos. En el caso de Brasil, estos riesgos se han minimizado por el hecho de que los grupos productivos de mujeres o mixtos del campo, incluyendo a los agroecológicos, son parte del movimiento de economía solidaria. Incluso, hay fuertes lideresas del movimiento de economía solidaria que han hecho su trayectoria en el movimiento de las mujeres rurales agroecológicas y feministas.

Una de las bases comunes entre los movimientos que se desafían a sí mismos a organizar otras formas de sustentabilidad de la vida es la confrontación a la ofensiva de las corporaciones económicas sobre los territorios, las ideas y las personas. Cuanto más fuerte tejemos la resistencia, más espacio se abre a las alternativas. Cuanto más ejercitamos las experiencias de resistencia y alternativas con autonomía, más logramos tensionar al Estado para que se reviertan las desigualdades y no nos haga perder el hilo hacia un cambio radical de sistema.

Bibliografía

Butto, A. y K. Hora. 2014. Políticas Públicas para Mulheres Rurais no contexto dos Territórios da Cidadania. MDA, Brasília, 2014. En *Mulheres Rurais e Autonomia. Formação e Articulação para efetivar políticas públicas nos Territórios da Cidadania.* A. Butto, C. Dantas, K. Hora, M. Nobre, y N. Faria (Ed.). 14-45. Brasilia: MDA/SOF/CF8.

Carrasco, C. 2003. La sostenibilidad de la vida humana: ¿un asunto de mujeres?. En *Mujeres y trabajo : cambios impostergables*. M. Léon (Ed.). 11-49. Porto Alegre: OXFAM GB.

CONDRAF (Conselho Nacional de Desenvolvimento Rural Sustentável). 2014. Mulheres no Plano Nacional de Desenvolvimento Rural Sustentável e Solidário. MDA/CONDRAF.

Deere, C. D. 2004. Os direitos da mulher à terra e os movimentos sociais rurais na reforma agrária brasileira. *Revista Estudos Feministas*. 12 (1): 175-204.

Faria, N. 2013. Mulheres rurais na economia solidaria. Marco social: Agricultura Familiar Sustentável. http://www.marcosocial.com.br/artigos/mulheres-rurais-na-economia-solidaria. Accedido el 1/10/2014.

Gaiger, L. I. 2007. A outra racionalidade da economia solidária. Conclusões do primeiro Mapeamento Nacional no Brasil. *Revista Crítica de Ciências Sociais*. 79: 57-77.

Grupo de Trabalho Mulheres da ANA. 2014. Mulheres e agroecologia: Sistematizações de experiências de mulheres agricultoras. Brasilia: CONTAG.

Instituto Brasileiro de Geografia e Estatística (IBGE). 2011. Censo 2010. http://www.ibge.gov.br.

Kergoat, D. 2012. Ouvriers = Ouvrières? Propositions pour une articulation théorique de deux variables : sexe et classe sociale. En *Se battre, disent-elles...* Paris: La Dispute. Collection Le Genre du monde.

Menasche, R., M. Nobre, E. Siliprandi, y S. Quintela (Eds). 1998. Gênero e agricultura familiar. São Paulo: SOF.

Nobre, M. 2012. Censo Agropecuário 2006 – Brasil: uma análise de gênero. In As mulheres nas estatísticas agropecuárias. Experiências em países do sul. A. Butto, I. Dantas e K. Hora. Brasília: MDA.

Paulilo, M. I. y C. Beretta da Silva. 2007. A luta das mulheres agricultoras: entrevista com Dona Adélia Schmitz. *Revista Estudos Feministas*. 15 (2): 399-417.

Prévost, H., G. Galgani, y H. Guétat. 2014. Il n'y aura pas d'agroécologie sans féminisme: L'expérience brésilienne. *Revista Sustentabilidade em Debate*. 5 (2): 76-85.

SENAES (Secretaria Nacional de Economia Solidária). 2010. Pelo Direito de produzir e viver em cooperação de maneira sustentável. II Conferência Nacional de Economia Solidária. Documento Final. Brasília: SENAES/MTE.

Siliprandi, E. 2009. Mulheres e agroecologia: a construção de novos sujeitos políticos na agricultura familiar. Doctorado. Brasília: Universidade de Brasília.

Wirth, I. 2010. As relações de gênero em cooperativas populares do segmento de reciclagem: um caminho para a construção da autogestão? Disertación de Maestría. São Paulo: Universidad Estatal de Campinas – UNICAMP.

Économie et Entreprise aux éditions L'Harmattan

Dernières parutions

THOMAS PIKETTY, LA MÉCANIQUE DES INÉGALITÉS EN FRANCE
Injustice fiscale, crise de l'enseignement, contre-réforme sociale, (dé)colonisation
Jalley Emile
Les deux symptômes majeurs de la maladie française sont l'injustice fiscale et la crise de l'enseignement. La première tient à l'hypofiscalisation et l'hyperfiscalisation relatives des deux grandes classes, celle «d'en haut» et celle «d'en bas». L'inégalité scolaire tient à ce que le dispositif institutionnel de l'Education nationale a pour fonction réelle d'ouvrir le chemin, vers «le haut» et vers «le bas», à la distribution inégalitaire des revenus et des patrimoines.
(29.00 euros, 286 p.)
ISBN : 978-2-336-30262-1, ISBN EBOOK : 978-2-336-36505-3

THOMAS PIKETTY «MARX DU XXIe SIÈCLE» ?
Jalley Emile
Le livre de Thomas Piketty sur *Le Capital au XXIe* siècle renouvelle de façon originale, dans le contexte de notre époque, l'ouvrage classique de Karl Marx. Le capital national est distribué en proportion fortement décroissante sur la moitié supérieure de la population, cependant que la moitié inférieure n'en possède à peu près rien. Une nouveauté par rapport au XIXe siècle : la consolidation d'une large classe moyenne qui aspire à recevoir une partie plus grande du revenu du capital.
(29.00 euros, 284 p.)
ISBN : 978-2-343-04439-2, ISBN EBOOK : 978-2-336-36504-6

MISÈRE ET OPULENCE
Chroniques d'austérité globalisée
Santi Michel
Sous sa forme actuelle, la monnaie unique est un vecteur de schizophrénie économique, une machine à créer du chômage et des inégalités. Que l'euro soit donc déconstruit ! Ce ne sont pas les dépenses sociales qui sont coupables d'avoir creusé nos déficits, mais les sauvetages bancaires d'établissements ayant amassé des fortunes par la grâce de la financiarisation, elle-même destinée à anesthésier une population européenne dont les revenus étaient inversement proportionnels à la productivité des entreprises.
(Coll. L'Esprit Économique, série Le Monde en Questions, 30.00 euros, 298 p.)
ISBN : 978-2-343-05332-5, ISBN EBOOK : 978-2-336-36742-2

TEMPS (LE) DE LA RIGUEUR
Fiscalité, protection sociale, mondialisation
Lambert Pierre-André
Il n'est plus possible aujourd'hui de tergiverser. Nous avons vécu à crédit pendant 33 ans, il faut cesser d'alourdir la charge pour nos descendants. Et comme l'opinion refuse la disparition de la protection sociale et le rétrécissement du rôle de l'Etat, il faut bien en venir à des mesures douloureuses. Point n'est besoin de révolution, les solutions existent. Elles sont politiquement jouables, sous réserve que la rigueur s'accompagne de justice.
(L'esprit économique, série L'économie formelle, 17.50 euros, 158 p.)
ISBN : 978-2-343-05199-4, ISBN EBOOK : 978-2-336-36472-8

PERSONNALISATION (LA) DE MASSE
Comment le système industriel peut individualiser son offre au moindre coût
Ambada François
Nous sommes passés de la production de masse à un désir de plus en plus affirmé des utilisateurs/consommateurs pour la personnalisation des produits et services qui leur sont offerts, sans toutefois sacrifier l'efficience industrielle, ce qui a favorisé l'émergence d'un nouveau paradigme : la personnalisation de masse. Comment le système industriel peut-il répondre aux exigences de la personnalisation de masse ?
(L'Esprit Économique, série Économie et Innovation, 35.00 euros, 336 p.) ISBN : 978-2-343-05178-9, ISBN EBOOK : 978-2-336-36728-6

INTÉGRATIONS RÉGIONALES ET PROSPECTIVE DES TERRITOIRES
Comparaisons internationales
Sous la direction de Philippe Clerc, Driss Guerraoui et Xavier Richet
La mondialisation en crise est en train de produire des impacts inédits sur la hiérarchisation des espaces économiques, ainsi que la montée des pays émergents. De telles évolutions incitent à reposer en termes nouveaux les dynamiques actuelles des intégrations régionales, à partir d'une prospective des territoires que la recomposition des alliances géostratégiques et géoéconomiques dans le monde impose. Une problématique cruciale pour le développement futur du système de l'économie mondiale.
(34.00 euros, 376 p.)
ISBN : 978-2-336-30553-0, ISBN EBOOK : 978-2-336-36769-9

PROMENADE ROMANTIQUE À PÔLE EMPLOI
Coutarel Colette
Il y a un mythe Pôle Emploi. Trop de désillusions génèrent de l'agressivité. Et voilà qu'une conseillère sort du rang pour nous en dire aussi du bien. De l'intérieur, elle dévoile des vécus : joies et failles vues des deux côtés du guichet. Né de la fusion avec l'ANPE, Pôle Emploi n'apporte pas de remède universel, restant un mode de traitement du chômage. Sujet récurrent s'il en est : le rapport au travail.
(Coll. Rue des écoles, série Champ Libre, 11.50 euros, 86 p.)
ISBN : 978-2-343-04887-1, ISBN EBOOK : 978-2-336-36364-6

RECHERCHE (LA) D'EMPLOI, UN TRAVAIL À PART ENTIÈRE !
Aux marches de l'emploi
Leconte Béatrice, Eray Philippe
Préfaces d'Alain Coffineau et Michel Barabel
Alors même qu'une certaine stigmatisation des chercheurs d'emploi s'esquisse, ce livre présente la recherche d'emploi comme un travail à part entière. Et comme pour de nombreuses situations de travail, cette activité est complexe, difficile. Partant de témoignages illustrant des situations du quotidien, les auteurs proposent un éclairage nouveau sur le travail et ses situations, en commençant par l'amont : la recherche d'emploi...
(Coll. Expériences, Travail et Société : comprendre et agir, 13.00 euros, 130 p.)
ISBN : 978-2-343-04497-2, ISBN EBOOK : 978-2-336-36302-8

TRAVAIL DISSIMULÉ ET ESTIME DE SOI
Une sociologie du rapport moral face aux règles formelles
Heim Jérôme
Loin de se réduire à une stratégie rationnelle de fraude économique, le travail au noir s'explique davantage par la saisie d'opportunités de rémunération, non déclarées et donc illégales. En améliorant la performance sur le marché du travail, ces pratiques confèrent une certaine estime sociale à ceux qui y recourent. Elles s'exposent toutefois à des sanctions pénales et à une plus grande vulnérabilité en l'absence de protections sociales.
(Coll. Conception et dynamique des organisations, 32.00 euros, 322 p.)
ISBN : 978-2-343-04728-7, ISBN EBOOK : 978-2-336-36330-1

IMAGINAIRE (L') ET L'ORGANISATION
La stimulation de l'innovation technoscientifique par la science-fiction
Michaud Thomas
L'imaginaire joue un rôle important dans le fonctionnement des organisations. S'il contribue à stimuler la créativité et à mettre en place des stratégies, il peut aussi être considéré comme un péril que les managers doivent apprendre à gérer. La gestion de l'imaginaire organisationnel est un enjeu de pouvoir. La lutte pour la domination sur les marchés ou en politique passe par le contrôle d'imaginaires en permanente mutation.
(Coll. Logiques sociales, 21.00 euros, 208 p.)
ISBN : 978-2-343-04820-8, ISBN EBOOK : 978-2-336-36370-7

MARX, DU TRAVESTISSEMENT STALINIEN À L'ÉCHEC
Vers un nouvel essor ?
Bublex Georges
Le stalinisme, selon l'auteur, n'est pas une forme de communisme mais un travestissement des thèses de Marx. Totalitaire et liberticide, il pérennisait les «stigmates de la société capitaliste», il était composé d'une stratégie et d'une idéologie spécifiques qui ont mené l'URSS, et tous les partis communistes à sa suite, à l'échec et à la ruine. L'analyse politique du stalinisme, proposée dans cet ouvrage, est nécessaire à la renaissance de ces partis à la hauteur des enjeux.
(23.50 euros, 232 p.)
ISBN : 978-2-343-04797-3, ISBN EBOOK : 978-2-336-36448-3

ANALYSE ÉCONOMIQUE DE L'INVESTISSEMENT EN CAPITAL HUMAIN
Ndiaye Babacar
Comment le capital humain constitue-t-il, d'une part, une motivation individuelle dans le cadre de la théorie de l'école classique, mais aussi un facteur de croissance économique du point de vue de l'approche keynésienne ? L'itinéraire de la problématique amène à justifier les causes de l'imperfection des marchés et le rôle de l'État pour corriger ces imperfections.
(Coll. L'Esprit Économique, série Cours Principaux, 12.50 euros, 110 p.)
ISBN : 978-2-343-04767-6, ISBN EBOOK : 978-2-336-36331-8

ÉCONOMIE (L') DU DÉVELOPPEMENT
Trajectoire, analyse et stratégie de développement
Modibo Traoré
Instrument d'analyse et de gestion du développement économique, cet ouvrage a recours à deux grandes innovations : l'utilisation de la microanalyse et la définition d'une procédure permettant d'effectuer un choix «réaliste» de stratégie de développement en fonction des ressources disponibles dans le pays. Il met l'accent sur le rôle des acteurs privés du développement ; ceux du marché et de l'action collective, à côté de l'action publique qui assure la coordination au niveau méso et macroéconomique.
(Coll. Pour Comprendre, 36.00 euros, 254 p.)
ISBN : 978-2-343-04365-4, ISBN EBOOK : 978-2-336-36289-2

GESTION DE PROJET ET INNOVATION
Sous la direction de Cédric Baudet ; préface de Pienne Bonnal
L'innovation, déstructurée par essence, peut-elle être appréhendée à l'aide de la très structurée «gestion de projet» ? L'histoire des projets nous démontre que la trop grande régulation est un échec à l'innovation. Ainsi, les organisations adaptent la gestion de projet à leur besoin. Pour un projet compliqué de construction, on répond par une structure précise et organisée de projets. A un projet complexe d'innovation, on privilégie la souplesse, la créativité...
(Coll. Conception et dynamique des organisations, 21.00 euros, 214 p.)
ISBN : 978-2-343-04326-5, ISBN EBOOK : 978-2-336-36011-9

CAPITAL HUMAIN *VERSUS* HUMAIN CAPITAL
Schoun Gérard
Accepter que l'humain ne soit pas seulement un capital à exploiter mais un patrimoine à faire fructifier change radicalement notre façon de penser les valeurs, l'innovation, le *leadership* et la

gouvernance. Dans la compétition internationale, la France a une formidable carte à jouer. Son déclin est d'autant moins une fatalité que l'esprit français pourrait se révéler parfaitement adapté aux temps nouveaux.
(Coll. Ad valorem, 16.50 euros, 162 p.)
ISBN : 978-2-343-04483-5, ISBN EBOOK : 978-2-336-36013-3

AUTOUR DE L'ANTHROPOLOGIE ÉCONOMIQUE
Actualité des écrits du professeur André Nicolaï
Coordonné par Mahieu François-Régis, Suchère Thierry
Le bon économiste serait celui qui raisonne à partir de trois hypothèses de base que sont l'individualisme méthodologique, la rationalité des acteurs et le marché qui produit de la complémentarité. En formalisant ces hypothèses, l'auteur entend ici rappeler qui était André Nicolaï : un hétérodoxe ancré dans le courant dit de la socio-économie et qui s'est intéressé à des thèmes tels que le pouvoir, le ludique, l'épistémologie et la sociologie de la connaissance.
(Coll. Éthique Économique, 30.00 euros, 292 p.)
ISBN : 978-2-343-04709-6, ISBN EBOOK : 978-2-336-36061-4

DU PROJET AUX «PROCESS»
Un vade-mecum de la gestion du Risque
L'exemple de la fonction fiscale
Jx' Beaumont Stéphane
Avec ce Vade-Mecum, troisième ouvrage de l'auteur, ce dernier partage sa démarche opérationnelle autour de ces Process qui permettront aux fonctions supports d'améliorer leurs performances, de valoriser leurs «Best Practices» et, après standardisation, de se transformer en centres de profits. Un outil indispensable de la prise de décision face au risque-projet et de sa portabilité interne et externe.
(12.00 euros, 52 p.)
ISBN : 978-2-343-04409-5, ISBN EBOOK : 978-2-336-36066-9

MONNAIE ET FINANCE
Du boom au krach
Sari Camille
Incapable de brider une finance dont le seul objectif est le faire à court terme, les États déclarent leur impuissance face aux forces des marchés. Afin de comprendre le présent et se projeter dans le futur, il est nécessaire de recourir à des outils d'analyse en rupture avec les paradigmes dominants et de tirer les enseignements de ce qui s'est réellement passé, avant d'en arriver au désastre actuel qui risque de compromettre l'avenir de plusieurs générations.
(28.00 euros, 274 p.)
ISBN : 978-2-343-04601-3, ISBN EBOOK : 978-2-336-36231-1

RÉINVENTER L'ENTREPRENEURIAT POUR REFONDER L'ENTREPRISE
Adam Michel - Préface de Claude Alphandéry
Créer son entreprise, fonder une coopérative, lancer une entreprise d'insertion... Quelles ressemblances, mais aussi quelles différences ? Comment distinguer, repérer, modéliser, relier les trois logiques de ces engagements, leurs évolutions possibles voire leurs dérives évitables, mais aussi leurs coopérations réelles et leurs hybridations innovantes ? Et si ces trois dimensions tant éthiques que juridiques structuraient les relations à l'intérieur même de toute entreprise ?
(21.00 euros, 208 p.)
ISBN : 978-2-343-04621-1, ISBN EBOOK : 978-2-336-36182-6

L'HARMATTAN ITALIA
Via Degli Artisti 15; 10124 Torino

L'HARMATTAN HONGRIE
Könyvesbolt ; Kossuth L. u. 14-16
1053 Budapest

L'HARMATTAN KINSHASA
185, avenue Nyangwe
Commune de Lingwala
Kinshasa, R.D. Congo
(00243) 998697603 ou (00243) 999229662

L'HARMATTAN CONGO
67, av. E. P. Lumumba
Bât. – Congo Pharmacie (Bib. Nat.)
BP2874 Brazzaville
harmattan.congo@yahoo.fr

L'HARMATTAN GUINÉE
Almamya Rue KA 028, en face
du restaurant Le Cèdre
OKB agency BP 3470 Conakry
(00224) 657 20 85 08 / 664 28 91 96
harmattanguinee@yahoo.fr

L'HARMATTAN MALI
Rue 73, Porte 536, Niamakoro,
Cité Unicef, Bamako
Tél. 00 (223) 20205724 / +(223) 76378082
poudiougopaul@yahoo.fr
pp.harmattan@gmail.com

L'HARMATTAN CAMEROUN
BP 11486
Face à la SNI, immeuble Don Bosco
Yaoundé
(00237) 99 76 61 66
harmattancam@yahoo.fr

L'HARMATTAN CÔTE D'IVOIRE
Résidence Karl / cité des arts
Abidjan-Cocody 03 BP 1588 Abidjan 03
(00225) 05 77 87 31
etien_nda@yahoo.fr

L'HARMATTAN BURKINA
Penou Achille Some
Ouagadougou
(+226) 70 26 88 27

L'HARMATTAN SÉNÉGAL
10 VDN en face Mermoz, après le pont de Fann
BP 45034 Dakar Fann
33 825 98 58 / 33 860 9858
senharmattan@gmail.com / senlibraire@gmail.com
www.harmattansenegal.com

L'HARMATTAN BÉNIN
ISOR-BENIN
01 BP 359 COTONOU-RP
Quartier Gbèdjromèdé,
Rue Agbélenco, Lot 1247 I
Tél : 00 229 21 32 53 79
christian_dablaka123@yahoo.fr

652555 - Mai 2016
Achevé d'imprimer par

1livre.com
du rêve à la réalité !

www.ingramcontent.com/pod-product-compliance
Lightning Source LLC
LaVergne TN
LVHW050804061126
851857LV00012B/670